Topos plus **Taschenbücher**
Band 398

Karl Frielingsdorf

Vom Überleben zum Leben

Wege zur Identitäts- und Glaubensfindung

Topos plus Taschenbücher

Topos plus **Verlagsgemeinschaft**

Die Mitglieder der Verlagsgruppe Engagement:
Butzon & Bercker -Kevelaer | Don Bosco -München
Echter -Würzburg | Verlag Katholisches Bibelwerk -Stuttgart
Lahn-Verlag -Limburg Kevelaer | Matthias-Grünewald-Verlag -Mainz
Paulusverlag -Freiburg Schweiz | Friedrich Pustet -Regensburg
Styria -Graz Wien Köln | Tyrolia -Innsbruck Wien

e verlags gruppe engagement

Die Deutsche Bibliothek – CIP-Einheitsaufnahme
Ein Titeldatensatz für diese Publikation ist bei
Der Deutschen Bibliothek erhältlich

6. Auflage 2001

Einband- und Reihengestaltung:
Akut Werbung GmbH, Dortmund
Herstellung: Pustet, Regensburg
Printed in Germany

Topos plus – Bestellnummer: 3-7867-8398-5

INHALT

VORWORT

In diesem Buch möchte ich mit den Leserinnen und Lesern Erfahrungen und Einsichten über das menschliche Leben teilen. Sie stammen aus meiner eigenen Lebensgeschichte und aus zahlreichen Begegnungen mit Menschen, die sich mir in den vergangenen 25 Jahren mit ihren Lebensproblemen anvertraut haben. Viele dieser Ratsuchenden kamen mit dem Wunsch: „Ich will endlich leben!" Sie wollten die drückenden und schmerzenden Lasten abwerfen und endlich vom Überleben zum vollen Leben befreit werden, was immer sie auch darunter verstanden haben.

Andere waren vom dauernden Überleben bereits so erschöpft, daß sie resigniert mit dem Leben abgerechnet hatten. Ihre Devise lautete: „Mein Leben ist letztlich nicht lebens-wert; es lohnt sich nicht, warum soll ich mich weiter quälen? Ich möchte eigentlich mein Leben beenden."

Die oft verzweifelte Suche nach dem Sinn des Lebens ist nicht nur auf diesem Weg über andere für mich zur Lebensfrage geworden. Nach einer guten, manchmal auch mühseligen Wegstrecke, habe ich, Gott sei Dank, für mich auf die Frage nach dem Leben eine Antwort gefunden, mit der ich zuversichtlich und hoffnungsvoll leben kann. Diese Lebensanschauung möchte ich bereits an dieser Stelle kurz beschreiben, damit Sie, die Leserinnen und Leser, meinen Standpunkt von Beginn an kennen und sich selbst besser orientieren können.

Durch die Psychologie und andere Humanwissenschaften habe ich vielfältige und sehr wichtige Erfahrungen und Einsichten über die Entwicklung des menschlichen Lebens und das Heilen schmerzlicher Lebenswunden erhalten. Doch die entscheidenden Lebensimpulse und -kräfte verdanke ich dem christlichen Glauben an den Gott des Alten und Neuen Bundes, der jeden Menschen – also auch mich – nach seinem Bild, d. h. letztlich „gut", geschaffen hat. In seinem Sohn Jesus Christus sagt er jedem Menschen sein persönliches Leben und Heil zu, bis zur Verheißung des ewigen Lebens über den Tod hinaus. Auf dem Weg zu dieser meiner Lebensanschauung war für mich das gelebte Glaubenszeugnis meiner Familie, meiner Erzieher und Lehrer, meiner Mitbrüder und Freunde und nicht zuletzt die Begegnung mit gläubigen Kollegen sehr wichtig. In der Zusammenarbeit mit nicht-gläubigen Therapeuten habe ich neben dem Verbindenden die Schwierigkeit erlebt, auf die Grundfragen des Lebens nach Sinn und Leid eine innerweltliche Antwort zu finden.

In den jährlichen ignatianischen Exerzitien durfte ich allmählich eine ganzheitliche Sicht des menschlichen Heilsweges kennenlernen und entdecken, wie sehr die Glaubensgeschichte des Menschen in seiner Lebensgeschichte verwurzelt ist. Unterdessen ist der theologische Grundsatz: „gratia supponit naturam" („die Gnade setzt die Natur voraus") zum Fundament meines therapeutischen Verständnisses geworden.

Doch diese so selbstverständlich klingende christliche Lebensanschauung muß immer wieder durch Phasen des Zweifelns und der Kleingläubigkeit hindurch neu erworben werden, wenn die Zusagen Gottes in die Angst und die verzweifelte Sinnlosigkeit unserer konkreten Alltagswelt eingetaucht werden. Gerade in der Beratung wird angesichts der existentiellen Lebensnöte schnell deutlich, ob die angebotene Zuversicht und Hoffnung nur leere Worte oder gelebter Glaube sind.

Aber nicht nur die negative Einsicht: es gibt keine sinnvollere Sicht des menschlichen Lebens als die des christlichen Glaubens, begründet meine Lebensanschauung und pastoralpsychologische Arbeit. Wie oft durfte ich erleben, daß Gott in Angst und Zwängen gefangene und in sich selbst verstrickte Menschen befreit; wie er Verzweiflung in Hoffnung verwandelt; wie er, wenn Eltern ihren Kindern das Leben absprechen, ihnen das Leben zusagt, ermöglicht und neue Wege eröffnet; wie er die negative Tiefe der Sinnleere und des Nichts in eine positive Leere verwandelt, in die er wie in ein kostbares Gefäß seine Lebensgaben füllen kann.

Die einzige Vorbedingung: der Mensch muß sich loslassen, leerwerden und sich Gott überlassen. Wer in diesem Sinne sein Leben verliert, der wird es gewinnen.

Allerdings ist es heute oft schwierig, dem sinn-suchenden Menschen zu verdeutlichen, daß der christliche Glaube eine Frohbotschaft ist, die zum Leben befreit und eine grundlegende Gewißheit bewirkt, daß im Leben alles gut wird und in Gott aufgehoben ist. Denn ich treffe häufig auf ein in der religiösen Erziehung entstandenes moralisches Mißverständnis des christlichen Glaubens, der das Leben mehr beschneidet und behindert als erlöst und fördert. A. Görres, E. Drewermann u. a. haben dieses negative Glaubensverständnis in seinen vielfältigen Formen kritisch dargestellt und auf die oft schädlichen Konsequenzen hingewiesen. Dieses Buch möchte u. a. dazu beitragen, diese Mißverständnisse und Einseitigkeiten aufzuklären und den Boden für die frohe Botschaft vom Leben zu bereiten. Denn in Jesus offenbart sich Gott als Vater der Menschen, der uns heilend und tröstend aufrichtet, die Schuld vergibt, uns liebend anspricht und uns in Freiheit Verantwortung für unser Leben aufgibt. Als Grundlage und Unterpfand hat er uns in Jesus Christus seinen lebenspendenden Geist geschenkt.
Die *religiöse* Dimension habe ich bereits im Vorwort so klar benannt, weil ich einmal meinen Standpunkt verdeutlichen wollte. Andererseits verdanke ich die in diesem Buch beschriebenen Lebenserfahrungen fast ausschließlich Menschen, deren Sozialisation im weiten Sinne religiös war. Diese Frauen und Männer befanden sich überwiegend in einer Lebenskrise und hatten aktuelle Probleme mit ihrem Leben, nicht zuletzt wegen ihrer negativen, unbewältigten Vergangenheit. Insofern sind die ausgewerteten Lebensskripts etwas einseitig „problematisch“ gefärbt, wenn auch die Grundtendenzen in abgeschwächter Form bei „normalen“ Menschen mit einer weniger defizitären Vergangenheit ebenso vorhanden sind. Denn in unserer erbsündlich verfaßten Welt gibt es leider kein vollkommenes und heiles Leben.
Die religiöse Erziehung kann die natürlichen Lebens-Dispositionen fördern, sie kann aber auch, bei Mißverständnissen und Mißbrauch, neurotische Tendenzen verstärken und Leben behindern.
Allerdings stehen im folgenden die *natürlichen, psychischen* Komponenten der Persönlichkeitsentwicklung im Vordergrund, die

von der Zeugung über die pränatale Phase bis in die ersten Kindheitsjahre besonders prägend sind. Da der Mensch in dieser ersten Lebensphase unselbständig und den Eltern mit seinem Leben ganz ausgeliefert ist, verläuft sein Leben in diesem Angewiesensein mehr passiv und reaktiv. Je nachdem, ob die Eltern (Familie, primäre Bezugspersonen) das Leben des Säuglings bejahen oder verneinen, entwickelt er seine Überlebensstrategien und Lebenseinstellungen. Diese unbewußt entstandenen Grundgefühle und Einstellungen zum Leben, von mir „Schlüsselposition“ genannt, können das gegenwärtige Leben und die Persönlichkeitsentwicklung sehr beeinträchtigen, wenn sie nicht bewußt gemacht und bearbeitet werden.

Ich habe den Grundbegriff *Leben* gewählt, weil von der Zusage oder Verweigerung des Lebens durch die Eltern bzw. die Umwelt der weitere Lebensweg des Menschen am tiefsten beeinflußt wird, auch die religiöse Entwicklung. Hier geht es letztlich um „Leben und Tod“ des Menschen. Elternbotschaften wie z. B. „du bist nicht gewollt“; „du solltest eigentlich nicht leben“; „du wärst am besten nicht geboren“; „hätte dich deine Mutter beim Tod im Kindbett doch mit ins Grab genommen“; „du bist nicht lebenswert“ können zu tödlichen Waffen werden, denen das Kind zunächst hilflos ausgeliefert ist. Wie kann es bei dieser extrem negativen Ausgangsposition zu einem sinnerfüllten Leben kommen, wenn es immer wieder beweisen muß: Ich bin lebens-wert, von liebens-wert ganz zu schweigen.

Vorausgesetzt wir glauben, daß Gott auch diesen Kindern in der Taufe das Leben und seine Liebe zusagt: Dann muß dieses sakramentale Geschehen im natürlichen Leben dieser Menschen auch reale Wurzeln schlagen können, soll es nicht eine Illusion bleiben. Aus der Erfahrung mit solchen „Tod-geweihten“, deren Heilungsprozeß ich als Weg zum Leben mitgehen durfte, sind Einsichten und konkrete Methoden entstanden, die zeigen, wie ganzheitliche Heilung geschehen kann. Die Auseinandersetzung und Versöhnung mit einer lebensverneinenden Vergangenheit wird dann zu einem sinnerfüllten Leben führen, wenn der Mensch sich bewußt dafür entscheidet.

Dieses Buch will keine systematische Darstellung der religiösen Identitätsfindung oder eine frühkindliche Individuationstheorie anbieten. Vielmehr möchte ich dem Wunsch zahlreicher Ratsuchender, Kursteilnehmer und Mitarbeiter nachkommen und aus dem großen Schatz der mir anvertrauten Lebensgeschichten wesentliche und typische Erfahrungen mitteilen. Diese „Lebensgeschichten" bestehen in etwa tausend selbst-geschriebenen Lebensskripts und noch einmal über tausend von mir nach-geschriebenen, skizzierten Lebensgeschichten. Die persönlichen Daten sind natürlich geändert und verfremdet bzw. „typisiert" worden.

Unter dem Schlüsselbegriff „Leben" wollen wir den intrapsychischen Grundlagen unseres Lebens in den ersten Jahren nachgehen. Dabei wird uns einmal die Frage beschäftigen, welche psychischen Voraussetzungen, die wir vielleicht aus Angst verdrängt haben, unser Leben bis heute bestimmen. Wir beschränken uns verständlicherweise auf einige wichtige Lebenselemente und fragen nach ihrer Bedeutung für die religiöse Persönlichkeitsentwicklung, besonders für die Entstehung des Gottesbildes. Aus dem Erfahrungsmaterial möchte ich an Hand von typischen Beispielen gewisse Grundmuster von Lebensweisen aufzeigen, die Menschen unreflektiert oft bis ins Alter hinein wiederholen und damit ihr eigenes Leben stark behindern.

Eine einfache Sprache und die Vermeidung von psychotherapeutischen Fachausdrücken soll auch den psychologisch ungeschulten Lesern eine fruchtbare Anwendung auf ihr eigenes Leben ermöglichen. Ich stütze mich dabei u. a. auf die Ergebnisse der psychoanalytisch orientierten Entwicklungspsychologie, der Persönlichkeitspsychologie, der pränatalen Psychologie und der Transaktionsanalyse.

Der entscheidende *erste Schritt* vom Überleben zum Leben liegt in der schrittweisen *Auseinandersetzung und Versöhnung mit der eigenen zum Teil verdrängten und unbewußten Vergangenheit.* Mit dieser ersten Phase beschäftigen wir uns im folgenden am ausführlichsten.

In einem *zweiten Schritt* ist zu überprüfen, inwieweit sich die unbewußt von den Eltern übernommenen Grundmuster (Schlüs-

selposition) von Leben auf das aktuelle, eigene Leben auswirken.
Nachdem man sich so mit seinem Lebens-Erbe auseinandergesetzt und versöhnt (es zumindest angenommen) hat, folgt in einem *dritten Schritt* die Umkehr und Ausrichtung auf die Zukunft: Wie kann mit dieser Vergangenheit in der Gegenwart auf die Zukunft hin das eigene Leben vertieft und konkret umgestaltet werden? Hier kann man in einer erwachsenen Entscheidung bestimmen, welche von den Eltern übernommenen Werte und Prioritäten behalten und welche, soweit möglich, neugestaltet werden. Natürlich wird man in diesem Veränderungsprozeß schon sehr bald, bei allem guten Willen, die Grenzen des Machbaren schmerzlich spüren.
Das größte Hindernis auf dem Weg zur Lebensbewältigung ist nach meiner Erfahrung eben diese Auseinandersetzung mit der eigenen Vergangenheit, d. h. konkret mit Mutter und Vater und der Bezugsfamilie. Weil hier die stärksten Widerstände liegen, nimmt die Bewältigung der Vergangenheit, die man in fünf Phasen vollziehen kann, viel Raum und Zeit in Anspruch. Wichtig ist: Die Auseinandersetzung mit der Vergangenheit darf nicht zum Selbstzweck werden. Sie behält immer eine dienende, weiterführende Funktion. Die aus ihr folgende neue Lebensgestaltung auf Gott hin bleibt die wichtigste Aufgabe.
Vielleicht kann letztendlich das Lernziel erreicht werden: alle Lebensereignisse von der Zeugung über die Geburt und Kindheit bis zum heutigen Tag wie Perlen am eigenen Lebensfaden aufzureihen; mögen es Perlen der Hoffnung, des Vertrauens, der Verneinung, der Verzweiflung, der Liebe, der Angst, der Enttäuschung, der Wut, der Schuld oder auch der Sinnlosigkeit sein. All diese Lebenserfahrungen werden für den gläubigen Menschen von dem roten Faden der Lebensverheißung Gottes zusammengehalten. „Es gibt keine Zufälle“, denn Gott läßt uns alles zufallen.
Die beigefügten Fragen und Übungen wollen den Leserinnen und Lesern die Möglichkeit geben, über das bloße Lesen hinaus wichtige Lebensfragen und -einstellungen bei sich zu erkennen und auf das eigene Leben hin zu reflektieren.

Meinen besonderen Dank möchte ich an dieser Stelle Dr. Günther Stöcklin und den MitarbeiterInnen ausdrücken, mit denen ich seit vielen Jahren die pastoraltherapeutischen Kurse in Positano und die Wochenkurse „Identitäts- und Glaubensfindung" durchführe.
Abschließend möchte ich all den Menschen von Herzen danken, die mir in den vergangenen Jahren ihre Lebensprobleme anvertraut haben. Ihnen will ich dieses Buch widmen, damit, so Gott will, durch ihre heilsame Lebensgeschichte andere Menschen zum Heil finden.

Karl Frielingsdorf

I. ÜBERLEBEN STATT LEBEN: URSACHEN DER AKTUELLEN LEBENSBEDROHUNG

1. Die kollektiven Lebensängste

Die Suche nach einem glücklichen und gelungenen Leben ist so alt wie die Menschheit. Aristoteles beschäftigt sich in seiner Nikomachischen Ethik mit der gleichen Frage, die über die Jahrtausende hinweg auch heute die alten und neuen Humanwissenschaften formulieren: Wie kann der Mensch sein Leben, d. h. die Zeitspanne von der Zeugung bis zum Tod, möglichst sinnvoll gestalten und ausfüllen? Ein solch gutes und geglücktes Leben wird umschrieben mit Begriffen wie Glück, Zufriedenheit, Lebensqualität, Wohlbefinden, Selbstverwirklichung, Identität, Sinnerfüllung etc.

Es hat selten soviele umfassende Versuche gegeben, den Menschen glücklich zu machen, wie in unserer Zeit. Angefangen von den technischen Möglichkeiten über die Sozialleistungen und -versicherungen, die medizinischen Fortschritte und die höhere Lebenserwartung, bis hin zu den zahlreichen therapeutischen Lebenshilfen und modernen Heilsbewegungen: Allen geht es darum, auf ihre Weise das Leben der Menschen glücklicher und positiver zu gestalten.

Doch wie sieht die Lebenswirklichkeit heute aus? Sind die Menschen bei all diesen neuen Möglichkeiten zu leben glücklicher, zufriedener geworden? Mir scheint, daß unsere Zeit mehr vom Überleben als vom Leben bestimmt wird. Die Lebensangst hat ein weltweites Ausmaß angenommen und findet ihren Ausdruck in der Parole vieler junger Menschen: „No future!" Keine Zukunft für ein gutes Leben in einer Welt der Aufrüstung, des Natursterbens, der industriellen Selbstvernichtung, der unerträglichen Spannungen zwischen Armen und Reichen, Macht und Ohnmacht und der Todesspirale einer überfordernden Leistungs- und Konsumgesellschaft. Zum erstenmal besitzen die Menschen die Möglichkeit, das Leben auf dieser Erde total zu zerstören. Der Gedanke, in

welche Hände diese vernichtende Macht gelegt ist, kann wohl kaum beruhigen.
Viele Menschen flüchten aus ihrer existentiellen Not in Träume von einem besseren Leben, bezwingen in ihren Allmachtsphantasien die drohenden Gefahren (Medizin, Psychotherapie, Wachstumsideologie, technischer Fortschritt etc. werden die Probleme lösen) oder verdrängen einfach die Lebensängste: Sie wollen überleben.
Wenn das Leben auf dieser Erde der höchste Wert ist, dann muß der Tod um jeden Preis ferngehalten werden. Daß aber eine bloße Lebensverlängerung keine Lösung bringt, zeigt das Beispiel der alten Menschen in unserer Gesellschaft. Das Lebensalter ist im Vergleich mit dem Beginn unseres Jahrhunderts durchschnittlich um viele Jahre verlängert worden. Doch hat damit die Lebensqualität der alten Menschen wirklich zugenommen oder ist sie nicht trotz (oder wegen) des hohen Alters geringer geworden?
Groteske Beispiele für das „Lebensverlängern um jeden Preis" finden wir z. B. heute in der Art und Weise, wie die Medizin manchmal mit Sterben und Tod umgeht (Apparate-Medizin) und „klinisch Tote" künstlich am Leben erhält.

2. Widersprüche im Leben

Die kollektive Lebensbedrohung wird verstärkt durch eine Reihe von Krisen und Verunsicherungen des Lebens, die in besonderer Weise auch den religiösen Menschen betreffen. Einige dieser Makro-Krisen, die ganze Kulturkreise, soziale Schichten und auch die Kirchen mit einschließen, seien kurz in Erinnerung gerufen, weil sie den Untergrund der individuellen Lebenskrisen bilden. Da sich diese großräumigen Krisen meist in Widersprüchen zeigen, fällt es dem einzelnen schwer, für sein persönliches Leben einen Ausweg zu finden (Koslowski 1987, Capra 1984).

2.1 Pluralismus und persönliche Freiheit

Wir leben in einer pluralistischen Gesellschaft, in der es keine einheitliche und klare Lebensanschauung mehr gibt. Der einzelne muß aus einem Vielerlei von Angeboten wählen und lebt auch in „verschiedenen Welten“, die oft nicht miteinander in Einklang zu bringen sind.

Das war beim „vorneuzeitlichen“ Menschen anders: Er fand „seine Identität in der Partizipation an der Kollektividentität, in der Übereinstimmung mit der Gruppennorm, den Stammesmythen und Stammesritualen. Identifikation mit dem Ganzen verwiesen den einzelnen in ein umfassendes Sicherungssystem der psychischen Existenz ... Wenn heute persönliche und soziale Identität durch einen Balanceakt zu vermitteln ist, so ging früher die persönliche in der sozialen Identität auf, war also ein solcher Balanceakt nicht nötig“ (Fraas 1983, 48f.).

Dieser Prozeß der gesellschaftlichen Differenzierung wird recht unterschiedlich und auch zwiespältig erfahren. Denn neben dem großen Zuwachs an Freiheit bringt sie dem Menschen in den vielen Ansprüchen und Entscheidungen auch manche *Überforderung*. Um zu überleben, nimmt dann der einzelne gegenüber den Ansprüchen, insbesondere denen der Institutionen, eine distanzierte Haltung ein. Er zieht sich in die *private* Welt zurück, wo er, von den gesellschaftlichen Normen und Forderungen befreit, sich eine Gegenwelt der Intimität und persönlichen Freiheit schafft, in der er meint, besser leben zu können (Bleistein 1979, 101f.). Doch diese Flucht vor den gesellschaftlichen Ansprüchen, verbunden mit einer großen Sehnsucht nach Nähe und persönlichem Eigenleben, kann leicht zu einer schizoiden Lebensführung und zu einer Überforderung der Zweierbeziehung und der Familie werden.

Offensichtlich ist seit den siebziger Jahren ein „neuer Sozialisationstyp“ bei den Jugendlichen entstanden, den nicht mehr die kämpferische Auseinandersetzung mit der Gesellschaft kennzeichnet, sondern eher die Abwendung von der Gesellschaft und die Hinwendung zum eigenen Ich. „Der antiautoritäre Motzer der sechziger Jahre ist abgelöst durch den Sponti, der alles jetzt haben will, der auf unmittelbare und unbegrenzte Bedürfnisbefriedigung aus ist, und mit Wut oder lähmender Apathie reagiert, wenn sie ihm verweigert wird ..." (Funke 1986, 11 f.).

2.2 *Das kollektive Mißtrauen und seine Folgen*

Konsequenterweise hat sich aus diesen tiefgreifenden gesellschaftlichen Veränderungen ein tiefes Mißtrauen gegenüber der Tradition und jeder Form von traditionellen Werten und Autoritäten entwickelt. Die alten bewährten Strukturen wie Familie, gesellschaftliche Gruppen, Parteien, Kirchen, Staat werden mit großem Vorbehalt betrachtet. So leben wir fast wie in einem Vakuum, weil viele den alten Autoritäten nicht mehr zutrauen, daß sie für zentrale Bereiche unseres Lebens brauchbare Hilfen geben können (z. B. Sinnfrage, Beruf, Erziehung, Miteinanderleben, Freizeit etc.). Auch die *Kirche* und die christliche Botschaft ist von diesem Vertrauensschwund betroffen. Das oft unterschwellige Mißtrauensgefühl spricht der Kirche nicht nur die Kompetenz in wichtigen Lebensfragen ab, es bezieht sich auch auf die angebotenen „Heil-Mittel", die doch nicht spürbar heilen. Man fragt skeptisch, ob die Verkündigung der Kirche mit der Botschaft Jesu übereinstimmt, und stellt selbst die Güte und Weisheit Gottes in Zweifel.

So trifft man heute viele religiös interessierte Menschen, die sich von den traditionellen Glaubensformen getrennt haben und auf der Suche nach dem glücklichen Leben sind. Dabei wechseln sie häufig die „Heils-Institute" und die Therapeuten, ohne sich festzulegen. Diese unsteten „Lebensvagabunden" weisen auf eine weitere Folge des allgemeinen Mißtrauens hin.

Eine *mangelnde Bindungsfähigkeit* geht einher mit wachsenden Beziehungsstörungen. Wieviele halten eine Bindung auf Lebenszeit (Ehe, Gelübde) heute noch ernsthaft für lebbar, für menschenmöglich? Mit der zunehmenden Sehnsucht nach Nähe ist offensichtlich eine widerstrebende Bindungsangst verknüpft, die weitgehend in den entsprechenden Negativ-Erfahrungen der Kindheit begründet ist (z. B. mangelnde Zuwendung, Nähe-Distanz-Probleme, Ehescheidung, Einzelkind, ehelose Bindung etc.).

In den Sog des Vertrauensschwundes geraten auch Grundhaltungen wie Freiheit, Schuld und Vergebung. Bei aller vordergründigen Liberalität und Freizügigkeit, die durch die sich widersprechenden Autoritäten und die mangelnde Ordnung gefördert werden, hat in der letzten Zeit die Zahl zwanghafter und von Schuldgefühlen gequälter Menschen eher zugenommen, obgleich sie oft theoretisch die Schuldfähigkeit leugnen.

2.3 Das Leid und die A-pathie

Ein weiterer gravierender Widerspruch besteht zwischen der *A-pathie,* dem Nicht-Leiden bzw. der Leidenslosigkeit, und dem unermeßlichen Leid in unserer Welt. Einerseits wird die Apathie zum unausgesprochenen Ideal der leistungs- und erfolgsorientierten Industriegesellschaft erklärt, die jedes Leid und jede Schwäche verdrängen und nicht wahrhaben will. Andererseits leben wir in einer von Leid und Not erfüllten Welt, in der besonders der einzelne an Leib, Geist und Seele von der Geburt bis ins Alter physisches, psychisches und soziales Leiden erfährt wie selten zuvor (Kolakowski 1973, Capra 1984, 20).
Der leidende Mensch darf seine Krankheit, Schwäche, Trauer, seinen Schmerz und Tod nicht mit-teilen, er muß alles für sich behalten, verdrängen, damit das a-pathische Gesicht gewahrt bleibt. Durch die Bekämpfung des Leidens wird nicht nur die Kunst des Leidens, das wertvolle Mitleiden, die Trauer u. a. m. verhindert; dem Menschen wird letztlich auch die Chance genommen, sich mit einem wichtigen Teil seines Lebens auseinanderzusetzen. Seitdem der Schmerz nicht mehr als „wertvolle persönliche Lebenserfahrung“ gesehen, sondern in der Medizin z. B. bekämpft wird, um damit das gesamte Leid in der Welt zu mindern, schwindet mit der Sensibilität für Schmerz und Leid auch die Fähigkeit, Freude und Lust am Leben auszudrücken und zu genießen. Immer stärkere Stimuli (Drogen, Gewalt, Lärm, Geschwindigkeit, Lautstärke der Musik, Sexualität, emotionale Betroffenheit überhaupt) sind erforderlich, um den Menschen in unserer a-pathischen Gesellschaft ein Gefühl der Lebendigkeit zu vermitteln.

2.4 Nichterfüllung geweckter Bedürfnisse

Andere Lebenskrisen werden durch die paradoxe Situation ausgelöst, daß unsere Bedürfnisse und Wünsche immer mehr durch Prestigedenken, Werbung, Lebensstandard etc. geweckt und angestachelt werden, und gleichzeitig die Erfüllung dieser Wünsche begrenzt wird. In diesem Zusammenhang ist der Widerspruch zwischen der von allen Seiten gewünschten und suggerierten Freiheit des Individuums und den immer größer werdenden Einschränkungen und Fremdbestimmungen eklatant. Wie lange wurde den jungen Menschen z. B. eingeredet, sie seien frei in der Berufswahl, in der Lebensgestaltung, im Beruf, wenn sie sich nur anstrengen und etwas leisten würden. Wie anders sieht die Wirklichkeit mit Arbeitslosigkeit, Umschulung, Fremdbestimmung etc. aus. Ähnliches gilt für die Wachstumsideologie. Die so entstehende Diskrepanz zwischen den geweckten Bedürfnissen und ihrer Erfüllung wird oft durch „ungedeckte Schecks“ (Schulden, Überforderung) beglichen und führt zu einer noch größeren Krise.

2.5 Leistung und Menschlichkeit

Als letztes Beispiel sei der Widerspruch zwischen der harten und ruinösen Wettbewerbssituation mit dem Erfolgs- und Leistungsdenken einerseits und dem Ruf nach Menschenrechten, Frieden, Brüderlichkeit, Mitmenschlichkeit andererseits genannt. Auf der *einen Seite* soll man dem Nächsten helfen, Mitleid haben, dem Schwächeren beistehen und barmherzig sein wie der Samariter; auf der *anderen Seite* muß man im Beruf, im Wettbewerb, im Konkurrenzleben den anderen besiegen, sich durchsetzen auf Kosten des anderen, kein Mitleid, keine Gefühle zeigen, ja sogar die Schwächen des anderen brutal ausnutzen. Kopf und Herz, Denken und Fühlen geraten hier in schizoide, unauflösliche Widersprüche, aus denen Konflikte und Krisen (Neurosen) entstehen müssen. Vor einiger Zeit schrieb mir einer dieser erfolgreichen Manager:

„Ich fühle mich einsam und tief unglücklich. Meine so erfolgreiche Arbeit, die mich jahrelang voll und ganz ausfüllte und beanspruchte, hat mich leer gebrannt. Natürlich habe ich dabei meine Familie vernachlässigt. Meine Frau ist vor ein paar Monaten ausgezogen, um zu überleben, wie sie sagt. Meinen befreundeten Kollegen konnte ich mich nicht anvertrauen; denn sie würden meine Schwäche gleich zu ihrem Vorteil ausnützen. Jeder von ihnen hat ähnliche persönliche Probleme, doch keiner gibt sie zu. Sonst gilt man gleich als labil. Mein Image muß das des tüchtigen, starken Mannes sein, der alle Probleme meistert. Ich bin ganz unglücklich und weiß nicht mehr weiter."

Die Kinder solcher Eltern rebellieren oft instinktiv mit ihrer Lebensweise gegen diesen Erfolgszwang und die Leistungssucht und steigen aus, um selbst zu überleben.

2.6 Folgen des widersprüchlichen Lebens: Über-Leben

Wohin führen die oben genannten Widersprüche und Lebenskrisen den Menschen?
Sie verursachen oft eine existentielle *Sinnleere*, ein Grundgefühl der Unerfülltheit und Wertlosigkeit. Eine wachsende Zahl von Menschen haben ein negatives Lebensgefühl. Für sie bleibt die Frage nach einem sinnvollen Leben, nach einer glücklichen Zukunft unbeantwortbar. Trotz äußerer Stabilität ist eher Ratlosigkeit und Ohnmacht bei vielen Menschen vorherrschend. Die zunehmende Zahl von psychisch kranken und suizidgefährdeten Menschen ist ein beredtes Alarmsignal.
Viele versuchen die Leere und die negativen Gefühle mit Alkohol, Drogen, Essen, zusätzlicher Arbeit und anderen „Süchten" zu überspielen. Andere flüchten in eine provisorische Lebenshaltung des „In-den-Tag-hinein-Lebens", ohne an Morgen zu denken, ohne sich auf lange Zeit zu binden oder zielbewußt das Leben (Beruf, Familie) zu planen. Immer mehr flüchten in fatalistische oder magische Lebensvorstellungen, oder lassen sich vom kollektiven Denken (Medien, Sekten, Werbung, Instituten zur „Lebensverbesserung") in ihrem Leben weithin fremdbestimmen. Auf diese Weise versuchen sie, die Schuld und Verantwortung für ihr gescheitertes Leben anderen zuzuschieben.
Letztlich kann diese Krankheit der Sinnleere nur geheilt werden,

wenn das Leben des Menschen ganzheitlich in den Blick genommen wird, und nicht nur vordergründige Symptombehandlung stattfindet. Denn eine therapeutische Symptombehandlung würde letztendlich die Überlebensstrategie nur verstärken, die den oben genannten Lebensweisen zugrunde liegt. Diese kurzsichtige Überlebensstrategie kann aber nicht zu einem sinnerfüllten Leben führen. Ist es doch ihr Hauptanliegen: nicht unterzugehen, um jeden Preis weiterzuleben.

Ein *Überlebender* braucht alle Kraft, um sich auf den Beinen zu halten, um nicht zu fallen. Um auf ein Lebensziel zuzugehen, fehlen Weitblick und Kraft. Er ist zu sehr mit sich selbst und dem belasteten Augenblick befaßt.

In der Therapie stellen Betroffene diese Überlebens-Situation in der Körpersprache so dar: als eine gebeugte Gestalt, die auf schwachen Beinen steht, mit herunterhängenden Armen, gesenktem Kopf, belasteten Schultern, den leeren Blick auf den Boden gerichtet. „Wer sein eigenes Leben als sinnlos und leer empfindet, ist nicht unglücklich, sondern nicht lebensfähig" (Einstein).

Die *Strategie des Überlebens* ist letztlich ein Sisyphus-Leben, das alles immer wieder sinnlos wiederholt und so die Ich-werdung verhindert. Am Ende steht die Enttäuschung des zu kurz Gekommenen.

3. Die fehlende Auseinandersetzung mit dem vergangenen Leben

Die von der kollektiven Lebensangst, dem Urmißtrauen und den vielen Widersprüchen ausgelöste existentielle Verunsicherung führt dazu, daß die Betroffenen in ihrer Not und Verzweiflung unbewußt zu Verhaltensweisen der frühen Kindheit zurückkehren (regredieren), die damals geholfen haben, wie auch immer zu überleben.

Die einzige Möglichkeit, diesen Teufelskreis des infantilen Überlebens zu durchbrechen und zum eigenen Leben zu finden, ist die *bewußte Auseinandersetzung mit der persönlichen Vergangenheit.*

Nach einer kritischen und erwachsenen Überprüfung der von den Eltern ererbten Lebensgaben und -defizite kann man dann eigene Lebensziele und -werte verwirklichen. Denn bei Mutter und Vater haben wir zuerst erfahren, was Leben heißt, ob und unter welchen Umständen Leben sinnvoll oder unsinnig ist. Die Eltern haben uns die Grundwerte des Lebens (Vertrauen, Liebe, Frieden, Würde, Glauben, Freiheit u. a. m.) vermittelt oder auch vorenthalten, mit den entsprechenden Konsequenzen. Als Fetus und als Kleinkind waren wir ihnen anvertraut. Ob wir als Wunschkind geliebt oder als ungewolltes Zufallskind abgelehnt wurden, in den ersten Lebensjahren haben wir instinktiv gelernt, unter den von den Eltern vorgegebenen Bedingungen zu überleben.
Viele Menschen bleiben in ihrem Erwachsenenleben mehr oder weniger in dieser infantilen Überlebensphase stecken, weil sie sich nicht bewußt mit ihren in der Kindheit erworbenen und internalisierten Lebenseinstellungen und Verhaltensweisen auseinandergesetzt haben. Diese Tendenz wird verstärkt durch den neuen *Sozialisationstyp des „Narziß"*. Der beschriebene gesellschaftliche Wandel, die Verunsicherung, die Überforderung am Arbeitsplatz und in der ganzen Lebensbewältigung führen zu einer wachsenden Konsummentalität und zu einer Identitäts- und Sinnkrise in der Erwachsenengeneration. Diese Lebenskrise wirkt sich nicht nur in der Familienstruktur aus, sondern hat u. a. zur Folge, daß die Heranwachsenden wenig Möglichkeiten einer positiven Identifikation und Auseinandersetzung mit Müttern und Vätern haben. Denn wenn Mütter zunehmend ihre Sinndefizite und erlebte Minderwertigkeit durch eine enge symbiotische Beziehung zum (Einzel-) Kind zu überwinden suchen, besteht die Gefahr, daß dem Kind die Loslösung von der Mutter nicht gelingt. Die bekannten narzißtisch-infantilen Folgen dieser nicht gelösten Symbiose sind u. a. die Motivationsdefizite („null Bock"); Lustlosigkeit und Arbeitsstörungen; ein zu hohes Ich-Ideal bei gleichzeitiger Ich-Schwäche, mit der Folge des Verweigerungsverhaltens; Streben und Verschmelzungserlebnisse (Mutterschoßersatz) in Gruppen, Sekten, Orden, Discos, Drogenszene etc.; Unfähigkeit, sich nach innen und außen abzugrenzen.

Es gibt erstaunlich viele Menschen, die sich kaum oder nie bewußt mit ihrem vergangenen Leben auseinandergesetzt haben. Bei manchen setzt die Erinnerung erst in der Pubertät ein, andere berichten undifferenziert von ihrer schönen und sorglosen Kindheit: „Die Eltern haben alles für uns Kinder getan. Leider ist der Vater in Rußland gefallen, und dann ging es uns schlecht. Die Mutter mußte Geld verdienen ... aber daran konnten beide doch nichts ändern ..." Viele wollen nicht an die Wurzeln ihrer Ängste, ihres Mißtrauens, weil sie den Schmerz vermeiden möchten, den sie als Kind durch die empfangenen Lebenswunden (Tod des Vaters z. B.) durchleiden mußten und nie betrauert und bearbeitet haben, vielleicht weil sie die Mutter trösten mußten. Jetzt vermeiden sie eine schmerzliche Konfrontation mit ihrer Vergangenheit, verdrängen und verleugnen sie. Mit dieser regressiven Überlebenstaktik wiederholen sie entweder *angepaßt* das Leben ihrer Eltern in seinen Grundmustern oder leben gegenabhängig das genaue Gegenteil. Sie versäumen so die eigene Ichwerdung und die selbständige Lebensgestaltung. Denn nur, wer seine Vergangenheit bewußt wahr-nimmt, sich in Ablehnung, Verleugnung, Zorn, Trauer, Vergebung und Versöhnung mit ihr auseinandersetzt, kann diesen entscheidenden Abschnitt in das Ganze seines Lebens integrieren und für die Zukunft und Gegenwart fruchtbar machen. Erst wenn man das Fundament und die dunklen Kellerräume des eigenen Lebenshauses überprüft und ausgeleuchtet hat, wenn man neben den positiven auch die negativen, schlimmen Erfahrungen und angstmachenden Schlüsselerlebnisse, die wirklichen und eingebildeten „Leichen" im Keller angeschaut hat; kann man auf diesem Fundament realistisch das eigene Lebenshaus aufbauen. Oder: Aktuelle Lebensbewältigung setzt die Bearbeitung der eigenen Vergangenheit voraus. Denn sonst bleibt man *über* seinem Leben und kommt nicht *in* sein eigenes Leben hinein: Man wird ein(e) Über-Lebende(r) im Haus der Eltern. Dieses Buch möchte den Leserinnen und Lesern helfen zu entdecken, was sie selbst, in Anbetracht ihrer Lebensgeschichte und den dort grundgelegten Dispositionen, aus ihrem Leben machen wollen, was *ihr Lebensziel* ist, und zwar abhängig-unabhängig von dem der Eltern.

II. WAS HEISST LEBEN?

1. Einführung in die Frage nach dem Leben

Je mehr das Leben weltweit bedroht und gefährdet ist, desto größer scheint der Lebenshunger der Menschen zu werden. Ich begegne vielen, die sagen: „Ich bin im Leben zu kurz gekommen, ich will endlich leben!" – was immer sie dann darunter verstehen. Wenn ich sie bitte, diesen Wunsch nach Leben zu malen, zu formen oder leiblich auszudrücken, entstehen oft Bilder und Skulpturen, in denen Menschen ihren Körper, ihre Augen und Hände gierig nach dem Leben ausstrecken, das sie so sehr erwünschen und bisher nie erreicht haben. Sie laufen oft diesem Phantom Leben *nach,* und *vor* ihrem konkreten Leben und der Vergangenheit davon. So wird die in sich notwendige und berechtigte Suche nach dem persönlichen Weg zum Leben zu einem hektischen und gierigen „das Leben erhaschen, ergreifen und haben-wollen". Dieser Versuch endet oft in einem Teufelskreis von Lebensgier und Aus-Leben, verbunden mit einem Gefühl der inneren Leere und Unzufriedenheit. Diese Menschen haben meist ihr eigenes Leben nie richtig wahrgenommen, sich nicht mit ihrer Vergangenheit auseinandergesetzt oder gar dieses vergangene Leben angenommen. Sie sind auf der Flucht vor dem Leben, dem sie gleichzeitig bis zur Atemlosigkeit hinterherlaufen.

„Ich will endlich richtig leben", fordert eine 40jährige Ordensschwester. Als Kind einer „Muß-Ehe" wurde sie nie von ihren Eltern angenommen. Sie holte sich schon als Säugling die nötige Zuwendung durch Krankwerden und Bravsein.

„Ich will mein eigenes Leben!" sagt Frau B., eine Mutter von drei Kindern, die unterdessen ihre eigenen Wege gehen und dadurch bei ihr eine große Leere hinterlassen. So werden die Beziehungsstörungen mit dem katholischen Karrieremann offenkundig. Der Auszug aus der gemeinsamen Wohnung, eine Umschulung und zwei neue Beziehungen haben ihr bisher nicht den erhofften inneren Frieden mit sich selbst gebracht.

„Ich habe ein Recht auf mein persönliches Leben und meine Selbstverwirklichung." Mit diesen Worten versucht ein 30jähriger Kaplan die Sch. . . Seelsorge und das Übermaß an Arbeit, das ihn ausgelaugt und an den Rand des Selbstmords getrieben hat, loszuwerden und sich zu befreien. Das bedeutet für ihn, seine bisher unterdrückte Homosexualität auszuleben, zu genießen und in der Seelsorge nur das Notwendigste zu tun. Er gerät in kurzer Zeit in eine noch tiefere Lebenskrise, die ihn zur Besinnung bringt.
„Ich will ein normales Leben führen wie die andern", proklamiert eine Schwerbehinderte, ohne sich mit ihrer Krankheit auseinandergesetzt zu haben. Je mehr sie „normal" leben will, um so mehr überfordert sie sich und fällt in tiefe Depressionen.
„Ich will das Leben genießen, solange ich es noch kann!" meint eine an Aids erkrankte Frau, die sich im Dienst (Blutentnahme) angesteckt hat und bewußt „einige Leben" durch ungeschützten sexuellen Verkehr mit in ihren Tod nehmen will. Gott sei Dank wird ihr dieser mörderische Wunsch, mit dem sie ihr Leben rächen will, nach kurzer Zeit fragwürdig, und sie kann sich mit Gott versöhnen und Ihm ihr Leben übergeben.
„Ich will das wahre Leben", verkündet ein unbekannter Hochschullehrer und zieht sich mit einigen Gleichgesinnten in einen entfernten Bauernhof zurück, um ein „einfaches und natürliches" Leben zu führen.
Diese und andere Wünsche nach Leben, so berechtigt und gut sie in sich sind, scheitern oft, weil ihnen keine erwachsene Entscheidung zugrunde liegt, und weil sie einen Teilaspekt des Lebens, die bisherige Schattenseite, für das Ganze halten.

Was aber heißt Leben überhaupt? Welche Lebenskonzepte werden dem heutigen Menschen angeboten?

2. Was sagen die Urwünsche des Menschen über die Grundlagen seines Lebens aus?

In den alten Traditionen der Menschheit findet man Aussagen über die Grundbedingungen menschlichen Lebens, die in Sagen, Mythen, religiösen Schriften, aber auch in modernen Studien der Psychologie und Soziologie festgehalten sind: Jeder Mensch birgt in seinem innersten Wesen Grundhoffnungen, Antriebe und Urwünsche nach einem Leben in Glück, Frieden, Freiheit, Macht, Verwurzelung, Liebe ... Aus all diesen Quellen kann man mit P. Zulehner eine *Lebens-Trias* erkennen: „Zu einem Leben in Frieden gehört demnach die Erfahrung, einen Namen zu haben, wachsen zu können und Wurzeln zu schlagen" (Zulehner 1983, 15 ff.). Der erste Urwunsch nach einem *Namen* beinhaltet: nicht austauschbar, einzigartig sein, Ansehen haben, lieben und geliebt werden, erkannt und anerkannt werden, nicht ausgebeutet werden. Der zweite Urwunsch nach *Macht* bdeutet: selbst etwas machen können, Selbst-Mächtigkeit, aber auch Bewegung, wachsen in Freiheit; sich schöpferisch entfalten können. Wachsen heißt, lebendig sein: kein Wachstum bedeutet Tod!

Der dritte Urwunsch nach *Heimat* und Geborgenheit besagt: dazugehören und zu Hause sein; einen Ort der Verwurzelung finden; einen letzten Halt haben. Diese Urwünsche gehören zum menschlichen Leben schlechthin, unabhängig von bestimmten Religionen und Weltanschauungen; jedoch gestaltet die jeweilige Kultur diese Urwünsche aus und bestimmt damit auch, ob Leben gut ist oder nicht, ob jemand es besser findet zu leben als nicht zu leben (Zulehner 1983, 31 f.).

Es gibt eine positive und negative Kultivierung der Urwünsche. So betrachtet man z. B. im Umgang mit dem Urwunsch nach Macht: Stolz, Würde, Freiheitsbewußtsein, Eigenwilligkeit, Anpassungsfähigkeit als *positive Formen; negative Formen* wären: Geltungs- und Herrschsucht, Trägheit, Unterwürfigkeit etc., die das eigene oder fremde Leben bedrohen. Ähnlich ist es mit den beiden anderen Urwünschen. Wichtig ist die Erkenntnis, daß die Urwünsche nach einem Leben in Fülle maßlos und ohne Grenzen sind, daß die Sehnsucht sie ins Unendliche treibt, daß diese Wünsche in ihrer Tiefe auf eine Erfüllung außerhalb der Grenze von Raum und Zeit gerichtet sind: auf eine *transzendente Erfüllung.* Wer kennt nicht die Maßlosigkeit des Sehnens, das in Sternstunden der Erfüllung (Liebe, Macht, Beheimatung) einen Moment gesättigt erscheint und im nächsten Augenblick nur mehr Erinnerung ist? So sehr in solchen Momenten die Urwünsche befriedigt werden, es bleibt ein schaler Geschmack des Noch-Nicht, des Noch-Mehr zurück. In einer solchen Befriedigung von Liebe, Macht und Geborgenheit, die immanent an Zeit und Raum gebunden geschieht, erfährt der Mensch ein Stück gutes, ganzes Leben, aber eben nur ein Stück von einem ganzen, schlechthin sinnvollen Leben, das nicht nur teilweise, bruchstückhaft befriedigt, sondern ganz erfüllt sein möchte. Diese erfüllte Sehnsucht nennen wir im Glauben das *„ewige Leben“*, in dem das Sehnen des menschlichen Herzens zur Ruhe kommt, wo Gott selbst unseren Namen ins Buch des Lebens schreibt, wo er unsere Macht und Liebeskraft entgrenzt und wir in ihm Heimat und Geborgenheit finden: „Das und noch unvorstellbar mehr wird das ewige Leben sein, das wir gläubige Christen erhoffen“ (Zulehner 1983, 33.37).

Aber gebunden an Zeit und Raum gerät der Mensch in die oft unerträgliche Spannung zwischen seinen maßlosen, unendlichen Wünschen nach Leben und der begrenzten Befriedigung in der Endlichkeitserfahrung. Diese Enttäuschung wird leibhaftig ausgedrückt in folgender *Beziehungserfahrung:* Ich bitte z. B. einen Ehepartner, seine Idealvorstellung von menschlicher Beziehung in einer leiblichen Skulptur zu gestalten: eine ideale Beziehung zwischen Mann und Frau, in der alle Wünsche nach Nähe, Geborgenheit, Wärme, Liebe, Sexualität erfüllt sind. Fast immer wird eine Gestalt gewählt, in der die beiden Partner sich eng umarmen. Da der Kopf auf der Schulter des anderen liegt, schauen die Augen über seine Schulter hinweg. Wohin? Häufige Antworten: in die Ferne, irgendwohin auf einen anderen Menschen, in die Zukunft, auf Gott. Die Augen, ein wichtiges Element der Begegnung und Beziehung, sehen in der engsten, idealen Beziehung über die Schultern des Partners hinweg. Es fehlt die nötige Distanz, die eine zu große Nähe (Paaridentität) abgrenzt. Das wird noch deutlicher, wenn einer oder beide „Fortschritte“ machen wollen, auf das eigene Lebensziel zugehen wollen. Dann muß der Partner jeweils rückwärts gehen, beide behindern sich in dieser Nähe, sie müssen die einengende Nähe aufgeben, sich lassen, um den *eigenen* Lebensweg gehen zu können.

Ähnlich ist die Spannung und der Widerspruch zu spüren, wenn ich das Schlüsselwort „Du bist mein Ein-und-Alles“, sei es in der

Mutter-Kind- oder in der Partnerbeziehung, leibhaft darstellen lasse. Dieser Anspruch, z. B. in den klammernden und festhaltenden Armen der Mutter ausgedrückt, überfordert das Kind; es muß sich, um nicht zu ersticken und nicht erdrückt zu werden, mit der Mutter auseinandersetzen, sich von ihr abgrenzen. Nur so kann das Kind, aus der Symbiose befreit, zum eigenen Leben finden.

Wie aber soll der Mensch mit diesem schmerzlichen Mißverhältnis zwischen den unendlichen Wünschen und ihrer begrenzten Erfüllung sinnvoll umgehen? Hier scheiden sich die Geister. Die unterschiedlichen Lebensanschauungen lösen das Problem entweder *immanent,* d. h. sie versuchen, die Unendlichkeit und Unbegrenztheit der Urwünsche samt ihrer Erfüllung in den Bereich des Menschen zu verlegen; oder aber sie wählen die *transzendente* Lösung, wie z. B. der christliche Glaube, der die *ganze Erfüllung* der menschlichen Grundbedürfnisse im ewigen Leben bei Gott sieht.

Was heißt das konkret? Wenn der Mensch seine Verwiesenheit auf Gott leugnet und sich selbst zur letzten Instanz macht, so verliert die Frage nach der Erfüllbarkeit der Urwünsche ihre transzendente, letztendlich nicht begreifbare, geheimnisvolle Dimension, d. h. der Mensch übernimmt die ganze Verantwortung für das Leben und die Erfüllung *aller* Lebensbedürfnisse und Urwünsche, auch der „unendlichen". Zumindest setzt er sich diesem alles fordernden Anspruch aus.

Für die drei Urwünsche hat diese *weltimmanente Entscheidung ohne Gott* weitreichende Folgen: Der Mensch sucht nach seiner Identität, nach jemandem, der ihm seinen Namen, Ansehen, Wert, Einzigartigkeit, Liebe und Zuwendung schenkt. Nehmen wir an, er braucht in seinem Minderwertigkeitsgefühl andere, die ihn bestätigen, ansehen, anerkennen, Ja zu ihm sagen: Dann besteht die Gefahr der Fremdbestimmtheit und Abhängigkeit, die ihn hindert, zu sich selbst zu kommen. Die anderen stellen die Bedingungen, unter denen sie ihn anerkennen und lieben, und er selbst findet sich kaum. Ist sein Selbstvertrauen sehr groß und fühlt er sich stark genug, um aus eigener Kraft Ja zu sagen, dann besteht die Gefahr einer isolierten Unabhängigkeit, die nicht mehr offen ist für eine Veränderung und Kritik, die andere unterdrückt, die Lebensängste

hervorbringt, einmal nicht mehr stark genug zu sein, und an diesem Widerspruch von Vertrauen und Mißtrauen scheitert.
Ähnliches gilt für die *Urwünsche nach Macht und nach Heimat.* In allen drei Fällen bleibt das Mißverhältnis zwischen den Wünschen und der ersehnten Erfüllung, das ohne transzendente Hoffnung, Leid und Schmerz verursacht und letztlich nur zu einem individuellen und weltweiten *Überleben,* nicht aber zu einem erfüllten Leben führen kann. Allerdings muß man – um auf Dauer zu überleben – die Erwartungen immer mehr zurücknehmen, damit der Schmerz und die Enttäuschung über das Unerfüllte nicht so stark werden, daß sie in Verzweiflung umschlagen. Fatalismus, Apathie, Ohnmacht und Resignation können am Ende dieses Weges aus der Transzendenz zur Immanenz stehen, eine Banalisierung und Reduktion des menschlichen Lebens (Riedlinger 1983, 123 f.). Das Problem der unerfüllten Lebenswünsche stellt sich vor allem in den unterschiedlichen Krisensituationen, in die der Mensch im Laufe seines Lebens immer wieder gerät.

3. Die Frage nach dem Leben in unterschiedlichen Lebenskrisen

3.1 Die Frage nach dem Leben in aktuellen Lebenskrisen

Es gibt eine in der geistlichen Tradition verwurzelte Übung, die die Frage nach dem Leben und seinem Sinn pointiert zusammenfaßt. „Stellen Sie sich vor, Ihr Leben geht in diesem Augenblick zu Ende. Schauen Sie auf Ihr Leben zurück und formulieren Sie einen Leitsatz, der Inhalt und Sinn Ihres Lebens wesentlich zusammenfaßt (eventuell als Grabinschrift)." Manchen Menschen fällt es leichter, sich vorzustellen, wie ihre Freunde und gute Bekannte nach ihrem Tod den Sinn und Inhalt ihres Lebens in einem Zielsatz oder einer Grabinschrift ausdrücken würden.
Diese geistliche Übung nimmt *bewußt die Frage nach dem Leben und seinem Sinn* in den Blick, die wir alle spätestens im Augenblick des Todes mit unserem realen Leben, ohne die Möglichkeit

der Verbesserung, wahrhaftig beantworten müssen, ob wir nun wollen oder nicht. Deshalb scheint es sinnvoll, nicht einfach „drauf los zu leben", sondern von Zeit zu Zeit innezuhalten, um sich Sinn und Prioritäten des eigenen Lebens anzuschauen und ihre Stimmigkeit zu überprüfen. Dieses Innehalten und Reflektieren des eigenen Lebens erfordert im Alltag eine bewußte Entscheidung. Es wird oft von vielen Ängsten und Verdrängungsmechanismen behindert. Denn wer möchte schon sein Leben wahrnehmen, wie es ist mit seinen Licht- und Schattenseiten und vor allem die eventuellen Konsequenzen ziehen? Deshalb lebt man lieber, ohne viel nachzudenken, von einem Tag zum andern, solange nur das Lebensgefühl stimmt und die Zufriedenheit und das unreflektierte Glücklichsein anhalten.

Nur eine relativ kleine Zahl von Menschen, auch im religiösen Bereich, stellen sich in regelmäßigen Besinnungstagen oder Exerzitien die Frage nach dem aktuellen Sinn ihres Lebens und eventuellen neuen Prioritäten. Diese Frage wird normalerweise von Menschen gestellt, die sich in einer *Krise* befinden, die sich abgelehnt fühlen, die enttäuscht worden sind, deren Leben von einer Krankheit oder einem Verlust bedroht ist. Diese Ein- und Unter-Brüche im normalen Lebenslauf lassen den Menschen stolpern und zu Boden fallen. Oft lautet dann die zugespitzte Frage nicht mehr: „Hat mein Leben einen Sinn?", sondern: „Hat mein Leben überhaupt *noch* einen Sinn?" Damit ist die negative Antwort häufig schon vorgegeben: „Nein, dieses sinnlose Leben lohnt sich nicht mehr!" Das aus der aktuellen Krise geborene Lebensgefühl (oft eine Wiederholung des negativen Grundgefühls = Schlüsselposition) kann in eine präsuizidale Problematik ausufern, wenn der entstandene Lebensbruch nicht als Chance zu einem erneuerten und vertieften Weiter-Leben genutzt wird. Wichtig ist dabei die Erfahrung, daß der „Lebens-Boden", auf dem ich sonst selbstverständlich im Alltag dahingehe, mich auch als Gefallenen, als vom Schicksal Dahingestreckten und Niedergeschlagenen trägt; daß ich nicht ins Bodenlose falle, sondern auch in dieser lebensbedrohenden Situation letztlich spürbar vom Boden getragen bin.

3.2 Die Frage nach dem Leben in den normativen Lebenskrisen

Erikson (Erikson 1973, 55–122) hat in seinen Forschungen über die Identitätsfindung des Menschen darauf hingewiesen, daß es im menschlichen Leben Phasen gibt, Knotenpunkte, in denen die Frage nach dem Leben eine besondere Bedeutung hat. In diesen entscheidenden Wachstumsjahren ist der Mensch in einer intensiveren und dichteren Weise für Lebensfragen ansprechbar. Er ist auf Grund seiner emotionalen, physischen und spirituellen Verfaßtheit besonders sensibel, verletzlich und formbar. Diese sogenannten *normativen Lebenskrisen* sind in der Adoleszenz, in den mittleren Erwachsenenjahren und im Alter angesichts des Todes zu finden.

3.2.1 Die Lebensfrage in der jugendlichen Identitätskrise

Während der *Pubertät* und *Adoleszenz* versucht der junge Mensch, unabhängig von den überkommenen Lebensmodellen sein Leben zu entdecken. Dabei gerät er in eine *Diffusion:* Er selbst, seine Identität, sein Leben, seine festen Rollen geraten ins Wanken. Eine heilsame Unsicherheit treibt und beflügelt ihn, nach eigenen Lebenswegen zu suchen, die anders sind als die der Umgebung. Er möchte Leben auf seine Weise ausprobieren. Er fragt sich in dieser Zeit:

„Was bedeutet Leben überhaupt? Wozu lebe ich? Warum ist das Leben so schwierig, so sinnlos, so verworren, so mühsam und doch auch so schön, so faszinierend, so lebenswert? Welchen Sinn und Wert will ich meinem Leben geben angesichts der vielen Angebote? Wie soll ich mich bei all der Pluralität für einen Weg entscheiden? Wie frei bin ich in den Zwängen? Welches Leben lohnt sich? Soll ich überhaupt Verantwortung übernehmen, d. h. aktiv leben, oder ist es nicht einfacher, gelebt zu werden?“

Wichtig ist für Heranwachsende in dieser Zeit der Diffusion und Unsicherheit, daß sie erwachsene Begleiter haben, die ihnen vertrauensvoll, ohne Zwang und Suggestion sinnvolle Möglichkeiten und Wege des Lebens in ihrem eigenen Leben anbieten; die bereit sind, sich in ihrem Leben hinterfragen zu lassen und offen über

ihre guten und schlechten Erfahrungen zu sprechen; die aber auch den jungen Menschen seine eigenen Erfahrungen auf dem Hintergrund ihres begleitenden Vertrauens machen lassen, ja ihn ermuntern, sich zu riskieren, seine Kräfte und Grenzen zu erproben.
Nicht zuletzt weil diese glaubenden und hoffenden Vorbilder fehlen, endet die Lebenssuche junger Menschen heute oft in der resignierenden *Anpassung* an überkommene Lebenswerte, wie Leistung, Konsum und Erfolg, die sie häufig in den Teufelskreis der Überforderung führen. Andere geraten in die verschiedenen Formen des *Gelebtwerdens*, sei es in der Abhängigkeit von Süchten (Alkohol, Drogen, Arbeit) oder festen Strukturen (Sekten, Banden, Ideologien); oder sie enden in einem *gegenabhängigen Anders-Leben*, das sich in demonstrativen und verneinenden Lebensweisen bis hin zum Terrorismus äußert. Diese jungen Menschen haben oft kein eigenes Ziel, keinen eigenen Lebenssinn als den Gegen-Sinn, der, wenn er nicht positiv erweitert und realistisch ergänzt wird, letztlich auch in Sinnlosigkeit mündet.
Wie Taizé, die Fokolare und andere christliche Bewegungen zeigen, können auch heute die Lebenswerte der Bergpredigt (Mt 5) wie Frieden, Freiheit, Wahrheit, Liebe, Menschenwürde, Barmherzigkeit und Treue für Jugendliche und Erwachsene wegweisend und lebensbringend sein. Wenn sie z. B. in kleinen Gruppen und Gemeinden gelebt und nicht nur gepredigt werden, wird sinnvolles Leben spürbar, können sich junge Menschen identifizieren, begeistern und verantwortlich engagieren.

3.2.2 Die Lebensfrage in der Krise der Lebensmitte

In der Mitte des Lebens liegt die Zeit, die man „die besten Mannes- und Frauenjahre“ nennt. Hier stellt sich nach Erikson in der *Krise der Lebensmitte* erneut die Frage nach dem Sinn des Lebens. Auch diese Lebenskrise kann fruchtbar sein, wenn sie zu einer Vertiefung und existentiellen Erneuerung des eigenen Lebens führt. Berufliche und familiäre Ziele sind jetzt meist erreicht, die Karriere kann sich sehen lassen, die Eltern können dem tüchtigen Sohn und der erfolgreichen Tochter die Anerkennung nicht versagen. Alles scheint zu stimmen, und doch stimmt vieles nicht. Die innere Leere, Unerfülltheit, Resignation, bis hin zur Verzweiflung und Depression, drücken eine tiefe Unzufriedenheit mit dem bisherigen Leben aus: „Soll mein Leben die nächsten 20 Jahre so weitergehen? Was ist das für ein Leben, das ich bisher geführt habe? Warum bin ich so enttäuscht? Hat mir das Leben nicht mehr zu bieten? Aber was?"

Viele Menschen setzen sich in dieser Krise der Lebensmitte zum erstenmal mit ihrer eigenen Lebensentwicklung bewußt auseinander und reflektieren den Prozeß der Selbstwerdung und ganzheitlichen Reifung, den C. G. Jung „Individuation" nennt.

Der moderne *Jugendkult* (Puerilismus) mit seinen Idolen von strahlender, gesunder, kraftstrotzender und faltenloser Jugendlichkeit macht es den „mittelalterlichen" Männern und Frauen nicht leicht, ihren Lebenswert umzuorientieren, zu verändern. *Männer* spüren ihre Kräfte schwinden, müssen sich immer mehr anstrengen, um die alte Leistung zu bringen, um potent im weitesten Sinne zu sein, um nicht zum alten Eisen zu gehören. *Frauen* merken, wie ihre jugendliche Attraktivität und die „Reize" schwinden; sie erleben im Beruf einen ähnlichen Kräfteschwund wie der männliche Partner. Auch in der *Ehe* ist nach der Aufbau- und Produktionsphase, in der bisher größere Beziehungsschwierigkeiten durch die gemeinsame Aufgabe verdeckt wurden, eine Krise vorprogrammiert. Die angestrebten Ziele (Beruf, Haus, Kinder, finanzielle Sicherheit) sind weithin erreicht und beide Partner haben ihre Identität oft wesentlich in der gemeinsamen Aufgabenbewältigung gefunden (Paar-Identität). Jetzt geraten sie über die neue Beziehungssituation in eine Art zweite Identitätskrise, in der jeder in seiner Individuation eigene Akzente für sein Leben setzt, die dann mitgeteilt und zusammen gelebt werden können.

Sehr treffend beschreibt Johannes *Tauler* (1300–1361) in seinen Predigten die Krise der Lebensmitte aus religiöser Sicht. Gott schüttelt in dieser Zeit unser Lebenshaus durcheinander, damit wir das Wesentliche vom Unwesentlichen unterscheiden lernen. In der ersten Lebenshälfte ist der Mensch, im Vollbesitz seiner Kräfte, zumeist auf das eigene Tun bedacht. Man möchte mit den eigenen Kräften etwas erreichen, nicht bloß in weltlichen Dingen, sondern

auch durch eigenes geistliches Tun auf dem Weg zu Gott weiterkommen. Das ist in dieser ersten Lebenshälfte an sich gut. Doch in der Lebensmitte macht uns Gott leer von uns selbst und all dem zweitrangigen Tun, was unser Leben bisher erfüllt hat. Nicht durch Tun, sondern durch Lassen kommt man in Beziehung mit seinem innersten Grund. Durch das Leerwerden und die Wüste des eigenen Herzens führt uns Gott zu unserem *tiefsten Wesen, dem Seelengrund,* wo wir Ihm begegnen und nicht unseren eigenen Bildern und Gefühlen. Diesem geistlichen Wendepunkt (metanoia) entziehen sich viele durch Flucht, durch vermehrte Aktivität, durch Blindheit und Verdrängung, durch Anbeten eigener Götzen. In drastischen Bildern beschreibt Tauler solche Menschen, die ihre Chance der Umkehr nicht wahrnehmen: „Kinder ... das ist schuld daran: da ist manch dicke, greuliche Haut übergezogen, so dick wie Ochsenstirnen und die haben ihm seine Innerlichkeit so verdeckt, daß weder Gott noch er selbst hineinkam" (Tauler 1961, 189; Grün 1980).
Den Schlüssel sieht Tauler in der Tugend der Gelassenheit: Wir müssen die Dinge (Götzen), an die wir uns festklammern, loslassen, – besonders unser Ich – um uns auf Gottes Willen einzulassen, um unser Leben Ihm mehr zu überlassen. Wir gelangen gerade durch das Geheimnis des Leerwerdens und Loslassens zur Fülle des Lebens, die Gott durch seine Gnade in unser „leeres Herz" gießt.
Wenn wir um diese tiefen Zusammenhänge und positiven Möglichkeiten der Lebenskrise wissen, wie Tauler sie uns aufzeigt, dann werden wir nicht so schnell kopflos versuchen, alle möglichen Methoden anzuwenden, um die Krise zu überleben. Ich denke an Ehepartner, die aus der Familie ausbrechen, um endlich das Leben mit anderen Partnern zu genießen; oder an Ordensmänner und -frauen, die in Torschlußpanik geraten und, gleichsam ihre nie gelebte Pubertät nachholend, die verbotenen emotionalen und sexuellen Wünsche in der Freiheit des Lebens ausleben wollen; oder Priester, die im geistlichen Aktivismus leergebrannt sind, deren „erste Liebe" erkaltet und deren Herz verkümmert ist: Sie wollen plötzlich ihre letzte Chance zum Leben nutzen und oft in

einer Zweierbeziehung all das nacherleben, was sie meist schon in der Kindheit entbehrt haben: Zuwendung, Liebe, Geborgenheit, Wärme. Oder Männer und Frauen, die vom Weltleben enttäuscht, meinen, das wahre Leben mit einem Klostereintritt gewinnen zu können ... Die Reihe der „im Leben zu kurz gekommenen Aussteiger", die in der Lebensmitte einen verzweifelten „*Egotrip*" starten, ließe sich beliebig vermehren. Nur verhelfen diese kurzschlüssigen Lösungsversuche meist nicht zu einem tieferen und besseren Leben. Im Gegenteil: Sie führen von der Mitte weg in immer neue Krisen. Am Ende dieser illusionären und irrealen Lebensversuche steht oft die Verzweiflung und ohnmächtige Wut, auch Gott gegenüber, der einem dieses Leben von Anfang an eingebrockt hat. Gerade hier kann aber auch die Chance liegen, sich mit seinem Leben auseinanderzusetzen und sich mit ihm zu versöhnen, eine Aufgabe, die besonders der letzten Phase des menschlichen Lebens zufällt.

3.2.3 Die Lebensfrage in der Krise des Alters

Im Alter geht es zunächst um die Integration und Annahme des eigenen Lebens angesichts des immer näher kommenden *Todes,* der das irdische Leben beendet. So lautet die Lebensfrage hier eher: Wie war mein Leben; welche Bilanz kann ich ziehen; was bleibt mir noch zu ergänzen im restlichen Leben; was ist noch unversöhnt? Geht mein Leben nach dem Tod weiter oder ist danach alles aus? Wie wird das neue Leben nach dem Tode sein? Obwohl die Zahl der alten Menschen durch die höhere Lebenserwartung ständig steigt, wird dieses verlängerte Leben im Alter eher negativ angesehen. Wer fragt heute schon nach der Lebenserfahrung, der Weisheit und Übersicht des alten Menschen, wenn er pensioniert ist, seine Vitalität und Kraft abnimmt, wenn das Alter mit keinem Mittel mehr zu vertuschen ist? Was bleibt dem alten Menschen an Selbstwertgefühl übrig, wenn die früheren Prioritäten Leistung, Erfolg, Vitalität, Gesundheit und Wohlstand waren? Kann ein alter Mensch seinen Lebenssinn finden, wenn er immer wieder im Vergleich mit früher nur das sieht, was er nicht mehr leisten kann, was nicht mehr möglich ist?

Daraus entstehen die destruktiven und deprimierenden *Klagen:* „Wozu lebe ich noch? Wofür bin ich überhaupt noch nütze? Keiner fragt nach mir. Mein Leben ist für mich und andere eine Last" (Ps 31,10–13).

Im Alter, so sagt man mit Recht, zeigt sich der wahre Charakter eines Menschen. Alte Menschen, die ihr Leben ganzheitlich von der Zeugung über die Geburt, die Kindheit, die Jugend, das Erwachsensein bis ins Alter betrachtet und mit sich und Gott versöhnt haben, können ihr Leben integrieren und es ohne Schuldgefühle im Tod der Barmherzigkeit Gottes überlassen. Diese Menschen akzeptieren, daß alle irdischen Dinge, auch das eigene Leben, letztlich unvollendet bleibt. Die Frucht des Unvollendeten ist die Sehnsucht nach dem, was noch aussteht. So muß das Älterwerden kein Grund zur Verzweiflung oder Verbitterung werden, sondern kann eine Basis der Hoffnung sein: ein Regenbogen von Verheißungen, der sich über den irdischen Lebenszyklus hinaus ins ewige Leben spannt.

H. J. *Nouwen* beschreibt dies im Bild des alten Wagenrades, in dem wir die Geschichte unseres Lebens erkennen können. Jede Speiche, d. h. jeder Lebensabschnitt ist gleich wichtig, alle zusammen bilden sie den Kreis und lassen die Nabe (Christus) als den Mittelpunkt seiner Stärke erkennen. „Das Älterwerden ist das Sichdrehen des Rades, die allmähliche Erfüllung des Lebenszyklus, in dem das Empfangen zum Geben reift und das Leben dem Sterben Wert verleiht. Das Älterwerden braucht nicht versteckt und verleugnet zu werden, sondern es kann verstanden, bejaht und als Prozeß des Wachsens erfahren werden, durch den der Sinn des Lebens sich uns langsam offenbart" (Nouwen 1987, 11). Ich treffe z. B. viele alte Menschen im Altersheim, wo ich täglich mit ihnen die Eucharistie feiere, die gelassen und zufrieden dem Ende ihres irdischen Lebens entgegengehen. Sie leben jeden Tag sehr bewußt und setzen ihre schwindenden Kräfte soweit es geht für andere ein, sei es im Haushalt der Kinder, sei es bei einem guten Gespräch, sei es im Gebet für die anderen, „die nicht so viel Zeit zum Beten haben". Der Opfer- und Sühnegedanke hilft vielen ans Bett gefesselten alten Menschen, ihr Leid anzunehmen im

Blick auf den ans Kreuz geschlagenen Jesus. Ich habe niemals eine so tiefe Zufriedenheit, innere Freude und Dankbarkeit gefunden wie bei alten Menschen, die versöhnt und gläubig ihr Leben und ihren Tod Gott übergeben hatten. Für sie ist der letzte Lebensabschnitt die Vigil für das Fest der Auferstehung im Himmel (Johannes XXIII.). Ich habe allerdings auch noch nie eine so abgrundtiefe Unzufriedenheit und einen so großen Haß auf Gott und die Welt erlebt wie bei verbitterten, unversöhnten alten Menschen, die sich selbst und ihrer Umgebung das Leben zur Hölle machten.

Am Ende des Lebens wird der Kampf der guten und bösen Geister angesichts der letzten Entscheidung in vielen Menschen besonders deutlich; allerdings offenbart sich gerade in den letzten Stunden des Lebens auch oft die heilende Gnade und Barmherzigkeit Gottes im Antlitz der Sterbenden. Eine *gute Altenseelsorge im letzten Lebensabschnitt* kann den alten Menschen, die angesichts des Todes oft unter Ängsten und Schuldgefühlen leiden, helfen, sich mit ihrem Leben auszusöhnen, in den Sakramenten der Buße, Krankensalbung und Eucharistie dem barmherzigen Gott zu begegnen, der ihnen Vergebung, Frieden und Liebe zusagt. Diese Zuversicht des Glaubens gilt es zu stärken: *die Gewißheit,* daß ich die Güte und Liebe Gottes im Land der Lebenden schauen werde (Ps 105).

Der Sinn des Lebens fällt uns nicht von allein in den Schoß. Wir müssen in allen Lebensphasen suchend dafür offen sein, uns bewußt darum bemühen, und uns dann für das Ja zum Leben neu entscheiden.

4. Unterschiedliche Lebensanschauungen

Die Lebensfrage wird aber auch unabhängig von den aktuellen und normativen Lebenskrisen gestellt und beantwortet. Aus dem großen Angebot von *Lebenskonzepten* greifen wir exemplarisch die humanistisch orientierte Psychologie heraus und vergleichen ihre Antworten auf die Frage nach dem Leben mit denen der christlichen Anthropologie.

4.1 Zum Verhältnis von Psychologie und Theologie

Die Frage nach dem Glück und die Suche nach Wegen, die zu einem gelungenen und zufriedenen Leben führen, hat die Menschen von Anfang an bewegt. Der Wunsch nach einem sinnvollen Leben ist heute um so dringlicher, als immer mehr Menschen in unserer von Angst, Widersprüchen und Un-ordnung zerrütteten Welt mit ihrem persönlichen Leben scheitern. So können wir in unseren Tagen weltweit eher von einer Situation des *Überlebens* als des erfüllten Lebens ausgehen (Koslowski 1987). In einer solchen Zeit des Überlebens halten die Menschen wie Schiffbrüchige Ausschau nach Festland, nach einem sicheren Lebensboden, der sie trägt, in dem sie Wurzeln schlagen, wachsen und leben können. Sie greifen nach den vielfältigen Lebenskonzepten, die wie Markenartikel angeboten werden: Wege zur Selbstverwirklichung, Wege zur Erfüllung persönlicher Bedürfnisse; nach Macht, nach Liebe, nach Harmonie, nach Zufriedenheit, nach Partnerschaft; Wege zu schnellem Reichtum, zur erfolgreichen Karriere: kurz gesagt Regeln und Hinweise für ein geglücktes Leben.

Im Gegensatz zu früher ist nicht nur die Zahl der Lebensangebote ins Unüberschaubare angewachsen. Während noch in den vergangenen Jahrhunderten große Philosophien und Ideologien, die Naturwissenschaften und die Technik, in Übereinstimmung oder im Gegensatz zur christlichen Anthropologie, das Lebensglück beschrieben haben, sehen im 20. Jahrhundert viele Menschen in der sogenannten humanistischen Psychologie *die* Lehre für ein geglücktes Leben. Vielfach sind die Anhänger dieser und anderer aktueller Heilslehren und -wissenschaften von den traditionellen Religionen und Philosophien enttäuscht worden. Allerdings überschätzen sie in ihrem Hunger nach Glück und Heil oft die Möglichkeiten der säkularen Heilsbewegungen. Denn diese versprechen den Menschen oft Wege zur Selbstverwirklichung und Selbsterlösung, die bei allen positiven Ansätzen letztlich zur Enttäuschung führen.

Einem *fruchtbaren Dialog* zwischen den *humanistisch orientierten Lebensanschauungen* und der *christlichen Anthropologie* stehen heute immer noch Mißverständnisse und Vorurteile im Wege. Trotzdem findet die humanistische Anthropologie unterdessen auch bei urteilsfähigen Christen zunehmend eine positive Aufnahme. Man sieht ein, daß der Mensch in seiner Frage nach dem Lebenssinn weder mit den Humanwissenschaften noch mit dem Glauben allein auskommt. Psychologie und Theologie sind in der Frage nach dem Sinn und Ziel des menschlichen Lebens nicht autark, sondern aufeinander angewiesen. Weil sich die *Psychologie* nicht wie andere Wissenschaften auf begrenzte Teilbereiche menschlichen Lebens beschränken kann, sondern ganzheitlich das menschliche Leben, seinen Sinn und seine Bestimmung betrachten muß; weil die Psychologie angesichts von Leid und Tod und dem letzten Ursprung und Ziel menschlichen Lebens an ihre „Grenzen stößt, deshalb bleibt sie eine unselbständige Wissenschaft, die mehr als jede andere auf Ergänzung durch Philosophie und Theologie angewiesen bleibt ..." Wenn die humanistische Psychologie meint, sie könnte mit eigenen Kräften das leisten, „was man früher von Philosophie und Theologie erwartet hat; die Antwort nämlich: Was ist der Mensch, wie soll er sein und handeln? Sie kann es nicht" (Görres 1987, 12).

Die *christliche Anthropologie* wird diese (Selbst-)Begrenzung der empirischen Psychologie „transzendieren", weil sie mit den Worten Glauben, Gott, Schöpfung, Schuld, Vergebung, ewiges Leben u. a. m. auf Wirklichkeiten hinweist, die zwar im Bewußten und Unbewußten symbolisch-real erscheinen, aber die Natur übersteigen. Andererseits setzt die Gnade als Übernatur die Natur voraus, ist in ihr verwurzelt (Gratia supponit naturam). So bleibt auch die christliche Anthropologie auf die Erfahrungswissenschaften angewiesen, um das menschliche Leben ganzheitlich erfassen zu können. Allerdings schließen wir hier solche Heilslehren aus, die mit ihren Totalitätsansprüchen weniger mit Wissenschaft und Menschenkenntnis als mit Ideologie, Scharlatanerie und Mißbrauch menschlichen Vertrauens zu tun haben.

Die Verdienste der humanistischen Psychologie sind zu offensichtlich, als daß man sie übersehen könnte. So hat sie u. a. der christlichen Anthropologie geholfen, den Menschen wieder ganzheitlich mit Leib – Geist – Seele zu verstehen, wie es die Autoren der Heiligen Schrift getan haben. Die vielfach vernachlässigte leibliche und emotionale Dimension menschlichen Lebens kam in der Suche nach Selbstverwirklichung mehr in den Blick: die eigenen Bedürfnisse und Gefühle wahrzunehmen und zu leben. Die religiöse Entwicklung des Menschen (religiöse Einstellungen, Verhaltensweisen, Gottesbild, Gewissen etc.) und eine sinnvolle Lebensgestaltung z. B. durch humane Tugenden (wie Liebe, Treue, Freiheit, Würde, Menschenrechte u. a. m.) sind von den Erkenntnissen der humanistischen Psychologie und ihrem positiven Menschenbild wesentlich erhellt worden.

Die psychologischen Erkenntnisse erweisen sich als fruchtbar für das religiöse Leben, besonders dort, wo sie *psychisch gestörten Menschen* helfen, ihre Vernunft und ihren Willen wieder in Freiheit zu gebrauchen und sich selbst zu bestimmen, eigene Entscheidungen zu treffen. Die Psychologie hat uns weiter aufmerksam gemacht auf den *Einfluß des Unbewußten* auch im religiösen Bereich: Wenn es um Gewissensbildung, krankhafte Schuldgefühle, einseitige Gesetzesfrömmigkeit, negative Askese und schädliche Fehlhaltungen geht, die mit der frohen Botschaft Jesu nichts mehr zu tun haben (Ekklesiogene Neurosen).

Die Erforschung der seelischen Störungen hat auch zu einem größeren Verständnis und einem liebevolleren Umgang mit den Menschen geführt, die versagen und Unrecht tun, mit den im weitesten Sinn Behinderten. Das heißt allerdings nicht, daß bei allen falschen und zu beseitigenden, neurotischen Schuldgefühlen keine reale Schuld und Sünde existieren würde.

Die moderne Psychologie hat uns verdeutlicht, daß wir uns frei entwickeln können, *daß Veränderung möglich ist*, daß wir nicht unabänderlich die ererbten Fehlhaltungen und Defizite unserer Vorfahren wiederholen müssen. Wir können unser Leben im Rahmen des Möglichen ändern und neu gestalten, wenn wir uns bewußt mit unserer Vergangenheit auseinandersetzen und neue Lebensziele anstreben. (Das ist besonders für die unterschiedlichen Suchtkrankheiten wichtig.)

4.2 *Lebensanschauungen der Psychologie*

4.2.1 *Die Lebensanschauung der klassischen Psychoanalyse von Sigmund Freud*

S. *Freud* hat das große Verdienst, auf die *Bedeutung der frühen Kindheit* für das menschliche Leben hingewiesen zu haben. Glück und Zufriedenheit werden von ihm als physiologisch triebhaftes Spannungsgleichgewicht beschrieben, wobei letztlich alle seelischen Regungen auf physiologischen Bedürfnisspannungen beruhen. Die Befriedigung von Urwünschen beurteilt Freud eher skeptisch (Freud, Bd. XIV, 227, 433 f.). In seinen späten Schriften spricht Freud vom „Nirwanaprinzip", das seine skeptische Lebensphilosophie begründet: „Der konservativen Natur der Triebe widerspräche es, wenn das Ziel des Lebens ein noch nie zuvor erreichter Zustand wäre ..." So ist das Ziel alles Lebens „der Tod und zurückgreifend: Das Leblose war früher da als das Lebende" (Freud, Bd. XIII, 40).
Durch kluge „Libidoökonomie" kann der Mensch eine laue Befriedigung finden. Obwohl Freud im Alltag ein Humanist war, ist die Frage nach dem Sinn des Lebens für ihn sinnlos: „Im Moment, da man nach dem Sinn und Wert des Lebens fragt, ist man krank, denn beides gibt es ja in objektiver Weise nicht ..." (Freud 1960, 429).
Dieses skeptische Konzept des Überlebens wurde von der humanistischen Psychologie korrigiert und ergänzt, indem sie die geistige Dimension des Ich und Selbst hervorhebt (Rogers, Maslow, Fromm), oder ausdrücklich nach dem Sinn des Lebens fragt (Frankl). Auch die neuere Psychoanalyse sieht die Erfüllung der menschlichen Urwünsche über eine reine Triebbefriedigung hinaus in einer Wertschätzung anderer, die auf einer echten Selbstwertschätzung beruht (Kohut 1979, 249).

4.2.2 *Lebenskonzepte der humanistisch orientierten Psychologie*

A. H. *Maslow* entwirft ein Modell verschiedener, hierarchisch geordneter Bedürfnisebenen, die Mangel- und Wachstumsmotive beinhalten. Wenn die niedrigen Bedürfnisse (Mangelmotive) teilweise befriedigt sind, kommen die Selbstverwirklichungsbedürfnisse zum Zuge, d. h. Selbsterfüllung in der Verwirklichung der eigenen Fähigkeiten und im Verstehen und Lieben anderer; Erfüllung einer Mission oder einer Berufung, eines Schicksals, als bessere Kenntnis der eigenen inneren Natur, „als eine ständige Tendenz zu Einheit, Integration oder Synergie innerhalb der Persönlichkeit" (Maslow 1973, 41). Der Selbstverwirklichung kommt der Mensch als Lebensziel um so näher, je mehr er sich von psychischen Störungen entfernt und schöpferisch wirkt: u. a. Wahrnehmung der Realität, Fähigkeit zu Alleinsein, zu Offenheit und Distanz, Kreativität, persönliche Ethik und Humor. Dies alles führt den Menschen zu einem tieferen Zufriedensein, zu einem reicheren inneren Leben (Maslow 1977, 155 f.). In jüngster Zeit spricht Maslow von einer transpersonalen Psychologie, die ihren Mittelpunkt mehr im Kosmos hat, und quasi einen Ersatz für die Religion darstellt. Ohne dieses Transzendente werden wir krank und nihilistisch. „Wir brauchen etwas Größeres als wir es selbst sind, um Ehrfurcht davor zu empfinden und uns in einer neuen, naturalistischen, empirischen, nichtkonfessionellen Weise zu engagieren" (In: Zeitschr. für transpersonale Psychologie 1/1982, 33).

Ähnliche und ergänzende Gedanken zur Selbstverwirklichung legt *E. Fromm* in seinen zahlreichen Schriften vor, die alle auf die *Menschwerdung* des Menschen abzielen. In einer kritischen Auseinandersetzung mit dem Menschenbild von Freud und Marx wendet er sich dem Wesen des Menschen zu, das sich in den Grundbedürfnissen äußert: dem Bedürfnis nach Bezogenheit, nach Transzendenz, nach Verwurzelung und Identität, nach einem Orientierungsrahmen und nach Wirkmächtigkeit (Fromm, Bd. IV, 20 ff.). In seinem Entwurf für ein geglücktes und zufriedenes Leben spielt die Selbstverwirklichung und mit ihr die Grundbegriffe „Lieben", „Haben" und „Sein" eine entscheidende Rolle (Fromm 1980 und 1976).

V. Frankl bringt mit seiner Logotherapie und Existenzanalyse einen pointierten wert- und sinnzentrierten Aspekt in die Frage nach dem Leben ein. Der Mensch hat nicht nur einen Willen zur Lust (Freud) und einen Willen zur Macht (Adler), sondern auch einen *Willen zum Sinn.* In seiner dreidimensionalen (physiologischen, psychischen, geistigen) Auffassung vom Menschen betont Frankl besonders die Sinn-Dimension, ohne die ein existentielles Vakuum von Leere, Ziellosigkeit, Unordnung, Ekel und Sinnlosigkeit entsteht. Für das menschliche Leben ist die Selbsttranszendenz charakteristisch, d. h. die Tatsache, „daß Menschsein immer über sich hinaus. . .verweist . . .“ auf etwas oder auf jemanden: auf einen Sinn, den da ein Mensch erfüllt oder auf mitmenschliches Sein, dem er begegnet (Frankl 1983, 160).

Die *drei befriedigenden Lebensmöglichkeiten* liegen für Frankl: 1. in den schöpferischen Werten (homo faber); 2. in den Erlebniswerten (homo amans); 3. in den Einstellungswerten (homo patiens) (Frankl 1983, 59 ff.).

Allerdings ist der Sinn des Lebens nie als Ganzes, sondern immer nur *teilweise* in einzelnen Situationen erfaßbar. Das Endziel menschlichen Lebens wäre also die falsche Fragerichtung, es können immer nur Teilziele gefunden und erreicht werden.

4.3 Die christliche Auffassung vom menschlichen Leben

Das oben skizzierte Lebenskonzept der humanistischen Psychologie stimmt in vielen Punkten mit dem der christlichen Anthropologie überein: Die Bejahung des Menschen und seiner Fähigkeiten; die Heilung (Therapie) der Schwierigkeiten, die das Leben behindern; die ganzheitliche Sicht des Menschen; die positive Grundeinstellung zum Leben; der Glaube an das letztlich Gute im Menschen; die Erfüllung der Wünsche nach Leben; die Selbstverwirklichung des Menschen in einer geordneten Selbst- und Nächstenliebe; die Frage nach dem Sinn des Lebens . . .

Der entscheidende Unterschied liegt in dem *einseitig anthropozentrischen* und weltimmanenten Verständnis des Lebens und seiner Verwirklichung. Die christliche Anthropologie geht in ihrer Lebensanschauung durch die auf Gott verweisende Transzendenz wesentlich über die immanente Lebenstheorie und die sie ordnende Basis-Harmonie hinaus. Sie sieht den Menschen zuerst als von Gott geschaffen, angesprochen, ermächtigt und geliebt.

4.3.1 Der Mensch ist von Gott geschaffen, erlöst und vollendet

Auch die christliche Anthropologie strebt die Autonomie und freie Selbstverwirklichung des Menschen als Person an. Allerdings versteht sie Autonomie nicht im Sinne der Positivforschung als ein Sich-selbst-Schaffen des Menschen und Selbstverwirklichung als einen Zwang, das Glück und den Sinn des Lebens aus eigenen Kräften zu erreichen, d. h. *leben zu müssen.* Wenn der Mensch Schöpfer seines eigenen Lebens sein soll; wenn Gottebenbildlichkeit (so z. B. bei Fromm und Maslow) als höchste Stufe menschlicher Selbstentfaltung definiert wird, dann wird der Mensch in seinem Leben ständig überfordert und kann nur noch versuchen, Überlebensstrategien anzuwenden (Fromm 1960, 113 ff.).

Diesem menschlichen Selbstentwurf steht das *christliche Menschenbild* entgegen: Bei allen schöpferischen Kräften ist der Mensch geschaffen. Er empfängt vom Schöpfergott sein Leben und hat damit die freie Zusage, *leben zu dürfen*. Durch diese Zusage des Lebens hat er dann die Möglichkeit und Freiheit, sein Leben tatsächlich als Vor-Gabe und Auf-Gabe in die Hand zu nehmen, es auszuschöpfen und aus eigenen Kräften zu gestalten. Diese Lebenszusage Gottes wird vor allem im Sakrament der Taufe und dann lebensbegleitend in den übrigen Sakramenten immer wieder sichtbar und hörbar.

Der christliche Schöpfungsglaube sprengt also den Rahmen rein menschlicher Sinngebung und befreit vom gnadenlosen Zwang einer perfekten Selbstverwirklichung. Die Heilsgeschichte Gottes umfaßt alle Menschen guten Willens, auch die versagenden und schwachen, die ihre Lebenskräfte nicht immer optimal einsetzen. Deshalb gehören zum christlichen Lebenskonzept geschenkte *Freiheit* und *Schöpferkraft* ebenso wie *Schuld* und *heilende Vergebung*.

Diese Einsicht hat auch Folgen für das *therapeutische Selbstverständnis*. Zunächst hat der Therapeut mit dem am Leben leidenden Klienten eine *gemeinsame Basis:* Beide verdanken sich demselben Gott. Vor aller therapeutischen Leistung und Sinngebung steht das Ja Gottes und seine Ermächtigung zum Leben. Aus der Sicht des

Glaubens haben Therapeut und Klient letztlich auch das gleiche *Lebensziel*, und sie befinden sich auf einem gemeinsamen, je eigenen Weg zu Gott. Diese gleiche Lebensgrundlage von Therapeut und Klient vor Gott wird für mich immer wieder sehr deutlich erfahrbar bei unseren Kursen in Positano, wo wir gemeinsam leben, arbeiten, essen und beten. Vor allem in den Eucharistiefeiern spielen die Rollen keine Rolle mehr, ja verschiedene Positionen werden geradezu vertauscht, wenn ein „Priester-Klient" der Eucharistie vorsteht und den Therapeuten das Brot des Lebens reicht (Frielingsdorf/Stöcklin 1983). Ich werde nie vergessen, wie ein Klient mir diese Gleichheit vor Gott deutlich machte, indem er mit dem Finger gen Himmel zeigend sagte: „Zu dem Cheftherapeuten da oben müssen Sie doch auch gehen?"

4.3.2 Positive Grundeinstellung zum Leben, auch im Unheil

Die *positive Grundeinstellung* des Christen beruht auf dem Glauben, daß bei aller Zerstörung und Disharmonie der ursprünglich heilen Schöpfung durch die Sünde und das Böse, das menschliche Leben grundsätzlich eine in Christus erlöste und vom Unheil befreite Existenz ist. Aber trotzdem lebt der Glaubende noch im Schatten dieser Welt, in der Heil, Glück und Frieden nur teilweise und bruchstückhaft verwirklicht werden. Er spürt als Pilger (homo viator) die Spannung zwischen dem „schon jetzt" und „noch nicht". Er steht als Glaubender schon auf der Seite Gottes, aber in seinem faktischen Leben auch noch nicht bei ihm. Er bleibt auch nach der Schöpfung und Erlösung auf die heilende und lebenspendende Gnade Gottes angewiesen.

Hier *unterscheidet* sich die christliche Lebensauffassung eindeutig von den Selbstverwirklichungs- und Selbsterlösungskonzepten der humanistischen Psychologie. Man darf sich nicht täuschen lassen: die Worte Gott, Transzendenz, Glaube, Religion, Erlösung bedeuten in der humanistischen Psychologie nicht mehr als eine andere Bezeichnung für den Menschen, für seine Möglichkeiten und das Maß seiner Selbstverwirklichung (Funk 1978, 146).

Auch in den vielfältigen Lebensangeboten der *New-Age-Bewegung* verkündet die „Karma-Lehre", die meist mit der Reinkarnation verbunden ist, die Selbsterlösung, wenn sie von der „Vergeltungskausalität" spricht. Nach ihr erleben wir heute, wozu wir gestern in unserem Tun (karma = kr = tun) den Grund gelegt haben und bestimmen jetzt, wie es uns morgen geht. Dieser Selbsterlösungsprozeß wird meist auf viele Leben übertragen.

So kann der Mensch, der nach dem christlichen Glauben vom Zwang und der ständigen Überforderung, sich im Leben zu verwirklichen, befreit ist, mit einer engagierten Gelassenheit, mit jener „gelassenen Leidenschaft" leben, die im Glück nicht übermütig wird und im Unglück nicht verzweifelt (Kügler 1983, 63 f.).

4.3.3 Das Leben angesichts von Leid und Tod

Spätestens in den unabänderlichen Situationen des Leidens und Sterbens gerät die Selbstverwirklichungstheorie ins Wanken. Was soll ein Therapeut oder Arzt, der für den Sterbenden die „letzte Instanz" ist, auf so drängende Fragen antworten: Welchen Sinn hat das alles? Warum muß ich sterben? Was habe ich verbrochen, daß ich so leiden muß? Fatalistische und verleugnende Lösungen können hier nicht entlasten.

Für solche Unheilssituationen, in denen sich die Hilflosigkeit des Helfers und die Ohnmacht des Leidenden gleichermaßen zeigen, kann das *Leiden und Kreuz Christi* eine sinnvolle und erlösende Antwort sein. Nicht durch Einsatz seiner unendlichen Kräfte, nicht durch seine Allmacht hat Gott der Herr über Leben und Tod uns erlöst. Im freiwilligen Eingehen in die Ohnmacht und Kraftlosigkeit des Todes hat Christus uns ein Beispiel gegeben, an dem die These von der Selbsterlösung radikal in Frage gestellt wird. Hier ist die *Selbstverwirklichung* durch den *Selbstverzicht und die Selbstverleugnung* sinnvoll ergänzt. Wer hat noch nicht im eigenen Leben erfahren, daß die tiefsten Einsichten und Auferstehungen aus dem „Unten" leidvoller Erlebnisse wachsen? Natürlich heißt das nicht, daß wir Leid suchen und verordnen, sondern sehr wohl zwischen den selbstgemachten Kreuzen und dem von Gott zugelassenen Leid unterscheiden müssen. Der gläubige Therapeut könnte dann seine heilende Aufgabe darin sehen, den Leidenden zu ermutigen, sich mit seiner unabänderlichen Notsituation auseinanderzusetzen, sie anzunehmen und ihm beim Durchtragen mit dem Blick auf den gekreuzigten und auferstandenen Jesus Christus zu begleiten, auch im Gebet. Nur wer unten war, kann auferstehen.

Manchmal frage ich mich, warum wir christlichen Berater so wenig an die heilende Kraft des Leidens glauben. Könnte es sein, daß wir vergessen: Die Ermächtigung und die Kraft zum therapeutischen Tun kommt von Gott. Bei aller Fachkompetenz und Mitverantwortung sind wir, Gott sei Dank, nicht die letzte Heilsinstanz. Würden wir sonst nicht in den Teufelskreis der Überforderung mit hineingezogen?

Das auf Gott Angewiesensein und das damit verbundene Wissen, nicht letztverantwortlich zu sein, kann für den Berater auch eine richtig verstandene *Entlastung* sein gegenüber den übergroßen Wünschen nach Heilung und Leben von seiten des Ratsuchenden. Die transzendente Deutung kann weiterhin helfen, die eigenen Möglichkeiten und Grenzen besser einzuschätzen und auch eine „Erfolglosigkeit“ und Schwäche gelassener hinzunehmen.

Auf der anderen Seite ist es möglich, daß der Therapeut lernt, mehr von sich abzusehen und auf die gottgegebenen Kräfte des Klienten zu vertrauen.

In diesem Zusammenhang möchte ich noch darauf hinweisen, daß gerade für psychisch kranke oder in Lebenskrisen geratene Priester und Ordensleute bei der Wahl eines Psychotherapeuten oder einer Psychotherapeutin nicht nur die Fachkompetenz, sondern auch die Lebensanschauung eine wichtige Rolle spielen. Wenn die religiöse Dimension nicht real in den therapeutischen Prozeß miteinbezogen werden kann – wie immer sie sich beim Klienten darstellt – wird die Heilung nur auf der „natürlichen“ Ebene der Befriedigung von Lebensbedürfnissen gesucht.

4.3.4 Schlußbetrachtung

Die heutige Theologie fragt im Anschluß an das 2. Vatikanische Konzil zunehmend nach dem Zusammenhang von konkreten menschlichen Erfahrungen und den geoffenbarten Glaubensinhalten (Korrelation von Glaube und Lebenserfahrungen).

Eine christliche Anthropologie wird die humanwissenschaftlichen Erkenntnisse im Licht einer glaubenswissenschaftlichen Betrachtung deuten (Rahner, Pannenberg). Der Ausgangspunkt dieser Interpretation ist der *Glaube an Gott,* der dem Menschen das Leben aus Liebe geschenkt hat, ihn aus dem Tod der Sünde zum Leben erlöst hat und sein begrenztes irdisches Leben im ewigen Leben vollenden wird (Pesch 1983, 423).
In diesem Zusammenhang muß jeder Versuch der Psychologie abgewiesen werden, die faktischen und geschichtlichen Grundlagen: Leben, Lehre, Tod und Auferstehung Jesu Christi, und die Inhalte des Glaubens als bloße Symbole unbewußter psychischer Wirklichkeiten zu deuten (Görres 1987, 13). Christliche Anthropologie wird aber auch klar die Grenzen der humanistischen Psychologie als säkulare Heilslehre aufzeigen, mag sie auch noch so laut ihren Totalitätsanspruch betonen. Die humanistische Psychologie kann letztlich dem menschlichen Leben ebensowenig Ziel und Sinn geben, wie sie das Ganze des menschlichen Daseins zu erfassen und zu deuten vermag. So schließen sich humanistische Psychologie und christlicher Glaube keineswegs wie Gegensätze aus, sie können sich vielmehr *gegenseitig ergänzen* und befruchten, damit die Menschen unserer Zeit vom Überleben zum wahren Leben gelangen.

5. Die Sakramente als realsymbolische Lebenszusage

Als wir die drei Urwünsche des Menschen nach Identität, Macht und Heimat betrachteten, mußten wir feststellen, daß diese Urwünsche, bei aller unendlichen Sehnsucht, im konkreten Leben nie ganz erfüllt, sondern – trotz mancher Sternstunden – immer nur teilweise befriedigt werden können. Ein Verstehensmodell für diese Grunderfahrung des menschlichen Lebens bietet die *Symboltheorie* an. Sie versteht Symbol (vom griechischen Wort symballein = zusammenfügen) als ein aus zwei zusammengefügten Hälften bestehendes Wiedererkennungszeichen (Ring, Stab) zwischen zwei Vertragspartnern, von denen jeder eine Hälfte besitzt. Über diese ursprüngliche Bedeutung hinaus kann man im übertragenen Sinne eine symbolische Einheit von Glück und Heil sehen; das irdische Glück verweist symbolhaft auf das im Glauben geschenkte ewige Heil. „Symbole im ursprünglichen Sinn sind die Grund- und Ursituationen des Menschseins, wo das Menschsein und mit ihm die Welt durchsichtig wird für eine Frage, die über den Menschen hinausweist ..." (Kasper 1969, 157ff.; Halbfas 1983, 258; Splett 1967). Dieses symbolhafte Verweisen bedeutet auf der einen Seite, daß über den bloßen Verweis hinaus in jedem konkreten Erleben von irdischem Glück das überirdische Glück und Heil Gottes, wie es uns endgültig im ewigen Leben geschenkt wird, bereits *real* und wesentlich vorhanden ist. Wo Leben in diesem Sinne glückt und gelingt, da ereignet sich, biblisch gesprochen, Reich Gottes als „Himmel auf Erden". Andererseits bleibt bei aller wirklichen Erfüllung des Urwunsches nach Leben doch die Diskrepanz zwischen der unendlichen Sehnsucht nach Lebensfülle und der endlichen Befriedigung dieses Wunsches bestehen: „Mein Herz ist unruhig, bis es einmal Ruhe findet in dir, mein Gott" (Augustinus).

Ich erinnere mich an einen Priester in mittleren Jahren, der nach einer lieblosen Kindheit, nach einer einengenden Internatserziehung, die sich im Priesterseminar fortsetzte, von sich sagte: „Ich bin im Leben zu kurz gekommen, ich will meine Kindheit und Jugend nachholen und endlich von allen Zwängen frei sein, tun und lassen, was ich will: Das Leben in vollen Zügen genießen und voll ausschöpfen!" Dabei breitete er seine Arme weit aus, als wollte er die ganze Welt umarmen. Ich bat ihn, er möge in Anlehnung an Augustinus und seine Schöpfkelle diesen grenzenlosen Wunsch, das Leben ganz auszuschöpfen, am Meer symbolisch ausprobieren. Denn er hatte gerade das kraftvolle Schwimmen im Meer, das Getragenwerden und das zärtliche Umschmeicheln der Wellen, das sehnsüchtige Schauen über das Meer bis zum Horizont, wo Himmel und Erde sich berühren, als Lebensfülle erfahren. Er hob mit viel Schweiß eine große „Lebens-Grube" am Strand aus und füllte sie bis an den Rand mit Meerwasser. Dann betrachtete er sein Werk eine Weile und kam gerade zur Einsicht, daß die Fülle des Lebens (= Meer) bei aller Anstrengung doch wohl kaum auszuschöpfen sei; da rollte unerwartet eine große Woge heran, die den Damm der Lebensgrube durchbrach. Ein Teil des Wassers floß aus der Grube ins Meer ab, aber die entstehende Leere wurde nach einer Weile immer wieder vom Meer mit Wasser aufgefüllt. Für den Priester war dieses Erlebnis der Beginn einer jahrelangen Auseinandersetzung mit den „leeren Stellen" seines vergangenen Lebens. Auf seine zwischen Wut und Verzweiflung herausgeschrienen Vorwürfe: „Warum hatte ich diese Rabeneltern, die mich von Anfang an abgelehnt haben und mich erst als Priestersohn akzeptierten ...?" fragte ich ihn, ob er als Kind getauft worden sei. „Natürlich! So eine dumme Frage!" Wir wiederholten dann in der Gruppe die wesentlichen Lebens- und Liebeszusagen, die ihm zur selben Zeit von Gott geschenkt wurden, als seine Eltern ihn auf verschiedene Weise „loswerden" wollten. Allmählich konnte er verstehen, daß dem Nein und der Lebensverweigerung der Eltern zum Trotz Gott ihn in der Taufe beim Namen gerufen und als geliebten Sohn angenommen hatte.

Damit sind wir bei der für mich *wichtigsten Grundlage von Lebensverständnis und Therapie.* Häufig fragen mich verzweifelte, ratsuchende Menschen, woher ich das Recht und den Mut habe, ihnen das Leben zuzusagen und sie zum Leben zu ermutigen, obwohl sie es vernichten wollen und sich den Tod wünschen? Die entscheidende Antwort habe ich in der christlichen Lebensanschauung bereits aufgezeigt. Was mich aber ganz konkret ermutigt, auch Menschen im Todesschatten das Leben anzubieten, sind die *Sakramente mit ihren Lebenszusagen* an den entscheidenden Knotenpunkten der menschlichen Lebensgeschichte.

In den Ursituationen des menschlichen Lebens, angefangen von der Geburt bis zum Lebensende, sind die Sakramente in ihrem Symbolcharakter nicht nur eine tröstliche Zusage und Verheißung heilen Lebens. Denn, was wir über die Realsymbolik der Urwünsche sagten, trifft noch mehr für Sakramente zu. Der Mensch ist als Leib-Geist-Wesen auf Symbolik angewiesen; wenn seine Geistigkeit verleiblicht werden soll (Worte, Zeichen, Gebärden), dann bedarf die menschliche Kommunikation der Symbolsprache.

Das gilt in besonderer Weise für die *Beziehung des Menschen zu Gott:* Weil Gott alle menschlichen Vorstellungen übersteigt, kann er sich nur symbolhaft in Erfahrung bringen. Wenn Symbol also „allgemein die Zusammengehörigkeit von zwei Teilen, die Verbundenheit von Innerem und Äußerem, die Transparenz des Unsichtbar-Geistigen im Sichtbaren-Leiblichen meint, dann erhält es dort eine theologische Qualität, wo wir es mit dem Zueinander von Göttlichem und Menschlichem, mit der Transparenz des Göttlichen im Weltlichen, in welthaften Zeichen und Handlungen zu tun haben" (Schladoth 1983, 754 f.). Das neuere Sakramentenverständnis sieht in Christus als Ursakrament das definitive Ja Gottes zum einzelnen Menschen, die Lebenszusage im Sinne des alttestamentlichen Jahwe = „Ich bin für euch da". Aus der Lebensgeschichte Jesu läßt sich dieses Ja Gottes erkennen als eine liebende, anerkennende, heilende und vergebende Beziehung zum Menschen. In den einzelnen Sakramenten wird nun dieses unwiderrufliche „Ja" Gottes dem Menschen gerade in solchen Situationen seines Lebens zugesprochen, wo wichtige Krisen und Entscheidungen anstehen, wo er sich intensiver der Fragwürdigkeit seines Lebens bewußt wird und nach einem Sinn sucht. In den Lebensphasen von besonderer Bedeutung – wie Geburt, Identitätsfindung, Eheschließung, Schuld, Krankheit, Tod – wird in den jeweiligen Sakramenten Gottes Güte und Menschenfreundlichkeit als helfende Gegenwart erfahrbar.

So versichert uns Gott in der *Taufe* bereits kurz nach der Geburt, daß wir leben dürfen, daß er uns als seine Kinder annimmt und wir in die einzigartige Beziehung zu seinem Sohn einbezogen werden, zu dem er nach der Taufe im Jordan sagte: „Das ist mein geliebter Sohn" (Mt 3,17). Wie wichtig kann diese reale „Erinnerung" für Menschen sein, die von den Eltern nicht geplant und gewünscht waren, die Haß und Ablehnung hilflos über sich ergehen lassen mußten: Gottes erstes Wort über mein Leben ist ein klares und liebendes Ja. Er hat mich beim Namen gerufen und in der Taufe mit dem Wasser des Lebens in die Gemeinschaft der Lebenden aufgenommen. Auch wenn Vater und Mutter mir die Lebensberechtigung absprechen und mich dem Tod überlassen wollten, der Herr nimmt mich auf und spricht mir das Leben zu (Ps 27,10; Jes 49,15). Luther schrieb in schwierigen Situationen mit Kreide auf den Tisch: „Ich bin getauft!" – um sich an diese Lebenszusage Gottes zu erinnern.

Im *Bußsakrament* wird dem Menschen, der sich in der Sünde vom lebendigen Gott abgewandt hat, vergeben. Obwohl der Sünder Leben vergeudet und zerstört hat und mehr tot als lebendig ist: Gott nimmt ihn liebevoll auf wie den verlorenen Sohn, heilt ihn und ermutigt ihn zum Leben. In der *Firmung* schenkt Gott dem jungen Menschen, der sein eigenes Leben finden will und lohnende Lebensziele sucht, seinen lebenspendenden Heiligen Geist. Im Sakrament der *Ehe* ermutigt und stärkt Gott zwei Menschen, ihren Lebensweg gemeinsam zu gehen. Das Sakrament der *Krankensalbung* schenkt dem Menschen Mut und Stärke, damit er in seiner Krankheit, aber auch angesichts des Todes sein Leben vor Gott bringen kann und es Ihm überläßt im Hinblick auf Heilung und das ewige Leben.
In der *Eucharistie* wird für den Glaubenden Tod und Leben Jesu Christi im Gedächtnismahl erlösend gegenwärtig. Wir hören sein Wort: „Wer dieses Brot ißt, wird leben in Ewigkeit ..." und: „Wie mich der lebendige Vater gesandt hat und wie ich durch den Vater lebe, so wird jeder, der mich ißt, durch mich leben" (Joh 6,57 ff.).
Aus dieser täglich neu erfahrenen Lebenszusage lebe ich, und sie gibt mir letztlich das Recht und den Mut, oft wider alle Hoffnung an das Leben in jedem Menschen zu glauben, der nach dem Ebenbild Gottes geschaffen und in sein Reich berufen ist.

III. DIE GROSSE BEDEUTUNG DER ERSTEN LEBENSJAHRE FÜR DAS GANZE LEBEN

1. Der Lebensbaum – eine Einführung

Seit urdenklichen Zeiten hat man versucht, das Leben in Bildern und Symbolen einzufangen und zu beschreiben. Alle diese Bilder, sei es der Lebensweg, der Lebensstrom oder der Lebensbaum, haben eines gemeinsam: Sie zeichnen das Leben als ein dynamisches, bewegtes, wachsendes, prozeßhaftes und vielfältiges Geschehen, das von einem Anfang zu einem Ende führt: von der Zeugung bis zum Tod.

Ein statisches, unbewegtes, nicht wachsendes, einfältiges und starres Leben wäre kein Leben, sondern bereits ein Nicht-Leben, d. h. Tod.

Neben dem Bild vom Leben als Strom, der von der Quelle her durch viele Landschaften fließend schließlich im Ozean mündet, gefällt mir das Bild vom Lebensbaum am besten.

Der Same des neuen Lebensbaumes wird in das mütterlich-väterliche Erdreich gelegt und mit diesem „Akt der Zeugung" beginnt ein neuer Mensch zu leben. In unserem Sprachgebrauch sagen wir eigenartigerweise: Die Eltern *erwarten,* empfangen ein Kind und nicht, sie machen ein Kind. Hier wird deutlich: Menschen können das Leben letztlich nicht machen, man kann es nur vom Sämann des Lebens, vom Schöpfergott, empfangen. Ob und wie der Same aber das Licht der Welt erblickt, hängt davon ab, wie der elterliche Boden beschaffen ist, d. h. ob er den Samen aufnimmt oder liegen läßt, so daß er zertreten oder von den Vögeln gefressen oder von der Sonne verbrannt wird: also kein Leben, sondern Sterben.

Für die Qualität des Lebens ist dann entscheidend, wie die pränatale Zeit im Erdreich verläuft, ob mehr lebensfördernde Kräfte wie Liebe, Freude, Hoffnung oder lebenshindernde Kräfte wie Angst, Ablehnung, Trauer und Hoffnungslosigkeit auf das werdende Samenkorn einwirken.

Auch wenn das Lebensbäumchen kleine Wurzeln im Erdreich entwickelt hat, bleibt es im ersten Lebensstadium, wenn es aus dem Dunkel der Erde ins Licht vorstößt, zunächst sehr auf die Hilfe und den Schutz seiner Umgebung angewiesen: Zuviel Sonne ist ebenso schädlich wie zuviel Regen. Allein kann der Pflänzling die Stürme und Gefahren noch nicht überstehen; er braucht Stütze und Anlehnung. Bis der Stamm nach einigen Jahren genügend gefestigt und die Wurzeln im Erdreich Nahrung und Halt gefunden haben, geht es mehr ums Überleben.

Das eigentliche Leben beginnt erst, wenn der Baum erwachsen ist, blüht, Früchte bringt und in sich selbst seinen Stand gefunden hat. Wenn er das Licht und die Wärme der Sonne, das Dunkel und die Kühle der Nacht in sich aufnehmen kann, wenn der Wind seine Zweige bewegt und der Sturm seinen Stamm schüttelt, wenn die Vögel in seinen Zweigen nisten, die Bienen seine Blüten befruchten, die Tiere und Menschen sich an seinen Früchten laben und in seinem Schatten ausruhen; dann ist der Baum richtig lebendig.

Die Jahreszeiten kann man als die Lebensalter des Baumes verstehen. Man kann Frühling, Sommer, Herbst und Winter aber auch als unterschiedliche Lebensgefühle und Lebenseinstellungen deuten, die immer wieder wechseln.

Um im Bild zu bleiben: Wenn der Lebensbaum auch längst aus dem Erdreich herausgewachsen und seine Baumkrone viele Meter über den Boden erhoben ist, so bleiben seine Wurzeln, aus denen er die Lebensnahrung bezieht und lebt, doch im Erdreich verhaftet, aus dem er gekommen ist.

Viele Menschen kümmern sich später wenig um ihre Wurzeln und den Mutter- und Vaterboden, in dem sie verwurzelt sind. Sie wollen sich mit diesem unsichtbaren, im Erdreich verborgenen Teil ihres Lebens nicht auseinandersetzen. Sie verdrängen ihn ins Unbewußte, erklären ihn pauschal als „schöne Kindheit", als nicht bedeutsam oder können sich häufig an die ersten Kindheitsjahre beim besten Willen nicht erinnern.

Doch wo kommen die unerklärlichen Angstzustände, die Minderwertigkeitsgefühle, die zwanghaften Wiederholungen, die zur Verneinung des Lebens führen, denn eigentlich her? Werden sie von außen dem Lebensbaum zugetragen oder liegen sie nicht schon tief in den unsichtbaren Wurzeln begründet?

Dieses Kapitel will eines der wichtigsten Ergebnisse der psychologischen Forschung in Erinnerung rufen: wie entscheidend die *ersten Jahre* das ganze Leben des Menschen mitbestimmen. In der vor- und nachgeburtlichen Zeit bis etwa zum Schulalter entstehen im Kleinkind entscheidende Lebenseinstellungen durch positive und negative Schlüsselerfahrungen, die schon früh seine Lebensanschauung beeinflussen.

Diese frühe Lebensprägung ist nicht zuletzt dadurch so wirkmächtig, weil sie zum großen Teil im unbewußten Bereich geschieht und vom Kleinkind nicht reflektiert werden kann. Sowohl die positiven als auch die negativen Elemente dieses unbewußten Lebenspotentials bilden „so etwas wie einen dynamischen Kern unserer Persönlichkeit, der die lebenslange Aufgabe der Identitätsentwicklung vorantreibt" und unseren Lebenszyklus ganzheitlich durchformt (Funke 1986, 28).

Nehmen wir den theologischen Grundsatz „gratia supponit naturam" (= die Gnade setzt die Natur voraus) ernst, dann laufen *Gnade und Natur* im Leben des Menschen nicht beziehungslos nebeneinander her. Sie stehen vielmehr in einer ständigen Verbindung, sind ineinander verflochten und verschränkt. So gibt es aus religiöser Sicht keine eigene natürliche Lebensgeschichte und daneben eine gnadenhafte Glaubensgeschichte. Die Gnade ist als Zuwendung Gottes von Beginn des Lebens an mit der menschlichen Natur wirksam verbunden, d. h. die „natürlichen", biologischen und psychischen Schlüsselerfahrungen wirken sich auch auf das religiöse Leben in seiner Vielfalt aus, z. B. bei der Entwicklung des Gottesbildes, bei den Wertvorstellungen oder bei der Sinnfrage. Da dieses unbewußte Potential, aus dem die Grundmuster von Leben in den ersten Jahren gebildet werden, vielen Menschen nicht zur bewußten Verfügung steht, möchte ich im folgenden auf einige wichtige Elemente hinweisen, die nach meiner Erfahrung für Menschen in ihrer religiösen Identitätsfindung prägend und für ihr ganzes Leben bedeutsam sind.

2. Die Kindheit in ihrer Bedeutung für die Entwicklung des menschlichen Lebens

Ganzheitlich gesehen beginnt das menschliche Leben mit dem Augenblick der Zeugung und endet mit dem leiblichen Tod. Der zwischen diesen beiden Polen von Zeugung und Tod geschehende Lebensprozeß vollzieht sich im Bereich der Identitätsfindung des einzelnen und seiner Sozialisation. Die heutige Vorrangstellung der Identitätsfrage wird mit dem zunehmenden Druck der Gesellschaft auf das Leben des einzelnen Individuums und dem daraus entstehenden Wunsch nach mehr Humanität, individueller Freiheit, Selbstverwirklichung, Emanzipation, Persönlichkeitsbildung, Freizeit etc. erklärt (Fabian 1979, 164 ff.).

E. H. Erikson bietet in seinem Entwurf der acht Lebensphasen ein Modell für die Persönlichkeitsentwicklung, „das die Ichentwicklung nach psychoanalytischem Grundmuster in ihrem sozialen Kontext erfaßt, der aus sich heraus schon die religiöse Dimension enthält" (Fraas 1983, 106). In seinem lebensumgreifenden Modell menschlicher Entwicklung berücksichtigt Erikson nicht nur den individuellen Aspekt der Lebensphasen, die durch positive Krisen weitergeführt werden. Er verweist auch immer wieder auf die soziokulturelle Verschränkung der persönlichen Identitätsfindung, die in ihren dynamischen Entwicklungsphasen an das Symbol des Lebensweges oder des Lebensbaumes erinnert (Erikson 1973). Da das Eriksonsche Lebensmodell auch für die religiöse Fragestellung offen ist, legen wir es weitgehend unseren Überlegungen zugrunde, obwohl es die wichtige pränatale Phase kaum berücksichtigt.

Erikson steht der Freudschen Theorie durchaus kritisch gegenüber. Dennoch geht er von Freuds Entdeckung aus, „daß der neurotische Konflikt inhaltlich nicht sehr verschieden ist von den Konflikten, die jeder Mensch während seiner Kindheit bestehen muß, und daß jeder Erwachsene diese Konflikte in den dunklen Winkeln seiner Persönlichkeit mit sich herumschleppt" (Erikson 1973, 56).

Beim „Wachstum einer gesunden Persönlichkeit" erinnert Erikson an das epigenetische Prinzip, „das vom Wachstum der Organismen in utero abgeleitet ist.“ Danach hat alles, was wächst, einen Grundplan an sich, dem die einzelnen Teile folgen, bis der Mensch zu einem im ganzen funktionierenden Leben herangewachsen ist (Erikson 1973, 57f.).

Erikson verweist hier und an anderer Stelle auf die große Bedeutung der ersten Lebensjahre für die weitere Entwicklung des Menschen. Er betont aber gleichzeitig, daß der Mensch durch diese frühkindlichen Eindrücke und Anlagen nicht voll determiniert ist, sondern daß ihm bei aller Prägung und Weichenstellung ein bewußter Freiraum bleibt, der Änderungen und Korrekturen lebenslang möglich macht.

Wir gehen also mit Erikson von der heute interdisziplinär wohl unbestrittenen Tatsache aus, daß die ersten Lebensjahre einen sehr wichtigen Einfluß auf das ganze Leben des Menschen ausüben (Schenk-Danzinger 1971; Oerter 1975; Fraas 1983).

Diese aus der Entwicklungspsychologie gewonnenen Erkenntnisse werden u. a. durch die Untersuchungen des Neurochirurgen Dr. Wilder Penfield bestätigt, der feststellte, daß eine Elektrode, die er auf verschiedene Gehirnteile ansetzte, Erinnerungen und Gefühle hervorrief, die der Patient längst vergessen hatte. Nach Penfield erfüllt das menschliche Gehirn drei Funktionen: „1. Aufzeichnung. 2. Erinnerung. 3. Wiedererleben. Obwohl eine Erinnerung an die frühere Lebensperiode nicht möglich ist, haben wir Beweise dafür, daß wir die frühesten Erlebnisse insofern wiedererleben können (und das auch tun), als wir zu dem Gefühlszustand des Neugeborenen zurückkehren“ (Harris 1973, 20ff.). Das heißt: „Was ein Mensch erlebt, wird in seinem Gehirn und dem Nervengewebe aufgezeichnet, und zwar alles, was er in seiner Kindheit erfährt, alles was er von seinen Eltern übernommen hat, seine Wahrnehmung von Ereignissen, seine Gefühle, die mit diesen Ereignissen zusammenhängen, und das veränderte Gesicht seiner Erinnerungen. Diese Aufzeichnungen werden wie auf einem Magnetbildband aufbewahrt. Sie können wieder abgespielt werden, das Ereignis läßt sich zurückholen und sogar neu erleben“ (James/Jongward 1974, 34).

Eine neuere empirische Untersuchung über den Einfluß der Kindheit auf den späteren Lebenslauf kommt zu folgenden Ergebnissen:

1. „Der Lebenslauf zeigt sich als Abfolge systematisch aufeinander aufbauender und zueinander in Beziehung stehender Ereignisse bzw. Dauerkonstellationen. Dabei stehen gegenwärtige Ereignisse unabhängig von Alterseffekten, Geschlecht, Sozialschicht und regionalen Einflüssen in vielfältigem und deutlichem Zusammenhang zu frühkindlichen Lebenslaufdaten. Diese Ergebnisse widersprechen somit allen theoretischen Vorstellungen, die die frühkindlichen Erfahrungen gegenüber der aktuellen Umwelt für vernachlässigbar halten ..."

2. „Die Beziehung zwischen frühkindlichen und späteren Lebenslaufdaten beruht darauf, daß bereits in der frühen Kindheit Einstellungen und Motivationen erworben werden, die sich dauerhaft wirksam durch das weitere Leben ziehen. Sie beeinflussen weitere Entscheidungen und Planungen, z. B. die Partnerwahl ..."

Abschließend heißt es: „Insgesamt können wir festhalten: Der Lebenslauf ist keine zufällige Folge von Ereignissen, die allenfalls durch sachliche Beziehungen miteinander verknüpft sind (wie z. B. Wohnungswechsel und Ortswechsel), sondern er ist von Anfang an Erwerb grundlegender Lebenseinstellungen, aus denen die weiteren Abläufe sich nicht mehr zufällig ergeben" (Langenmayr 1987, 116 ff.).

Zu ähnlichen Ergebnissen kommt F. Vester in seinen Untersuchungen über den entscheidenden Einfluß der frühesten Lebensphase (Vester 1975, 42: „Die scheinbare Passivität des Säuglings täuscht darüber hinweg, daß sich gerade in den ersten Wochen auch im geistigen Bereich sehr viel tut, nämlich die irreversible Formung eines durch Sinneseindrücke hervorgerufenen, ersten inneren Abbildes der Umwelt." Spätere Eindrücke und Informationen werden nach diesen ersten Eindrücken geformt, die sich als grundlegend erweisen).

Mit einem indischen Sprichwort wollen wir den Abschnitt beschließen: „Solange die Kinder klein sind, gib ihnen Wurzeln; sind sie größer, gib ihnen Flügel."

3. Die pränatale, natale und postnatale Lebensphase: Überleben statt Leben

Oft werde ich gefragt: Wann ist der Mensch eigentlich wirklich lebensfähig und erwachsen? In welchem Alter kann er sein Leben selbst in die Hand nehmen und eigenständig leben? Die Antworten der Fachleute schwanken je nach den persönlichen, sozialen und beruflichen Lebensbedingungen; ein wirklich selbständiges Leben kann ein Mensch in unserem Kulturkreis etwa mit 20–28 Jahren führen.

3.1 Die pränatale Phase als Vorbereitung auf das Leben

Der Ausgangspunkt des menschlichen Lebens ist die befruchtete Eizelle, in der bereits der ganze genetische Lebensplan für die körperlichen und psychischen Strukturen grundlegend enthalten ist. Deshalb nennt man diese erste Lebenszelle mit Recht *„omnipotent"* (allmächtig); denn in dieser winzigen, befruchteten Zelle sind alle unsere Anlagen und menschlichen Potentiale, die durch das spätere Leben gefördert oder behindert werden können, vorhanden; und zwar ohne Trennung von Körper und Psyche, von Sensorik und Motorik.

Die *pränatale Psychologie* liefert uns inzwischen schon wichtige Forschungsergebnisse über diese bisher so verborgene Lebensphase, über die biologische und psychische Entwicklung im Mutterleib. Mit Hilfe der modernen Technik kann man die Entwicklung des Körpers, die Anlage und Funktion der einzelnen Sinnesorgane, des Gehirns, des Herzens etc. bis auf Tage genau bestimmen. W. Gross beurteilt die bisherigen Resultate der pränatalen Psychologie realistisch und vorsichtig optimistisch. Nachdem er sich kritisch mit den traditionellen Wissenschaften auseinandergesetzt hat, meint er mit Recht, daß man bei dieser „Expedition an die Ränder des Bewußtseins" doch bereits auf eine ganze Reihe wissenschaftlicher Untersuchungen und eine Vielzahl von Theorien zurückgreifen kann, die er so zusammenfaßt: Diese unumstößlichen, meist noch nicht sehr bekannten Fakten beweisen,

„daß der Mensch im Uterus ein sensibles Wesen ist, das seine Umwelt wahrnimmt, aktiv darauf reagiert, lernfähig ist und sogar Engramme (Eindrücke) speichert, die nachher wieder abgerufen werden können. Allerdings darf man sich das nicht so vorstellen, daß die Lernprozesse bewußt und willentlich ablaufen, sondern es sind zunächst Reflexe, die allerdings, genau wie in unserem nachgeburtlichen Leben, in der ständigen Wiederholung modifiziert und den äußeren Bedingungen angepaßt werden" (Gross 1986, 33 ff.).

Die zahlreichen an der Erforschung des pränatalen Lebens beteiligten Wissenschaftszweige (Medizin, Schwangerschaftsbetreuung, Psychologie, Biologie, Philosophie etc.) haben die Hypothese vom Embryo als „tabula rasa" oder als „menschliche Kaulquappe" gründlich widerlegt. Sie nehmen einhellig ein psychisches Leben vor der Geburt – zumindest als möglich – an. Darüber hinaus interessierte Leser darf ich auf die angegebene Fachliteratur zur pränatalen Psychologie verweisen.

Für mich sind diese Ergebnisse der pränatalen Psychologie insofern von Bedeutung, als sie meine durch Rückschlüsse gewonnenen Annahmen ergänzen und bestätigen: Die emotionale *Schlüsselposition* mit der entsprechenden Lebenseinstellung wird häufig in der pränatalen Lebensphase rudimentär grundgelegt. Diese unbewußten Grundeinstellungen und -gefühle dem Leben gegenüber werden in späteren Zeiten unter ähnlichen Bedingungen und in vergleichbaren Situationen oft wiederholt (vgl. Kapitel 5).

Besonders in der Begegnung mit Menschen, die in der Zeit des Zweiten Weltkrieges geboren wurden, ist mir aufgefallen, wie sehr sich die schwierigen äußeren Lebensbedingungen über die Mutter auf den Embryo ausgewirkt haben. Überall ist das Leben in der Kriegs- und Nachkriegszeit bedroht: Unzureichende Ernährung, Todesängste bei Bombenangriffen, auf der Flucht, die Nächte im Bunker, ausgebombt und von zu Hause vertrieben; Angst um den Mann an der Front, um das Leben der Verwandten und Freunde; Unsicherheit für die Zukunft; das Kind im Leib wird oft als zusätzliche Last empfunden, nicht selten weg (tot) gewünscht. Hier wurden besonders Angstgefühle übertragen. Aber auch, wenn eine

Mutter das Kind unter anderen Umständen ablehnt, eigentlich loswerden will; wenn sie zuviel Alkohol trinkt, raucht, Tabletten oder Rauschgift nimmt; wenn sie sich in ständigem körperlichen oder seelischen Streß befindet: dann werden diese biochemischen oder psychischen Negativ-Einflüsse auf den Embryo einwirken.

Die heutige Wissenschaft mit ihren biologischen und biochemischen Analysen und Verhaltensbeobachtungen nähert sich in ihren Ergebnissen vielfach nur dem, was im Volksglauben alter Kulturen von jeher bekannt war: daß sich Schwangere vor Aufregungen und negativen Eindrücken hüten müssen, weil diese das Kind schädigen könnten.

So ist uns heute fast unbekannt, daß die Erziehung bereits mit der Zeugung beginnen soll (indische Weisheit). Interessant ist auch, was Aristoteles seinen Landsleuten zu diesem Thema sagt: „Schwangere Frauen müssen für ihren Körper Sorge tragen, ihr Gemüt aber sollten sie von Sorgen frei halten, denn das werdende Kind nimmt vieles von der es tragenden Mutter an, wie die Pflanze von dem Erdreich, in dem sie wurzelt“ (zit. n. Rottmann 1974, 84).

Leider wird in der Entwicklungspsychologie und auch bei E. Erikson die pränatale Lebensphase überhaupt nicht oder zu wenig berücksichtigt.

Bei allem Eigenleben kann sich der ungeborene Mensch aber noch nicht mit den negativen Einflüssen bewußt auseinandersetzen. Er ist ihnen zunächst relativ schutzlos ausgeliefert und hat im Mutterleib nur wenige körperliche und psychische Abwehrmöglichkeiten. Deshalb nimmt man an: Gerade weil der Mensch im Mutterleib so ganz und total von negativen und destruktiven Ereignissen getroffen wird, wirken sich die frühen Störungen und Verletzungen so tiefgreifend aus. Es entstehen „Grundstörungen“ (Balint), die darüber entscheiden, wie und ob das Kind überlebt.

Natürlich haben die oben genannten vorgeburtlichen Einflüsse auch eine große Bedeutung für die religiöse Entwicklung: Ablehnung oder liebevolle Annahme durch die Mutter spielen nicht nur bei der Entstehung eines negativen oder positiven Gottesbildes eine Rolle. Sie beeinflussen über das Urvertrauen und Urmißtrauen auch die gesamte Einstellung zum Leben.

3.2 Der Geburtsvorgang als Kampf ums Überleben

Nach den ersten neun Monaten im Mutterleib kommen die relativ wenigen Stunden der Geburt, die aber in konzentrierter Form einen Kampf ums Überleben darstellen. Aus der Sicht des Fetus ist es ein existentieller Wechsel von der Geborgenheit des Uterus, umspült und genährt vom warmen Fruchtwasser; aus einem vertrauten, bergenden und dunklen Schoß, der plötzlich zu eng wird, hinausgepreßt in einen engen Kanal, durch den man hindurch muß: ein Kampf um Leben und Tod, verbunden mit Todesangst, Verzweiflung und Hoffnung. Und schließlich schafft man den Durchbruch zum Leben mit der Hilfe anderer.

Aber was ist das für ein Leben da draußen: statt der vertrauten Dunkelheit grelles Licht, statt des warmen Schoßes kalte Luft; die Nabelschnur, die das Leben automatisch versorgte, wird durchgeschnitten, das Neugeborene ist allein, muß selbst atmen, sich selbst versorgen. Nicht nur die Wahrnehmung der Welt ändert sich (sehen, hören, schmecken, riechen, fühlen), der gesamte Stoffwechsel und innere Organismus (Blutkreislauf) und die Körperfunktionen sind anders. Die automatische Befriedigung aller Lebensbedürfnisse im Mutterleib ist beendet.

Der für das Kind wie für die Mutter schwierige und bedeutsame Geburtsvorgang ist in erster Linie ein Kampf ums Überleben. Aber es ist auch für das Kind ein erfolgreicher Überlebenskampf, an dessen Ende, bei allen Veränderungen und Wechseln, das eigene Leben steht. Deshalb hat eine normal verlaufende Geburt einen großen und prägenden Einfluß auf das spätere Leben ... Fragwürdig scheint mir, wenn die Geburt als „Makrotrauma" im Lebenszyklus des Menschen gesehen wird, „das ungeheure Folgen für die ganze Menschheit hat" (Gross 1986, 104 f.).

Bestätigen kann ich die Traumanalysen von F. Kruse bei schwierigen Geburtssituationen (Nabelschnurverschlingung, Zangengeburt, Kaiserschnittentbindung, Frühgeburt etc.). Hier sind die Träume eine symbolische Rückerinnerung an eine lebensbedrohende Situation bei der Geburt.

Als Beispiel ein typischer Traum: ein 29jähriger Mann, bei dem sich die Nabelschnur bei der Geburt um den Hals legte, erzählt: „Ich bin in einen Keller geflüchtet, verfolgt worden, sämtliche Ausgänge waren versperrt. Dort fanden sie mich, legten mir eine Schlinge um den Hals und zogen mich heraus, daß ich bald erstickt wäre. Im letzten Moment kamen mir Leute zu Hilfe" (zit. n. Gross 1986, 60 ff.).

Es spricht auch einiges dafür, daß die Raumangst und verwandte Phobien u. a. auf lebensbedrohende Geburtssituationen zurückzuführen sind. Bei einem Ordensmann, der an Asthma und Erstikkungsanfällen (besonders vor Predigten) litt, lag z. B. eine Nabelschnurverschlingung zugrunde. Bei einer 35jährigen Frau kam der „tödliche Haß" der Mutter in den ersten Lebensjahren hinzu, den sie als „Hals-zu-schnüren" darstellte. Sie versuchte, sich später mit einem Strick zu erhängen.
Bei Menschen mit einer langwierigen und schweren Geburt habe ich häufig eine große Angst erlebt, fallen gelassen zu werden bzw. sich fallen zu lassen. Diese Angst konnte sich zu einer panischen, „bodenlosen Todesangst" steigern, wenn zu der schwierigen Geburt auch noch die Ablehnung der Eltern hinzukam, die z. B. vergeblich versucht hatten, den Fetus abzutreiben. Diese übergroße Angst zeigte sich u. a. in entsprechenden Alpträumen, beim Meditieren, besonders bei Meditationshaltungen unten am Boden, beim Schwimmen, beim Baden im Meer, wenn man den Boden nicht lassen konnte etc. Nicht selten wird dieses ängstliche Mißtrauen auch auf Gott übertragen.

Eine 50jährige Ordensschwester wurde von ihrer Mutter von Anfang an abgelehnt (unehelich). Da die Mutter Angst hatte, zum Arzt zu gehen, um eine Abtreibung vornehmen zu lassen, stürzte sie sich bewußt mehrere Male die Kellertreppe herunter, und beim letzten Fall kam das Kind als Frühgeburt zur Welt. Ganz abgesehen von den unbewußten Motivationen der Schwester beim Eintritt ins Kloster (Suche nach einem guten und heilen „Mutterschoß", Sühne für die Schuld der Mutter und des Vaters), übertrug sie die negativen Schlüsselerfahrungen unbewußt auf Gott, der sie im entscheidenden Augenblick auch fallen lassen und verdammen würde. Bewußt hatte die Schwester das positive Gottesbild vom guten Hirten. Aber die wiederholten Ängste überfielen sie so sehr, daß sie vor

Angst, ins Bodenlose zu fallen, nur aufrecht im Bett sitzend schlafen konnte.

Im religiösen Leben findet sich das Grunderlebnis der Geburt im Exodus, den nicht nur Abraham oder das Volk Israel beim Auszug aus Ägypten erfahren hat, sondern der jedem glaubenden Menschen auf seinem Heilsweg widerfährt (Funke 1986, 72 ff.).

Natürlich ist dieses durch die biologische Geburt erkämpfte Leben zunächst mehr ein Überleben. Der Säugling ist nach dem Biologen A. Portmann eine Frühgeburt (im Vergleich mit Säugetieren), ein Mängelwesen. Er kann alleine noch nicht leben und braucht die intensive Hilfe und Unterstützung der Umwelt, um in den ersten Jahren zu überleben. „Es ist deshalb bei uns Menschen notwendig, daß die nähere Umwelt, die Familie des Neugeborenen ... einen ‚sozialen Uterus‘ (Portmann) schafft, in dem das Kind sich geborgen fühlt und ‚Urvertrauen‘ (Erikson) im späteren Leben entwikkeln kann“ (Gross 1986, 20).

3.3 Die postnatale Phase als Einübung ins Leben

Nach der physiologischen Geburt ist der Säugling zwar ein leiblich von der Mutter getrenntes Individuum; die alles Leben automatisch versorgende und verbindende Nabelschnur ist durchtrennt. Doch damit beginnt die *psychische Geburt* des Menschen, die in einem langen Prozeß der Ich-werdung geschieht, der zu einem eigenen, immer unabhängiger werdenden und selbständigen Leben führen soll. Dieser intrapsychische und schwer zugängliche Prozeß der Menschwerdung vollzieht sich nach Erikson vor allem in den ersten Jahren nach der Geburt. Wir betrachten hier insbesondere die erste Phase des Urvertrauens, die zweite Phase der Autonomie und die dritte Phase der Initiative, weil diese Phasen für die Entwicklung der persönlichen Lebensanschauung sehr wichtig erscheinen.

Dabei ist zu beachten, daß die nachgeburtlichen Grundeinstellungen zum Leben bereits *Wiederholungen pränataler Schlüsselerfahrungen* sein können, eine Tatsache, die Erikson kaum berücksichtigt, die aber im folgenden bedeutsam ist.

Deshalb darf der Begriff „psychische Geburt" nicht mißverstanden werden: Das psychische Leben beginnt, wie wir gesehen haben, bereits im Augenblick der Zeugung und entwickelt sich weiter in der pränatalen Lebensphase. Die „psychische Geburt" wird etwa von M. Mahler (Mahler 1982) in den drei Phasen „Normaler Autismus", „Symbiose" und „Lösung und Individuation" recht gut beschrieben. Die Transaktionsanalyse bezeichnet als „psychologische Geburt" den Augenblick nach der biologischen Geburt, wenn dem Säugling ein Retter begegnet, „ein anderer Mensch, der ihn hochnimmt, ihn warm einhüllt, ihn hält, und mit dem beruhigenden Akt des ‚Streichelns' beginnt" (Harris 1973, 57f.).

Diese psychischen Geburten bedeuten nach unserer Auffassung also nicht den Beginn, sondern eine neue Stufe in der Entwicklung der menschlichen Psyche.

Eine zweite Überlegung scheint mir bedeutsam. In den ersten Lebensjahren ist das Kleinkind zwar biologisch gesehen ein Einzelwesen, es bleibt aber im Hinblick auf sein Leben von seiner näheren Umwelt (Mutter, Vater, Familie) ähnlich abhängig wie im pränatalen Zustand. Sowohl die körperliche als auch die psychische Lebensnahrung kann sich der Säugling nicht selbst besorgen; er ist hier ganz auf die primären Bezugspersonen, besonders auf die Mutter angewiesen. Ja, er ist ihnen auf gewisse Weise immer noch ausgeliefert, weil er ohne diese Zuwendung nicht überleben kann (Spitz 1965).

Um diese lebensnotwendige körperliche und psychische Nahrung (Liebe, Zuwendung, Beachtung, Streicheln) zu bekommen, entwickelt das Kleinkind zunächst instinktiv entsprechende Überlebensstrategien und Manipulationstechniken, von denen das Schreien und Krankwerden die bekanntesten sind. So verläuft das Leben des Kindes trotz der allmählich wachsenden Eigentätigkeit im ganzen noch sehr fremdbestimmt, reaktiv und angepaßt. Das zeigt sich z.B. auch im Imitationslernen; das Kind lernt leben, indem es die Verhaltensweisen, Einstellungen und Lebensweisen der primären Bezugspersonen nachahmt und nachlebt. Das gilt ebenfalls für religiöse Bräuche und Gewohnheiten; beim Gebet, Kreuzzeichen, Meßbesuch etc. ahmt das Kind zunächst einfach nach, was es bei seinen Eltern oder heute auch häufiger bei seinen Großeltern beobachtet. Allerdings festigen sich die durch Imitationslernen übernommenen Haltungen durch eine affektive Bewertung: Die Nachahmung einer geliebten Bezugsperson führt zu emotional positiven Einstellungen beim Kind. Negativ und abwehrend reagiert das Kind normalerweise bei nicht-geliebten Eltern, die vielleicht die Religion noch als Erziehungsmittel mißbrauchen (Schuldgefühle, Angst, Drohungen).

3.3.1 Das Urvertrauen als ein Sich-verlassen-Können im Leben

Das Vertrauen ist wohl die wichtigste Wurzel des Lebensbaumes, die über Wachsen, Gedeihen und Gelingen des menschlichen Lebens wesentlich mitentscheidet. Ein ur-mißtrauischer Mensch sieht bestenfalls Überlebenschancen für sich selbst, er glaubt aber nie im Tiefsten an sein Leben.

In diesem Zusammenhang denke ich an die vielen Frauen und Männer in den mittleren Jahren, die im 2. Weltkrieg noch vor der Geburt oder in den ersten Lebensjahren ihren Vater verloren haben. So unterschiedlich sich der Tod des Vaters auch abspielte, ob das kleine Kind den toten Vater gesehen und zum Grabe begleitet hat; ob der Vater irgendwo in russischer Erde verscharrt wurde; ob der Vater das Kind mehr angenommen oder abgelehnt hat; ob das Kind jahrelang mit der weinenden Mutter am Radio auf den Namen des Vaters unter den Vermißtenmeldungen vergeblich wartete; oder ob es sich an den Zusammenbruch der Mutter bei der Todesnachricht erinnert: In allen mir bekannten Fällen ist durch den plötzlichen, für das Kleinkind nicht begreifbaren Tod, durch dieses endgültige Weggehen und Verlassenwerden durch den „liebsten Vater" ein tiefer Vertrauensbruch entstanden, der oft zur Schlüsselposition des Urmißtrauens geführt hat. Den meisten war diese Ursache ihres Mißtrauens nicht bewußt. Sie hatten den verstorbenen Vater – ähnlich wie die Mutter und die Umwelt – glorifiziert oder ganz aus ihrem Leben verdrängt, so daß sie sich nie mit seinem frühen Tod und den für sie selbst und die Familie schwerwiegenden Folgen auseinandersetzen konnten. Die gegen den „treulosen und unzuverlässigen Vater" als Kind empfundenen Aggressionen, die Wut, die Enttäuschung und die Trauer waren so niemals bearbeitet und ausgedrückt worden.

In fast allen Fällen hatten diese Menschen keine oder eine schlechte Beziehung zu Gott als Vater. Sie sprachen im Gebet meist Gott oder Jesus Christus, seltener den Heiligen Geist als Person an (vgl. Kapitel 5).
In diesem Zusammenhang spielt auch die oft nicht erfolgte Auseinandersetzung mit der Einstellung und dem Verhalten der Eltern gegenüber dem Naziregime und seinen Greueltaten eine wichtige Rolle.
Erikson schätzt in seinem Phasenmodell zur Entwicklung der menschlichen Persönlichkeit die erste Phase des Urvertrauens-Urmißtrauens sehr hoch ein. Ich beschränke mich in der Darstellung des Eriksonschen Modells auf die für unsere Betrachtung des Lebens wichtigen Aspekte. Zur Erinnerung seien alle Lebensphasen genannt:

1. Urvertrauen gegen Urmißtrauen [Orale Phase]
2. Autonomie gegen Scham und Zweifel [Anale Phase]
3. Initiative gegen Schuldgefühle [Ödipale Phase]
4. Leistung gegen Minderwertigkeit [Latenzzeit]
5. Identität gegen Rollendiffusion [Pubertät/Adoleszenz]
6. Intimität gegen Isolierung [Frühes Erwachsenenalter]
7. Generativität gegen Stagnation [Mittleres Erwachsenenalter]
8. Integrität gegen Lebensekel und Verzweiflung [Alter]
   (Erikson 1953, 1965, 1973).

Er geht davon aus, daß der Säugling auch nach der Geburt noch keine eigentliche Identität besitzt, und sieht vor allem in der Mutter die Garantie für die kindliche Existenz. Mutter und Kind bilden – anders als in der pränatalen Zeit – immer noch eine psychische Einheit (Symbiose). In diesem ersten Lebensjahr wird die Grundlage für eine integrierte religiöse Persönlichkeitsentwicklung gelegt, wenn die Vertrauensphase positiv verläuft. Vertrauen bedeutet für Erikson ein Gefühl des Sich-verlassen-Könnens und -Dürfens auf die Glaubwürdigkeit anderer (besonders der Mutter), wie auf die Zuverlässigkeit seiner selbst. Vertrauen beinhaltet weiterhin eine Neugier und Offenheit, ja den Mut zum Leben, und verleiht eine letzte Sicherheit (Bei der Mutter ist es sicher!).
Mit dem Urvertrauen ist auch das „Selbstbewußtsein" verbunden,

Ängste und negative Erfahrungen zu überstehen; und schließlich impliziert das Vertrauen die Fähigkeit, Zuwendung und Liebe zu empfangen und zu schenken, d. h. verläßliche Beziehungen einzugehen.

In diesem Prozeß der Vertrauensbildung findet der Säugling vor allem Befriedigung beim Saugen an der Mutterbrust. Im oralen Einssein mit der Mutter erhält er nicht nur seine Nahrung, der Hautkontakt, die Wärme und persönliche Zuwendung der Mutter vermitteln ihm Sicherheit und Wohlbefinden. Diese oralen Tendenzen setzt das Kind später fort, wenn es versucht, andere Gegenstände (Daumen, Puppe, Stofftiere, Bleistifte etc.) in den Mund zu nehmen oder zu streicheln. Sie finden sich im Erwachsenenalter (Zigarette = Lutschstengel) nicht nur beim Essen und Trinken wieder, sondern auch in sublimierter Form in Beziehungen (Ich habe dich zum Fressen gern) oder im religiösen Bereich in der Teilhabe am Göttlichen bei allen kultischen Opfermählern bis hin zum christlichen Abendmahl. Man kann es auch negativ in einer oralen Konsumhaltung entdecken (Gefüttertwerden vieler Versorgungschristen; Fraas 1978, 96 ff.).

In der symbiotischen Einheit ist das Kind in den ersten Monaten nach der Geburt ganz auf die Mutter angewiesen, die ihm das Leben im umfassenden Sinne geben oder nehmen kann. So ist es naheliegend anzunehmen, daß der Säugling in dieser schlechthinnigen Abhängigkeit die fürsorgende Mutter als allmächtig, als Gott erfährt. „Wenn die Religiösität im Bezogensein des Menschen auf das Umgreifende, im Ergriffensein vom Unbedingten besteht, dann kann die Mutter tatsächlich als der ‚erste Gott des Kindes', oder weniger mißverständlich als erstes Gottessymbol verstanden werden, und es ist von vornherein verständlich, daß spätere Gottesbilder Züge dieses ersten Umgreifenden tragen" (Fraas 1978, 93).

Die erste notwendige Loslösung aus dieser symbiotischen Einheit erfolgt ebenfalls beim Saugen an der Mutterbrust; durch die optische Wahrnehmung des Gesichtes der Mutter nimmt der Säugling ein Nicht-Ich, ein Gegenüber wahr. Diese Begegnung von Angesicht zu Angesicht verweist nicht nur auf die Ich-Du-Beziehung als menschliche Grundstruktur, sondern begründet auch die „dialogische Struktur der menschlichen Existenz. Partnerfähigkeit im sozialen wie im religiösen Sinn hat in diesen frühesten Erfahrungen ihre Wurzeln“ (Fraas 1983, 109; Spitz 1957, 44).

Ein weiterer Schritt in Richtung Trennung ist die Entwöhnung, ein kritischer Moment in der Vertrauensphase. Die große eigene Leistung des Kindes besteht darin, die Mutter zu entlassen, ohne im Alleinsein zu verzweifeln. Es hat gelernt, das Vertrauen auf die lebenspendende Nahrung und auf das Überleben zu bewahren, ohne daß diejenige, die ihm dies alles verbürgt, d. h. die Mutter, gegenwärtig ist. Dieser Schritt gelingt, wenn die Mutter „außer einer zuverlässig zu erwartenden äußeren Erscheinung auch zu einer inneren Gewißheit geworden ist“ (Erikson 1973).

Die eigentliche *Krise der oralen Phase* sieht Erikson in der zweiten Hälfte des ersten Lebensjahres, wenn die ersten Zähne sich schmerzhaft ankündigen, der Körper des Kindes sich verändert, die Mutter sich wieder anderen Aufgaben zuwendet, das Dasein als Einzelwesen verbunden mit dem Gefühl des Verlassenseins vom Kind bewußter erfahren wird.

Es braucht einige Zeit des Ausprobierens und geduldiger Nähe-Distanz-Spiele, bis das Kind die Gewißheit hat, daß es auch dann sicher und geborgen ist, wenn es die Mutter nicht sieht. Fraas betont mit Recht, daß es hier auf absolute Ehrlichkeit ankommt: „Ein Sich-verlassen des Kindes auf die Mutter würde sonst zum Erlebnis des Verlassenseins führen ...“ „Ein Kind, das von der Mutter enttäuscht wird, vermag Gott nicht viel Besseres zuzutrauen ...“ (Fraas 1983, 102 f.).

Das Urvertrauen ist also eine aus Entwöhnung, Auseinandersetzung mit der Außenwelt und der Mutter sowie aus zunehmendem Selbstvertrauen entstehende Lebenssicherheit, auf der das Gottvertrauen gnadenhaft aufbauen kann. Dieses kritische Vertrauen sieht in Gott nicht kindlich-naiv den Garanten für ein ungetrübtes Glück, sondern bewährt sich gerade in schweren Lebenssituationen. Aus einem solchen Gottvertrauen heraus konnte Bonhoeffer angesichts des Todes beten: „Von guten Mächten wunderbar geborgen ... Gott ist mit uns am Abend und am Morgen und ganz

gewiß an jedem neuen Tag!", ein Gebet, das schon vielen Menschen Mut und Vertrauen gegeben hat.
In den meisten Lebensgeschichten von Menschen, die in ihrem Leben *Probleme mit Vertrauen* haben, tauchen in den ersten Lebensjahren Schlüsselerfahrungen mit Vertrauensbrüchen auf. Sie sind offenkundig bei Müttern, die ihre Kinder nach der Geburt weggeben, die sie nicht stillen oder ihnen die Wärme des Hautkontaktes vorenthalten, die sie vernachlässigen, als Last empfinden, keine Zeit für sie haben, kurz, die ihr Kind innerlich und äußerlich mehr oder weniger ablehnen. Urmißtrauen findet man auch bei Kindern von Müttern, die ihr Kind ganz in Besitz nehmen wollen: „Mein Ein und mein Alles"; die sich ein Kind wie „einen Hund anschaffen" und abgöttisch lieben: „Ich möchte ein Kind ganz für mich." Besonders bei Söhnen mit solchen Kindheitserfahrungen enden diese Haß-Liebe-Beziehungen oft in Lebensverzweiflung und Abhängigkeit, die nicht einmal zum Überleben reichen. Da hilft auch kein spontaner Rettungsversuch durch Flucht in eine Ehe oder in den Priesterberuf.

Ein 50jähriger Ordenspriester schickte mir durch einen Freund seinen Abschiedsbrief, in dem er mir mitteilte, er sehe keinen Sinn mehr in seinem Leben und in seinem priesterlichen Wirken. Seine 75jährige Mutter habe gestern Schlaftabletten genommen, weil er nicht den Orden verlasse, eine Pfarrei übernehme und sie im Pfarrhaus bei sich aufnehme bis zu ihrem Lebensende. Seit Jahren mache sie ihm Vorwürfe, er sei „ein undankbarer Sohn, ein schlechter Priester, der sich nicht um seine arme, alte Mutter kümmere etc.", „der gerechte Gott werde ihn schon strafen und in die Hölle schicken!" Hinzu kam, daß sein homosexueller Freund (gegen die Mutter gerichtet), ihn kürzlich verlassen hatte.
Wie er weiter berichtete, mußte seine Mutter heiraten, weil er unterwegs war. Da sie angeblich durch die Geburt sehr geschwächt war, gab sie den Neugeborenen zu ihren Eltern, die den Jungen liebten und bei denen er sich zu Hause fühlte. Nach zwei Jahren wurde die Ehe geschieden und die Mutter forderte ihren Sohn von den Großeltern zurück. Zur Belohnung durfte er im Ehebett schlafen, wurde verwöhnt oder verprügelt, je nach Laune der unberechenbaren Mutter. Nach diesen Wechselbädern von Zuwendung und Ablehnung schickte ihn die Mutter dann mit 12 Jahren auf ein „Kleines Seminar", denn sie hatte Gott gelobt, er solle Priester wer-

den, falls sie beide die schwierige Schwangerschaft überstehen würden. Nach der Priesterweihe war er in einen Orden geflüchtet, um die Mutter nicht bei sich aufnehmen zu müssen. Und seit dieser Zeit tobte der Kampf zwischen den beiden bis hin zum Suizidversuch. Erst als nach geraumer Zeit die Vergangenheit mit ihren negativen Schlüsselerfahrungen und den entsprechenden Wut- und Haßgefühlen aufgearbeitet war; als die Schuldgefühle, mit denen ihn die Mutter erpreßte, als falsch entlarvt wurden; erst dann konnte er wieder atmen und, wie er sagte, „mit ruhigem Gewissen im Vertrauen auf Gottes Barmherzigkeit weiterleben." Unbewußt hatte er das von der Mutter vermittelte Gottesbild des Buchhaltergottes übernommen, der ihm keinen Lebensraum ließ, der ihn letztlich vernichten wollte.

Wie groß das Urmißtrauen in religiös erzogenen Menschen sein kann, zeigt ein kleines Experiment, das ich auf Fortbildungskursen und in Exerzitien mit mehr als 2000 jüngeren und älteren Erwachsenen aus unterschiedlichen Berufsgruppen durchgeführt habe. Im Rahmen des Themas „Unbewußte Gottesbilder und ihre Auswirkung auf das religiöse Leben" zeige ich u. a. ein Gottesbild, das Gott als Auge in einem Dreieck darstellt. Bei den Assoziationen werden regelmäßig die bekannten Verse zitiert: „Ein Auge ist, das alles sieht, auch was in dunkler Nacht geschieht." Auf meine Frage, ob die Verse mehr positiv oder negativ empfunden würden, äußern sich regelmäßig mehr als 90 Prozent der Teilnehmer negativ. Ebenso negativ beschreiben sie das dazu gehörige Gottesbild. Und doch kann man diese Verse durchaus positiv z. B. als vertrauensvolles Abendgebet verstehen, in dem ich mich nicht dem kontrollierenden, sondern dem liebevoll über meinen Schlaf wachenden Auge Gottes empfehle. Übernehmen wir nicht diese positive Deutung, wenn wir uns Abend für Abend dem Schlaf überlassen, in der festen Hoffnung, am Morgen wieder aufzuwachen?

3.3.2 Die Autonomie als Beginn eines selbständigen Lebens

Die zunehmende Selbständigkeit des Kindes zeigt sich zu Beginn des zweiten Lebensjahres. Mit dem Sprechenlernen sagt es „Ich", „Du" und „Mein"; es beginnt auf eigenen Füßen zu stehen, allmählich zu gehen, Gegenstände zu ergreifen und wegzuwerfen,

die Mutter zärtlich zu umarmen und sie im nächsten Moment wegzustoßen. Das Kind probiert in großer Entdeckerfreude seine eigenen Kräfte aus.
In dieser sogenannten „analen Phase“ lernt das Kind durch die Reifung des Muskelsystems das „Festhalten“ und „Loslassen“ bei der Entleerung von Darm und Blase zu üben und zu beherrschen, d. h. auch seinen eigenen Willen durchzusetzen. In diesem Trotzalter beginnt im Zusammenhang mit der Sauberkeitserziehung eine Auseinandersetzung mit der Mutter und dem Vater (dessen Bedeutung jetzt wächst). Als „Normen-Instanz“ fordern sie das Kind heraus, belohnen es für seine guten Leistungen, loben und tadeln es. Das Kind lernt allmählich sein Gut- und Bösesein kennen und erfährt von den primären Bezugspersonen, ob sie es nur als sauberes, braves und angepaßtes Kind annehmen und lieben oder auch dann, wenn mal „etwas in die Hose geht“, wenn es sich anders als erwartet verhält und sich dreckig macht.
Je nachdem, wie die Eltern das Kind erziehen, entsteht – so Erikson – im Kind *Autonomie* oder Scham und Zweifel. Dabei ist die Vorbedingung für die Autonomie ein „fest verwurzeltes und überzeugend weiter geführtes frühes Vertrauen. Das Kleinkind muß das Gefühl haben, daß sein Urvertrauen zu sich selbst und der Welt . . . nicht bedroht wird durch den plötzlichen Wunsch, seinen Willen durchzusetzen, sich etwas fordernd anzueignen und trotzig von sich zu stoßen“ (Erikson 1973, 79).
In dieser Lebensphase werden nach dem Vertrauen weitere wichtige Lebenseinstellungen eingeübt: Liebe und Haß, Festhalten und Loslassen, bzw. Geiz und Gebefreudigkeit, freie Selbstäußerung und Gedrücktheit, Willenskraft und Gehorsam, Selbstwertgefühl, Kreativität, Aggressivität, Angepaßtheit und Regression.
Scham und Zweifel können nach Erikson sowohl aus einer überfordernden, autoritären Sauberkeitserziehung als auch aus einem zu toleranten „Laissez-faire-Stil“, der alles laufen läßt, entstehen. Erikson verwirft mit Recht die erzieherischen Tendenzen in unserer Gesellschaft, in Kindern konsequent Scham, Zweifel und damit Schuldgefühle und Angst zu erwecken. So wird nämlich das sich entwickelnde Eigenleben unterdrückt, und die erzieherischen

Pyrrhussiege werden zu kindlichen Mustern von Zwangsneurosen. Denn ein solcher Mensch „windet sich immer beschämt, um Vergebung bittend und Verstecke suchend, durchs Leben; oder aber er ‚überkompensiert' und zeigt nach außen hin eine Art trotziger Scheinautonomie" (Erikson 1973, 81). Hier werden die entsprechenden Lebensprobleme schon vorprogrammiert.

Erikson weist warnend darauf hin, daß in der analen Problematik das Gegenwartsproblem des *Leistungsprinzips* enthalten ist. Dieses Leistungsdenken orientiert sich am Vergeltungsprinzip: Wenn du mir dein anales Produkt zur rechten Zeit gibst und du dich so verhältst, wie es das Reinlichkeitsgebot befiehlt, dann wirst du für diese Leistung belohnt; dann bist du ein liebes Kind, das ich gern habe; dann erfülle ich deine Wünsche.

Wenn die Leistung und das Bravsein zur Voraussetzung der Zuwendung gemacht werden; wenn in der Konsequenz das Kind durch diese pedantische Ordnungs- und Sauberkeitssucht überfordert wird, darf man sich nicht wundern, daß aus dieser Erziehung lebensuntüchtige Menschen hervorgehen, z. B. der Typ des Skrupulanten, des Pharisäers, des Frömmlers, des religiösen Zwangsneurotikers (z. B. Waschzwang). Meist übertragen diese Menschen das ihnen als Kind eingeprügelte Muster von Leistung und Bravsein unbewußt auf Gott, obwohl ja dieses Prinzip des „Gib mir was, dann gebe ich dir was" (do, ut des) der christlichen Vorstellung widerspricht: „Umsonst habt ihr empfangen, umsonst sollt ihr geben" (Mt 10,8). Es ist meist das unbewußte dämonische Bild vom Richtergott, vom Buchhalter- und Rachegott, das diese Menschen ein Leben lang quält, mit dem sie bestenfalls überleben können, falls sie nicht am Leben verzweifeln.

Besonders gefährdet erscheint die autonome Lebensentwicklung des Kindes dort, wo die Mutter ihre Zuwendung und Liebe – soweit man sie so nennen kann – dem Kind jetzt und in späteren Jahren als *Leistung* vorhält, die lebenslange Dankbarkeit des Kindes einfordert. Wieviele Priester, Ordensleute und „fromme" Laien werden von ihren Müttern (Väter weniger) ein Leben lang mit dieser fälligen und eingeforderten Dankbarkeit gefangen gehalten und gequält?

Folgende Schlüsselsätze finden sich häufig in deren Lebensgeschichten: „Ich habe doch alles für dich getan! Du warst eine schwere Geburt, ich habe mein Leben für dich aufs Spiel gesetzt; ich habe mir nie etwas gegönnt; ich habe ein Opferleben für dich geführt; ich habe alles geopfert, meinen Beruf, meine Gesundheit, mein Glück, nur damit du glücklich wirst! – und jetzt?"
Psychosomatische Krankheiten der Mutter signalisieren: „Siehst du nicht, wie schlecht es mir geht, und du kümmerst dich nicht um mich; nächtelang habe ich an deinem Bettchen gewacht . . . das ist nun der Dank; du undankbarer Sohn, du undankbare Tochter! Ihr lebt nur für euch, ihr Egoisten, auf meine Kosten; Gott wird euch schon strafen, ihr Teufelsbrut!" Nicht selten sind Suiziddrohungen und -versuche von Eltern, die damit ein Kind aus dem Orden oder einer Ehe herauspressen wollen.
Es ist immer wieder erstaunlich, wie sonst erwachsene und intelligente Menschen regressiv auf solche Eltern-Botschaften reagieren. Sie scheinen von allen guten Geistern verlassen, ihr Verstand ist ausgeschaltet, und sie ruinieren oft ihr Leben, auf das sie kein Recht zu haben meinen, geben ihren Beruf und ihre Familie auf. Sicherlich steht das oft falsch verstandene vierte Gebot verhängnisvoll im Hintergrund, das dem dankbaren Kind Heil und dem undankbaren Fluch verspricht. Ein weiterer Grund ist aber auch die unbewußte emotionale Wiederholung der frühkindlichen Situation im zweiten Lebensjahr, wo dem Kind von den Eltern die Zuwendung als Leistung angeboten wurde, die eine entsprechende Gegenleistung in Dankbarkeit und Liebe erfordert.
Hier wird möglicherweise der Typ des rücksichtslosen Egoisten herangezogen, der wegen seiner negativen Selbstwertgefühle weder selbst schenken (lieben) noch Geschenke annehmen kann, weil er ja als Kind gelernt hat: Ich bin nicht selbst-wert, nicht schenkens-wert und letztlich um meiner selbst willen nicht liebens-wert (Fraas 1983, 118).
Es ist oft ein langer, mühseliger Weg, bis ein solch lebensgestörter Mensch es wagt, umzukehren und sich dieser Vergangenheit mit ihren tiefen Verletzungen, „Vergewaltigungen" und Demütigungen zu stellen und sie unverfälscht *wahr*zunehmen. Denn eine

wichtige Voraussetzung für die konstruktive Auseinandersetzung mit der eigenen Vergangenheit ist ja gerade die Erfahrung, daß man schwach und schuldig werden kann, ohne gleich mit Liebesentzug bestraft oder verdammt zu werden; „daß man sich gegenseitig vergeben und die Folgen gemeinsam tragen kann. Die Bereitschaft und Fähigkeit, Schuld einzugestehen, wurzelt im grundlegenden Angenommensein, im Bewußtsein, daß man trotz aller Schuld akzeptiert ist. Die Möglichkeit, daß der andere das Schuldgeständnis als Schwäche auslegen oder als Machtmittel mißbrauchen könnte, steht dem Geständnis im Wege und verstellt die Bewältigung der Vergangenheit und damit zugleich die Erschließung der Gegenwart ..." (Fraas 1983, 120).

In diesem Lebensalter ist das gemeinsame *Gebet* der Mutter mit dem Kind wichtig. Wenn die Mutter im Gebet mit dem Kind ihre Anliegen, ihren Dank und ihre Bitte vor Gott bringt und ihn um Verzeihung bittet für die eigenen Fehler, dann erfährt das Kind, wie sein eigenes Leben und das der Mutter bei Gott aufgehoben ist, obwohl einiges nicht stimmt. Gleichzeitig wird die Mutter in ihrer bedrohlichen Allmächtigkeit „entmythologisiert" und relativiert durch einen mächtigeren und gütigen Gott, dem sie ihr Leben mit dem des Kindes anvertraut. Hier kann das Kind bleibende Schlüsselerfahrungen für sein Lebensvertrauen machen (Gottvertrauen, Selbstvertrauen, Fremdvertrauen), die auch sein Gottesbild mitprägen.

Wie vergleichende Untersuchungen über Kindererziehung gezeigt haben, hängt letzten Endes „die Art und der Grad des Gefühls von der Autonomie, das die Eltern ihren kleinen Kindern zu geben imstande sind, von dem Selbstgefühl und dem Gefühl persönlicher Unabhängigkeit ab, das die Eltern aus ihrem eigenen Leben beziehen" (Erikson 1973, 84).

3.3.3 Die Initiative als Eindringen in das Leben

In der ersten Phase des Urvertrauens bildet sich im Kind die Überzeugung: „Ich bin, was man mir gibt"; in der zweiten Phase der Autonomie: „Ich bin, was ich will"; in der dritten Phase des Kindergartenalters, die Erikson mit Initiative gegen Schuldgefühle beschreibt, könnte das Kind zur Einsicht kommen: „Ich bin, was ich mir vorstellen kann" (Erikson 1973, 98). Diese Lebensphase erstreckt sich etwa vom dritten bis zum fünften Lebensjahr. Sie ist insofern bedeutsam, als hier eine weitere Vorentscheidung für das Leben getroffen wird; ob ich das Leben mehr *aktiv* und kreativ gestalte oder mehr *passiv* und angepaßt über mich ergehen lasse. Andererseits sind Mutter und Vater bei dieser Orientierungssuche wichtige Vorbilder für die Vorstellungen des Kindes, wie man als *Frau* und *Mann* das Leben sinnvoll gestalten kann.

Die Entwicklung zur Eigen-Initiative beginnt mit dem aufrechten Gang. Das Kind kann sich unabhängig, kraftvoll und zielgerichtet umherbewegen. So geht es als kleiner Partner auf die Erwachsenen zu und beginnt, mit ihnen zu verhandeln. Es entwickelt eine große Wißbegier, denkt sich zukünftige Rollen als Vater, Mutter, Ärztin, Pfarrer, Pilot, Manager, Lehrerin, Astronaut etc. aus und spielt sie mit Gleichaltrigen auch durch.

Schon der Eintritt in den Kindergarten oder das Spielen mit anderen Kindern kann im Kind *Schuldgefühle* hervorrufen, wenn die Eltern unangemessen reagieren: z. B. wenn die Mutter die eigene Familie als einzige heile Welt und draußen alles als schlimm und böse darstellt, so daß diese böse Welt für das Kind lebensbedrohend ist. Aber auch schon die Erfahrung, daß die Eltern der Gleichaltrigen und die Erzieherinnen „anders" sind, sowie das Sich-einlassen auf dieses Anderssein können schuldhaft als Verrat an den eigenen Eltern erlebt werden. Hier wird deutlich, wie wichtig eine tolerante und die Initiative des Kindes unterstützende Erziehung in diesem Alter ist.

Der initiative Drang führt das Kind in seinem gefestigten Selbstbewußtsein und Selbstvertrauen oft „über die eigenen Grenzen hinaus und zu zukünftigen Möglichkeiten hin" (Erikson 1973, 89).

Der für diese Phase typische Modus des Eindringens zeigt sich u. a. in der aggressiven Grundhaltung im physischen und psychischen Bereich, z. B. in körperlichen Auseinandersetzungen; im kraftvollen Umherlaufen und -springen; in den wißbegierigen Fragen, mit denen man in das Unbekannte eindringen will; in der Neugier für den eigenen und andersgeschlechtlichen Körper, insbesondere das gesteigerte Interesse an den Genitalien, das sich in den kindlichen Doktorspielen zeigt. Auch hier können Eltern durch unkluges Verhalten, das meist dem eigenen, unaufgeklärten Verhältnis zur Sexualität entspringt, Schuldgefühle im Kind wekken, wenn sie die Kinder z. B. beim Doktorspielen erwischen und sie wortlos bestrafen; wenn sie „Pfui, das tut man nicht, das faßt man nicht an" schimpfen oder gar drohen: „Wenn du das ansiehst oder anfaßt, wird es abgeschnitten, kannst du keine Kinder bekommen, wirst du krank, kommst du in die Hölle!" Impotenz und Frigidität im späteren Leben können in solchen negativen Schlüsselerfahrungen ebenso begründet sein, wie das Gelübde der Keuschheit oder ängstliches Skrupulantentum.

Der sexuelle Forschungsdrang *des Jungen* konzentriert sich zunächst auf den Penis, seine Empfindungen und seine Bedeutung. Mit diesen ersten infantilen, libidinösen Regungen wendet sich der Junge bekanntlich seiner Mutter bzw. mütterlichen Erwachsenen zu, die „er heiraten will". Er erlebt den Vater als Rivalen, den er „beseitigen" möchte. In der ungleichen Auseinandersetzung muß der Junge immer wieder erleben, daß er den Platz des Vaters bei der Mutter nicht einnehmen kann. Diese frustrierten Wünsche und die damit verbundene Enttäuschung wird als Niederlage empfunden. Die daraus entstehenden emotionalen Folgen mit Ängsten und Schuldgefühlen sind das, was Freud den Ödipuskomplex nennt (Erikson 1973, 90). Diese Tatsache wird in den Lebensgeschichten von Männern sichtbar, die in diesem Alter ohne den Vater, der z. B. im Krieg oder in Gefangenschaft war, jahrelang mit der Mutter alleine lebten. Oft konnten und sollten sie auf Wunsch der Mutter viele Funktionen des Vaters übernehmen, was zum Teil zu grotesken Situationen führte: Sie übernahmen bei Tisch den Vorsitz, beteten vor wie der Vater, durften abends länger aufbleiben, bis die Mutter ins Bett ging; sie nahmen Vaters Platz im Ehebett ein etc., bis hin zu sexuellen Kontakten.

In allen mir bekannten Fällen erinnerten sich diese Männer an den Augenblick, „als plötzlich ein fremder Mann auftauchte, den die Mutter überglücklich umarmte und küßte", und der dann den Platz des Jungen einnahm. So wichtig die normale Auseinandersetzung mit dem Vater für den Jungen im Alter von 3–6 Jahren auch zur Selbstfindung ist: Eine solche Überforderung als Mann-Ersatz und das plötzliche Vertriebenwerden aus der sehr intimen, aber auch zwiespältigen Beziehung (Inzest) zur Mutter, wirkte sich überwiegend negativ auf das Leben und die Beziehungsfähigkeit dieser Männer aus. Die häufigsten Konsequenzen entsprangen unbewußten Rachegefühlen an der Mutter, mit denen sie sich aber letztlich selbst in ihrer Lebensentwicklung bestraften: wechselnde Beziehungen zu meist älteren Frauen; vorschnelle Entscheidungen zum Priester- und Ordensberuf oder zur Ehe mit gleichzeitigem Ausleben der Sexualität (meist Homosexualität); pauschaler Frauenhaß, der sich in Demütigung von Frauen besonders im sexuellen Bereich ausdrücken kann; oder Verlassen der für die Mutter so wichtigen Kirche; Laisierungen und Ehescheidungen gerade bei „frommen Müttern".

Man könnte die Reihe der *„Racheakte"* noch beliebig fortsetzen. Alle treffen die Mutter instinktsicher an einer sehr empfindlichen Stelle. Durch die schmerzhafte Verletzung der Mutter und ähnlich des Vaters wird bei diesem verzweifelten Ablösungsversuch und den damit verbundenen Schuldgefühlen die Haß-Liebe-Beziehung nicht gelöst, sondern verworrener und verstrickter als vorher.

In einer anderen Variante dieses Haß-Liebe-Spiels werden die erwachsenen Kinder lebensuntüchtig und hilfsbedürftig durch Krankheit, Sucht, Arbeitslosigkeit, Versagen im Beruf oder in der Ehe. Sie kommen auf diese Weise wieder in den Genuß der mütterlichen Zuwendung.

Kehren wir zurück in die Kindheit. In diesen und anderen Rivalitätssituationen phantasiert der Junge, daß er z. B. als Riese, als Supermann oder als ein Raubtier den Vater besiegt, und häufig endet dieser Phantasiekampf tödlich. Hier geht es also nicht mehr nur um das wütende Rivalisieren mit den Geschwistern oder Kameraden, sondern um ein tödliches Besiegen oder Tot-Wünschen des Vaters und, entsprechend beim Mädchen, der Mutter. Da das Kind in diesem Alter nur schwer zwischen Phantasie und Wirklichkeit unterscheiden kann, lösen die negativen Phantasien oft große Schuldgefühle gegenüber Vater und Mutter aus. Diese schlagen sich in Angstträumen nieder, in denen das Kind selbst Todesängste aussteht und ums nackte Leben kämpfen muß (Kastrationsangst).

Kleine *Mädchen* schwärmen in diesem Alter für den Vater bzw. die männlichen Bezugspersonen und sind eifersüchtig auf die Mutter. Das löst ebenfalls viele Ängste und Schuldgefühle aus, weil sie sich mit den Haßgefühlen ja der bisher so positiv erfahrenen Zuwendung der Mutter berauben. Aus dieser Ambivalenz heraus erhält jeder Tadel und Vorwurf der Mutter (durch die „Inzestproblematik" verstärkt) eine magische Wirkung, weil er unbewußt als „verdient" erscheint. Unter dieser Rücksicht wird auch verständlich, warum die negativen Botschaften der Mutter gerade für Mädchen eine oft so tiefgreifende Wirkung haben. Hier sei wenigstens kurz darauf hingewiesen, daß – nach meiner Erfahrung – sexuelle Beziehungen zwischen Vater und Tochter im Kindesalter und auch später in religiösen Kreisen relativ häufig vorkommen. Allerdings ist es äußerst schwer für die betroffenen Frauen, sich an diese schmerzlichen und erniedrigenden Erlebnisse überhaupt bewußt zu erinnern und sie wahrzunehmen, besonders für Ordensfrauen.

„Ich habe meinen Vater als Kind in mein Bett gelassen, weil ich ihn doch lieb hatte und er mich doch auch nur lieb haben wollte. Aber ich habe mich unsagbar geschämt, und es hat so weh getan. Ich ließ alles über mich ergehen, und wenn ich nicht mehr wollte, bettelte er ... Wem sollte ich es sagen? Nicht einmal beichten durfte ich es, und so mußte ich jahrelang unwürdig die heilige Kommunion empfangen ... Mutter tat so, als würde sie nichts merken ... Erst als ich nach der Schule wegging, hörte es auf. Aber der Schmerz und die Schuld blieben, denn ich war für immer geschändet ... Wenn mir ein Mann körperlich etwas näher kam, geriet ich sofort in Panik. Ich hatte nur einen Gedanken, die Schuld loszuwerden und zu sühnen. Das war wohl auch der Grund, warum ich mit 19 Jahren ins Kloster eingetreten bin ..."

Wenn ich Frauen im Alter von 50 oder 60 Jahren traf, die klagten, „es liegt mir etwas auf der Seele"; „es bedrückt mich im Tiefsten etwas, was ich nicht kenne"; „mir schnürt etwas das Herz ab"; oder „irgend etwas hindert mich daran, daß ich mich Gott ganz hingeben kann"; oder „wenn ein Mann mich entsprechend anblickt, gerate ich in panische Angst, ist das normal?" – Fast immer lag eine verdrängte Inzestproblematik zugrunde, die auch nicht selten lesbische Beziehungen fördert.

Erikson vermutet, das die 3 bis 6jährigen Mädchen benachteiligt sind, weil sie mit den Jungen im Hinblick auf das körperliche, geistige und soziale Eindringen in die Welt zwar gleichgestellt sind, daß ihnen aber der Penis und die damit verbundenen Privilegien fehlen. „Während der Junge dieses sichtbare, erektionsfähige und ‚greifbare' Organ hat, das ihm den Traum vom Erwachsensein verschafft, ist die Clitoris des Mädchens weit weniger geeignet, Träume von sexueller Gleichwertigkeit damit zu verbinden. Es hat nicht einmal Brüste als entsprechende, greifbare Kennzeichen seiner zukünftigen Aufgabe ..." (Erikson 1973, 91).

Es sei noch einmal daran erinnert, daß die Begegnung und *Auseinandersetzung mit dem Vater* für den Jungen wie für das Mädchen lebensnotwendig sind: für die eigene Identitätsfindung, für das Finden und Einüben in die Rolle als Mann und Frau und nicht zuletzt für die Religiosität und das Gottesbild. Darüber hinaus kann der Vater als der „andere" dem Kind helfen, sich aus der über die Geburt hinaus bestehenden symbiotischen Beziehung mit der Mutter angemessen zu lösen. Im Vater begegnet das Kind, bei allen Wandlungen des Vaterbildes (vaterlose Gesellschaft), zumindest im Vorstellungsbild, der Autorität, der Macht, der ordnenden Kraft. „Religionsgeschichtlich gesehen befreit der Vater aus der Verklammerung durch die ‚große Mutter'. Darin liegt seine Ambivalenz: Gesetzgebung und Forderung einerseits, Befreiung und Verheißung der Selbständigkeit andererseits fallen zusammen. So ist der Vater im hohen Maß Vorbild und Identifikationsfaktor" (Fraas 1983, 125).

Wie sich das Fehlen des Vater auswirkt, kann man bei Menschen sehen, die lebenslang auf der Suche nach einem guten Vater sind, den sie nie gehabt haben; bei dem sie sich wie ein Kind anlehnen können (älterer Partner), mit dem sie sich auseinandersetzen können (Autoritäten, Vorgesetzte, Institution Kirche etc.), der ihnen Sicherheit und Selbständigkeit gibt, einen Vater, der sie mit Liebe und Geduld in die Schule des Lebens einführt.

Außerdem internalisiert das Kind in diesem Alter die durch die primären Bezugspersonen angebotenen *Werte und Normen*, ohne die es nicht lebensfähig ist: Es entwickelt sich das Über-Ich (Freud), das Eltern-Ich (Berne), das Gewissen (Erikson). Aber eben diese Normen, so wichtig sie als Schutz und ordnender Wegweiser für die Identitätsentwicklung des Kindes auch sind, sie können als rigide und absolute Verbote jede Eigeninitiative lähmen und so das Leben erstarren lassen. Wir kennen die Beispiele, wo die erzieherische Autorität als eine absolute Macht dem Kind sagt, was es zu tun und wie es zu leben hat. Nicht selten wird mit dem erhobenen Zeigefinger die göttliche Autorität als Verstärkung und Drohung („Wenn du das [nicht] tust, dann versündigst du dich.") herbeizitiert.

Nicht weniger lebens-gefährlich als die moralistische Autorität des „Alles oder Nichts" ist die antiautoritäre Laissez-faire-Pädagogik („Müssen wir wieder spielen, was wir wollen?"). Nachgiebigkeit und fehlende Ordnungsgebote überfordern das Kind, das seine Fähigkeiten und Grenzen selbst noch nicht recht einschätzen kann. Aus dieser Verunsicherung kann ebensowenig Initiative, Kreativität und Selbstvertrauen entstehen, wie aus der autoritären Unterdrückung. Beide Haltungen können im Hinblick auf die Lebens-Initiative später zu Passivität und Selbsteinschränkung führen, in denen der Mensch mehr gelebt wird und seine Fähigkeiten und Gefühle nicht zum Zuge kommen. Ebensohäufig wird in einer Art „Überkompensation" eine Non-Stop-Initiative vorgelebt, die zu einem Dauerstreß führt, in dem der betreffende Mensch seinen Wert nur noch in seinen aktuellen Leistungen und im zukünftigen Tun erfährt.

Diese dauernde Beanspruchung und Überforderung ohne eine letzte Zielrichtung kann zu einem Leerlauf-Gefühl führen, das sich oft in psychosomatischen Krankheiten niederschlägt.

Im religiösen Bereich taucht dieses Phänomen in Gestalt des *geistlichen Aktivismus* auf, der Pfarrer und kirchliche Mitarbeiter in die Tretmühle der Überbeanspruchung bringt. Fälschlicherweise wird diese Hetze und dieser Streß oft mit dem Etikett „Nächstenliebe" ausgezeichnet. Man vergißt, daß die letzte unbewußte Motivation dieses Handelns: „Liebe deinen Nächsten über alles, nur nicht dich selbst!" paradoxerweise das eigene Ich und die durch die Leistung erhaltene Anerkennung ist. Hier wird die spannungsreiche Aufgabe der Erziehung noch einmal deutlich: einerseits die Initiative und Fähigkeiten des Kindes zu fördern; andererseits durch Gebote und Ordnung diesen wertvollen, selbstgeschaffenen Lebensraum des Kindes zu schützen und abzugrenzen.

3.4 Die Bedeutung der Schlüsselposition für das Leben des Menschen

In den ersten Lebensjahren entstehen bereits Grundvorstellungen von Leben, die auch später wirksam bleiben. Auf der Suche nach den Ursachen von psychischen Störungen und ihrem Wiederholungszwang nimmt z. B. St. Grof ein „System verdichteter Erfahrungen" an, die ein bestimmtes Grundthema haben, das bis in die frühesten Entwicklungsstadien zurückreicht. Am Anfang steht eine sogenannte *„Kernerfahrung"*, die unbewußt auf neue Situationen übertragen wird. Sie stellt einen Prototyp dar, eine Matrix für die Aufzeichnung späterer Ereignisse ähnlicher Art im Gedächtnis (Grof 1978).

R. Laing beschäftigt sich in seinem Buch „Die Tatsachen des Lebens" besonders mit den ersten Lebensjahren. Er nimmt an, daß der Mensch in der pränatalen Lebensphase erste Lebenserfahrungen sammelt, die er fast „zwanghaft" wiederholt. Diese *Grunderlebnisse* gehen zurück auf die ersten Erfahrungen mit der Mutter, die nach der Zeugung beginnen. Denn diese erste Zelle enthält alle „genetischen Erinnerungen" (Laing 1978, 32).

P. Watzlawick meint zum gleichen Thema: „Die lebenswichtige Notwendigkeit der Anpassung führt unweigerlich zur Ausbildung bestimmter *Verhaltensmuster*", um möglichst leidensfrei zu überleben. Zum wirkungsvollen Katastrophenrezept wird dieses Verhaltensmuster dann, wenn es als einzige Lösung für anfallende Lebensprobleme genommen wird, obwohl es im Laufe der Entwicklung nicht mehr die beste Lösung unter anderen ist (Watzlawick 1983, 28f.).

L. S. Kubie nimmt an, „daß in einem frühen Lebensalter, zuweilen während der ersten Monate, zuweilen später, eine emotionale *Kernposition* bezogen wird ... Klinisch erhärtete Tatsachen sprechen dafür, daß wenn eine emotionale Kernposition einmal bezogen ist zu Anfang des Lebens, daß sie dann zu derjenigen affektiven Position wird, auf welche sich das betreffende Individuum meist ganz automatisch zurückziehen wird, während seines ganzen Lebens. Diese Kernposition kann entweder zur stärksten oder verwundbarsten Stelle in seinem Leben werden" (zit. n. Harris 1973, 60). Diese Wiederholungen von emotionalen Kernpositionen sind nicht nur bei psychischen Störungen zu beobachten.

Im Laufe der Jahre bin ich zu ähnlichen Ergebnissen gekommen. Auf Grund der Studien der pränatalen und postnatalen Psychologie, der Psychosomatik und vor allem durch die Untersuchungen von mehr als tausend selbst-geschriebenen und ebenso vielen von mir nachgezeichneten Lebensgeschichten bin ich zu der Überzeugung gelangt, daß jeder Mensch in den ersten Lebensjahren ganzheitlich eine emotionale Schlüsselposition bezieht, um zu überleben. Um Mißverständnisse und Verwechslungen zu vermeiden, nennen wir diese Grundeinstellung dem Leben gegenüber nicht Kern- sondern *Schlüsselposition.* Diese oft schon in der pränatalen Phase erworbene Position dem Leben gegenüber wird wesentlich von der Schlüsselposition und den Schlüsselbotschaften der Mutter und des Vaters sowie von deren positiver bzw. negativer Einstellung dem Kind gegenüber mitbestimmt. Wahrscheinlich sind diese entscheidenden Lebenseindrücke deshalb so tiefgehend, weil das Kind, besonders vor der Geburt, den physiologischen und psychischen Einflüssen fast wehrlos ausgeliefert ist. Auf Grund von Schlüsselerfahrungen wie des Angenommen- oder des Abgelehntseins, beginnt bereits der Fetus ein grundlegendes Vertrauen oder Mißtrauen dem Leben gegenüber zu entwickeln, eben die Schlüsselposition, die auch einen großen Einfluß auf die Entwicklung und Ausgestaltung des kindlichen und erwachsenen Lebens hat.

Meist läßt sich die wesentliche *Schlüsselerfahrung*, die zur unbewußten Schlüsselposition mit all ihren Konsequenzen geführt hat, in einem *Schlüsselsatz* oder *Schlüsselwort* zusammenfassen. Hat man einmal sein Schlüsselwort und die Schlüsselposition für sein Leben gefunden, dann kann man mit ihnen die meisten bisher unbekannten, nicht erklärbaren und dem Bewußtsein verschlossenen Lebenssituationen aufschließen; denn man hat den gemeinsamen Nenner von vielen bis jetzt unbekannten Lebensfaktoren gefunden, die nicht nur die Vergangenheit des eigenen Lebens bestimmt haben, sondern in den „zwanghaften Wiederholungen" auch die Gegenwart stark beeinflussen können.

Das Erschließen ungeklärter Lebensbereiche, das bewußte Wahrnehmen der negativen Schlüsselposition, ist natürlich verbunden mit dem Aufdecken der schmerzlichsten Lebenswunde, des *Lebenstraumas.* Die in der frühen Kindheit vor allem von der Mutter zugefügte Lebenswunde, an der das Kind fast gestorben ist, entstand in den meisten mir bekannten Fällen durch eine negative Schlüsselbotschaft, die dem Kind das Leben verweigert: „Du bist nicht lebens-wert!; du solltest eigentlich nicht leben; ach wärst du doch nie geboren; du machst mein Leben kaputt; seitdem du lebst, sterbe ich; wäre mir die Abtreibung doch nur gelungen; hätte dich deine Mutter doch mit ins Grab genommen; du bist mein Sargnagel."

Diese direkten Todeswünsche und lebensbedrohenden Aussagen der eigenen Mutter bzw. der primären Bezugspersonen waren meist noch von Tötungsversuchen begleitet und verstärkt worden: versuchte Abtreibung, Bedrohung mit Messer, mit Pistole, Vergiftung durch Gas, Autounfall, Kellertreppe hinunterfallen, Tablettenvergiftung etc. Noch schlimmer ist es, wenn die Mutter stirbt oder sich gar selbst umbringt, und das Kind mit großen Schuldgefühlen überlebt.

Es ist verständlich, daß das Kind die grausame Lebensverneinung und -bedrohung nur überleben konnte, indem es diese todbringenden Schlüsselerfahrungen verdrängte. Ganz allgemein kann sich diese Verdrängung so darstellen, daß man sich an die ersten Jahre nicht erinnert oder nur von einer schönen Kinderzeit spricht, „die halt ganz normal verlaufen ist".

Wenn sich die Ablehnung, z. B. nach einer mißlungenen Abtreibung, in der Kindheit durch Prügel und ungerechte Strafen, Mißachtung und Mißhandlungen fortsetzte, so deuten manche Kinder diese *negative Zuwendung* für sich als positiv nach dem Motto: „besser ein schlechter Atem als gar keiner". Viele Kinder ziehen sich in einer solchen Lage in ihre „Phantasieecke" zurück oder erinnern sich, daß sie nach einer schlimmen Prügelszene in die Kirche geflohen sind. Dort kauerten sie in embryonaler Haltung stundenlang beim ewigen Licht oder unter dem Weihwasserbekken und machten diese religiösen Orte zu ihrem Asyl, zu ihren „Kuschelecken". Bei den erstgeborenen Muß-Ehe-Kindern wird der Todeswunsch der Mutter oft dadurch unterlaufen, daß sie sich früh nützlich machen. Sie verdienen sich ihr Leben, indem sie erwachsene Leistungsrollen übernehmen: auf die Geschwister aufpassen, im Haushalt helfen, einkaufen gehen, die Mutter trösten. Viele solcher „erstgeborenen Helfer" habe ich in kirchlichen Berufen, besonders in Ordensgemeinschaften gefunden. Sie wiederholten dort nicht nur ihre Überlebensstrategien der Überforderung, jetzt unter dem religiösen Vorzeichen der Nächstenliebe; sie suchten auch immer wieder ihr Kindheits-Defizit, die nichtgehabte Nähe und Zuwendung, auf eine infantile Weise, die zum Scheitern verurteilt war: z. B. durch zu enge Bindungen mit einem Menschen, den sie klammerten; durch homophile Beziehungen; durch aggressives Verhalten etc. Dadurch endeten sie immer wieder in ihrer lebensverneinenden Schlüsselposition „Ich bin nicht lebenswert und liebenswert".

Die Verletzungen in der Kindheit sind bei diesen Menschen so gravierend und schmerzhaft; der Lebensnerv ist durch die direkten Todeswünsche der Mutter so stark geschädigt, daß es für sie oft unmöglich erscheint, einen Weg vom Überleben zum Leben zu finden. Das Urmißtrauen hat sich so tief in den verwundeten Herzen eingenistet, daß diese Menschen zwar manchmal ihren negativen Schlüsselsatz selbst finden und ausdrücken, daß sie sogar die zugrunde liegende Schlüsselposition ihres Lebens körperlich gestaltend darstellen können (z. B. als „weggetreten" in einer Ecke kauernd; als „ausgestoßen" draußen vor der Tür; als „totgewünscht" in einem fiktiven Grab etc.). Aber die Einsicht bleibt oft im Kopf stecken. Einer, der sehr unter dieser Unfähigkeit litt, die Einsicht, „tiefer sacken zu lassen", drückte seine Ängste so aus: „Nein, das wäre zuviel für mich! So groß und stark ist mein Herz nicht, das würde ich nicht überleben. Lieber verstärke ich die Mauern um mein Herz, obwohl ich mich eigentlich danach sehne, diese Mauer zu durchbrechen und endlich mein Herz zu riskieren."

Andere Menschen überleben diese todbringenden Schlüsselbotschaften, indem sie als Kinder instinktiv zum *„lieben Gott" flüchten.* Sie stellen innerlich den guten Vatergott, der ihnen Leben und Schutz zusagt, den lebensbedrohenden Eltern entgegen. Es ist für mich immer wieder verwunderlich, und aus psychologischer Sicht nicht mehr erklärbar, wie solche „totgewünschten" Menschen im tiefsten Innern ein großes Gottvertrauen haben, das ihr Leben trägt.

Die Kinder tun eigentlich religiös gesehen instinktiv das Richtige; ohne das sakramentale Geschehen zu verstehen, nehmen sie gleichsam Gott beim Wort, das er ihnen in der Taufe ausdrücklich zugesagt hat: „Ich will, daß du lebst!" Auch wenn Vater und Mutter dich nicht wollen, du bist teuer und wertvoll in meinen Augen, ich sage Ja zu deinem Leben (Jes 43,4).

So real dieser Vorgang aus übernatürlicher Sicht ist, und so wenig ich an der wunderbaren Wirkmächtigkeit der Gnade zweifle, ganzheitlich gesehen ist Gott für das Kind in einem solchen Fall auch ein *„Lückenbüßer-Gott"*, ein „Ersatz", an den sich das Kind in seiner Todesangst klammert, weil die Eltern ihm ans Leben wollen. Im Erwachsenenalter wird dieses kindliche Gottesbild zu ergänzen sein, wie wir im folgenden Kapitel sehen werden.

Hinzu kommt, daß das Kind durch seine sehr negativen Lebensbotschaften meist unbewußt entsprechende negative Gottesbilder an Hand der erlebten „bösen Eltern" entwickelt.

Wie sehr die negativen Schlüsselbotschaften der Eltern unbewußt auf Gott und die religiöse Einstellung übertragen werden, läßt sich u. a. aus dem konkreten Leben solcher Menschen ersehen. Die Schlüsselbotschaft „du darfst nicht leben", „du bist nicht lebenswert" oder „du mußt durch Leistung beweisen, daß du lebenswert bist!", werden z. B. oft in einen geistlichen Aktivismus umgesetzt, der durch eine ständige Überforderung zu psychosomatischen Lebensstörungen, zu Herzinsuffizienzen, zu Alkoholismus, zu Tabletten oder anderen lebensvernichtenden Suchtmitteln führen kann. Das lebensstiftende Gebot der Nächstenliebe „Liebe deinen Nächsten wie dich selbst!" wird umgewandelt in das lebensvernichtende: „Liebe deinen Nächsten über alles, nur nicht dich selbst!".

Die betroffenen Menschen durchschauen und bemerken die Übertragung und Wiederholung häufig erst dann, wenn sie bereits die lebensverneinende Schlüsselbotschaft in ihrem aktuellen Leben verwirklichen und mit ihrem Leben am Ende sind.

Die 45jährige Frau L. wurde von ihrem Pfarrer zu mir geschickt, weil sie stark suizidgefährdet sei. Sie trank wieder und mußte Beruhigungstabletten nehmen, „um das Leben überhaupt ertragen zu können". Bis zur zweiten Scheidung vor einigen Jahren war sie „trocken" gewesen und hatte regelmäßig eine Gruppe der Anonymen Alkoholiker besucht. Inzwischen hatte man ihr das Sorgerecht für die 12jährige Tochter entzogen, nachdem sie kurz vor der Scheidung versucht hatte, sich gemeinsam mit der Tochter das Leben zu nehmen. Vor dem Selbstmordversuch hatten sie beide zehn Minuten gebetet.

Jetzt lebte Frau L. süchtig, isoliert, arbeitslos und am Leben verzweifelnd in ihrem dunklen Zimmer im Kellergeschoß, mit der Lebensmelodie ihrer Kindheit: „Es hat doch alles keinen Sinn, mein Leben ist von Anfang an verpfuscht."

Sie erzählte, ihre Mutter habe in ihrem Alter, erfolgreicher als sie selbst, sich mit Tabletten umgebracht und sei jetzt bei Gott vielleicht glücklicher als hier auf Erden, wo sie bei ihrem brutalen Mann ein Höllenleben hatte.

Frau L. verdankte ihr Leben einer leidenschaftlichen außerehelichen Beziehung ihrer Mutter, in der diese sich zum erstenmal angenommen und geliebt fühlte. Aus Furcht vor ihrem Mann versuchte die Mutter zweimal vergeblich abzutreiben. Als sie im vierten Monat schwanger war, kam es zu einer handgreiflichen Auseinandersetzung mit ihrem Mann, bei der er sie brutal schlug und vergewaltigte. Danach machte die Mutter von Frau L. den ersten Selbstmordversuch, wurde aber rechtzeitig gefunden. Nach ihrer Geburt wurde Frau L. zu fremden Eltern weggegeben, denn sie war ja ein „Kind der Sünde und Schande“, das der Vater ebenso ablehnte wie die leibliche Mutter. Bei den Adoptiveltern wurde sie gut aufgenommen und streng religiös erzogen. Sie fühlte sich aber dort nicht zu Hause und lief als kleines Kind mehrmals fort. Schon früh äußerte sie den Wunsch, ins Kloster zu gehen und niemals zu heiraten. Sie trat mit 19 Jahren in eine Ordensgemeinschaft ein, in deren Schule sie ihre Ausbildung erhalten und wo sie „in einer Schwester endlich eine Mutter gefunden hatte“. Dort fühlte Frau L. sich zum erstenmal zu Hause. Als sie nach einigen Jahren nicht zur Profeß zugelassen wurde, stürzte für sie die Welt zusammen, die sie sich aufgebaut hatte. Sie heiratete sehr schnell nach der Entlassung aus dem Kloster. Die Ehe scheiterte schon nach einem Jahr. „Von Gott und den Menschen verlassen“ („ich war zu stolz, um zu meinen Adoptiv-Eltern zurückzugehen“), machte sie sich auf die Suche nach ihrer leiblichen Mutter und lebte kurze Zeit in ihrer Nähe bis zu deren Selbstmord.

Es folgte der erste Suizidversuch von Frau L. und einige Jahre der Alkoholabhängigkeit, bis sie in der Entziehungskur ihren zweiten Mann kennenlernte. Nach Annulierung der ersten Ehe heirateten sie kirchlich und wollten „die schlimme Vergangenheit endgültig vergessen und begraben und ein ganz neues Leben vor Gott beginnen“.

Als nach zwei Jahren eine Tochter geboren wurde, hielt das Kind zunächst die Ehe zusammen. Ängste, Depressionen und sexuelle Schwierigkeiten entfremdeten die Ehepartner immer mehr, bis Frau L. eines Tages entdeckte, daß ihr Mann seit Jahren eine Freundin hatte. Daraufhin begann sie wieder zu trinken und es folgte nach einiger Zeit der schon erwähnte zweite Selbstmordversuch, bei dem sie ihre Tochter mit in den Tod nehmen wollte, um ihr ein solches Leben zu ersparen. Kurz danach reichte der Mann die Scheidung ein und heiratete seine Freundin. Dann folgte der Prozeß, in dem Frau L. das Sorgerecht für die Tochter genommen wurde. Jetzt war ihr Leben endgültig nicht mehr lebenswert, sondern zum Wegwerfen, zum Umbringen: „Hätte meine Mutter mich doch damals abgetrieben!“

Auf einem langen und schwierigen therapeutischen Weg konnte Frau L. zunächst ihren Schlüsselsatz erkennen: „Du sollst nicht leben! Ich will dich umbringen, wenn du schon gegen unseren Willen gezeugt bist und dich in meinem Schoß eingenistet hast!“ Die daraus folgende negative Schlüsselposition hatte Frau L. immer wieder in ihren Grundzügen unbewußt wiederholt; angefangen von der versuchten Abtreibung, das Weggeben nach der Geburt, das Weglaufen von den Adoptiveltern, Eintritt und

Entlassung aus dem Orden, die gescheiterten Ehen bis hin zur Unfähigkeit, das eigene Kind zum Leben zu erziehen, und die Suizidversuche. Am Ende stand immer wieder der Schlüsselsatz: „Du bist nicht lebenswert, mit dir kann man nicht zum Leben kommen. Also nimm dir lieber das Leben und lebe nicht weiter." Außerdem erkannte Frau L., daß sie bis in die Details das Leben ihrer Mutter wiederholte, was sie bewußt überhaupt nicht wollte.

Der Weg zum Leben war für Frau L. die bewußte Auseinandersetzung mit ihrer schlimmen Vergangenheit. In diesem Prozeß der Vergebung und Versöhnung wurde für sie die Lebenszusage Gottes in der Taufe entscheidend, an die sich Frau L. mit ihrem Lieblingspsalm 139 immer wieder erinnert. Eine religiöse Selbsthilfegruppe unterstützt sie bei diesem Versuch, vom Überleben zum Leben zu kommen. Denn die negative, emotionale Grundeinstellung zum Leben, die unbewußte Schlüsselposition, bleibt auch nach der Versöhnung in ihr. Bei entsprechenden Streß- und Krisensituationen, in denen „man den Verstand und die Übersicht verliert", wird sie reaktiv und wiederholt sich gefühlsmäßig. Allerdings durchschaut Frau L. die Situation schneller, erkennt die Ursachen und kommt mit entsprechenden, bewußten Gegenmaßnahmen meist allein aus den depressiven Verstimmungen heraus, nicht zuletzt, weil sie sich *bewußt mit Gott für das Leben entschieden hat.*

Die Erfahrung zeigt, daß sich Menschen unbewußt immer wieder in Lebenssituationen hineinmanövrieren, in denen sie die ihnen vertrauten, negativen Schlüsselerfahrungen des Abgelehntwerdens, des Nichts-wert-Seins wiederholen und so ihre Schlüsselposition bestätigt finden.

Oft kann man die Schlüsselbotschaften, wie bei Frau L., bis zum Augenblick der Zeugung zurückverfolgen. Die Beweggründe ihres Vaters und ihrer Mutter waren sicher beim intimen Zusammensein nicht die Zeugung neuen Lebens, im Gegenteil, das wollte man gerade verhindern: „Du sollst nicht leben!" Auf meine Frage: Was hat ihre Mutter spontan gefühlt und gedacht, als sie von Ihrem Leben in sich erfahren hat, antwortete Frau L. ohne zu Überlegen: „Um Gottes willen, das muß ich sofort wegmachen!"

Andere Schlüsselbotschaften sind nicht so direkt lebensverneinend, sie geben die *Lebenserlaubnis unter gewissen Bedingungen.* Diese Lebensbedingungen kommen differenziert in den Schlüsselworten und -sätzen zum Ausdruck, die die entsprechenden Lebenserfahrungen des Säuglings zusammenfassen. Die häufigsten Schlüsselworte sind: Vorzeigekind, Zufallsprodukt, Aushängeschild, Stolz, Besitz der Eltern, Schmusekind, mein Ein-und-Alles, Puppi, Lastesel, Aschenbrödel, Putzlappen, Bindungsglied, Ersatzkind (weil dein Bruder gestorben ist, bist du gezeugt), Musterknabe, Duckmäuser, Stiefkind, Fußmatte, Waschlappen, Nichtsnutz, Muster ohne Wert, Wunderkind, Herrgottsbub, Schlappschwanz, großer Bubi, Faulpelz, Herzbub, Versager, hübsches Ding, behindert; du bist ein Muster ohne Wert, ein Schock, ein Fluch, ein krallendes Ungeheuer, ein nagender Wurm, Gift für mich; du bist mein einziger Schatz, mein ganzer Lebensinhalt, mein Prinz etc.

Durch Träume, Rückerinnerungen, Phantasiereisen in die Kindheit, Rollenspiele und andere Methoden kommt man an die Schlüsselerfahrungen heran. Am besten hat sich in meiner Praxis die Anfertigung eines ausführlichen Lebensskripts über einige Monate hin und die Bearbeitung der Grundprobleme mit Hilfe der gestaltenden Körperarbeit bewährt. Besonders die stark verdrängten, negativen Schlüsselpositionen drücken sich in der gestaltenden körperlichen Darstellung oft überraschend schnell und deutlich aus.

Manchmal führt auch der Weg über die Darstellung des aktuellen Lebensgefühls oder Selbstbewußtseins zur verborgenen Schlüsselposition, die das Leben nur unter bestimmten Bedingungen erlaubt. Das heißt, die Kinder sind nicht um ihrer selbst willen bejaht und geliebt worden, sondern nur unter der Bedingung, daß sie z. B. ein braves, folgsames Vorzeigekind waren, daß sie sich nützlich machten. Die daraus entwickelten *Überlebensstrategien* finden sich häufig noch in den unbewußten Einstellungen und Verhaltensweisen der Erwachsenen wieder, wenn diese ihre Vergangenheit nicht bewußt aufgearbeitet haben. Sie verhalten sich dann immer noch wie ein „Stiefkind“, ein „Zufallsprodukt“, ein „Versager“, damit keiner sie mag. Sie benehmen und fühlen sich auch als Erwachsene noch wie ein „Duckmäuser“, ein „Waschlappen“, ein „Angsthase“, obwohl die Situation ganz anders ist als damals in der Kindheit.

In einer Gruppensitzung bat ich den ängstlichen Pfarrer M., sein augenblickliches Lebensgefühl ohne Worte darzustellen. Nach einigen Versuchen wählte er die entfernteste Ecke des Raumes, duckte sich auf den Boden und streckte vorsichtig eine Hand und den Kopf von unten hervor. Spontan platzte ein Gruppenmitglied heraus: „wie ein Mäuschen". Herr M. erinnerte sich plötzlich, daß seine Mutter ihn als Kind „Mausi" gerufen hatte. Dieser Kosename war in der Schulzeit zu einem verhaßten Spitznamen geworden. Er hatte sein Schlüsselwort „Mausi" zwar dem Namen nach vergessen. Doch sowohl in der Gruppensituation als auch im Verhältnis zu seiner Mutter, seiner Haushälterin und auch im beruflichen Alltag nahm er oft die ängstlich vorsichtige und mißtrauische Haltung einer Maus an, die prüfend hervorlugt, ob sie sich aus ihrem sicheren Loch in die „böse Welt" herauswagen kann. In der Reflexion fiel dann weiter auf, daß auch die äußerliche Haltung, das Gesicht, die Gestalt und der vorsichtige Gang die „Maus" widerspiegelten. Auch Gott gegenüber sah M. sich letztlich in der Position der „Maus", obwohl er wie ein „Löwe" predigte. Eine Erklärung fand M. sehr bald: Seine Mutter hatte eine schwierige Schwangerschaft, mußte viele Wochen liegen, um keine Fehlgeburt zu riskieren und hatte damals große Angst um das Leben von Herrn M.

In vielen Fällen ist das *Schlüsselwort* im Gesicht, in der Stimme oder in der ganzen Körperhaltung bereits deutlich wahrzunehmen. Wie viele hauptamtliche Verkünder der Frohbotschaft gibt es, die in ihrer gebückten Haltung, dem gekrümmten Rücken, den pessimistischen Falten um den Mund, der sorgenvoll gerunzelten Stirn, der traurigen Stimme, dem schleppenden Gang und dem Klagelied über den Untergang „wessen auch immer" das Schlüsselwort *„Last"* auch beruflich darstellen. Häufig sind es unbewußte Wiederholungen von Schlüsselpositionen, die unter der mütterlichen Anklage entstanden sind: „Du bist für mich eine Belastung, du bist in jeder Hinsicht für mich eine Last."
Nicht weniger schwierig ist das Bewußtmachen einer scheinbar positiven mütterlichen Schlüsselbotschaft: *„Du bist mein Ein-und-Alles!"*, oft ergänzt durch: „Du bist mein ganzes Leben!" Wie viele verzweifelte Anstrengungen von Priestern habe ich erlebt, die sich aus dieser mit Schuldgefühlen verstärkten Umklammerung der Mutter lösen wollten.

Typisch ist die Geschichte von Herrn C., der mir auf einem Kurs wegen seiner Beleibtheit auffiel. Er war als langersehnter Stammhalter von der ganzen Sippe erwartet worden. So wurde er nicht nur von der Mutter, sondern auch von den Großeltern und Tanten umhegt und ängstlich behütet. Da seine Mutter keine Kinder mehr haben konnte, blieb er der einzige Mittelpunkt, „unser Herzstück", „mein Ein-und-Alles" und fühlte sich von der Nähe und Zuwendung aller erdrückt. Im zweiten Lebensjahr nahm er außergewöhnlich zu, um sich, wie er meinte, auf diese Weise die zudringlich Liebenden auf größere Distanz zu halten.
Als sich die Eltern fünf Jahre nach seiner Geburt scheiden ließen, wurde C. wirklich „ein und alles" für die Mutter, ihr ganzer Lebensinhalt. Sie behütete ihn ängstlich, hielt Freunde und besonders „die bösen Mädchen, die Jungen verführen wollen", von ihm fern. Dafür verwöhnte sie ihn wie einen Pascha; er durfte im Ehebett schlafen, sie brachte ihm das Frühstück ans Bett, er durfte sie auf Bildungsreisen, bei wichtigen Geschäften begleiten, beraten, ihr den Rücken waschen etc. Der erste Befreiungsversuch von C. war eine gezielte Abmagerungskur und der Eintritt in eine Jugendgruppe. Durch die Intrigen der Mutter scheiterte die erste Freundschaft mit einem Mädchen, und auch mehrere Bordellbesuche, die er der Mutter beichtete, festigten eher die Mutterbindung. Der zweite Befreiungsversuch war der Eintritt ins Priesterseminar. Doch die Mutter erzwang durch Vorwürfe, durch Klagen und Krankheit C. immer wieder zur Rückkehr. So verbrachte er die Semesterferien bei ihr und machte die Freisemester auf ihre Bitten hin an einer naheliegenden Universität, was er eigentlich gar nicht wollte.
Obwohl C. entschlossen war, seine Mutter nicht ins Pfarrhaus aufzunehmen, arrangierte sie die Sache so, daß er sie praktisch aufnehmen mußte, wollte er vor der Gemeinde und seinen Freunden nicht als Unmensch bzw. undankbarer Priestersohn dastehen. Die ohnmächtige Wut und den aufkommenden Haß schluckte er herunter und machte gute Miene zum bösen Spiel. Auf dem oben erwähnten Kurs gelang es ihm wenigstens in einem Rollenspiel und einem Brief an die Mutter, seinen Haß und seine jahrelang unterdrückte Wut auszudrücken. Wie ich später erfuhr, ließ er diesen Wut-Brief „unabsichtlich" so in seiner Schreibtischschublade liegen, daß ihn seine Mutter fand und ihm daraufhin eine schreckliche Szene machte.
Daraufhin startete C. seinen dritten Befreiungsversuch; er begann eine intime Beziehung zu einer geschiedenen Frau, die ihn dann mehr oder weniger mit Drohungen („ich bringe mich um, wenn du mich sitzen läßt;

ich gehe zu deiner Mutter") erpreßte. Er verließ Hals über Kopf seine Mutter und die Pfarrei und heiratete nach einigen Wochen standesamtlich. Als es bald nach der Geburt des ersten Kindes Eheschwierigkeiten gab, verbündete sich die Mutter von C. mit der Schwiegertochter. Im Anschluß an eine große Versöhnung mit ihrem Sohn zog die Mutter dann in sein Haus ein und unterstützte ihn auch finanziell bei der Umschulung. Natürlich blieben Probleme und Spannungen bei „zwei Müttern" nicht aus. Nach der Ehescheidung konnte C. wieder „ein und alles" seiner Mutter sein, zumal sein Kind bei seiner geschiedenen Frau lebte.

Eine der schwerwiegendsten und lebenszerstörenden Schlüsselbotschaften ist folgende: *„Du bist an allem schuld!"* Diese belastende Hypothek wirkt in religiösen Kreisen um so vernichtender, als diese mütterliche, von der Umgebung oft verstärkte Schuldzuweisung „im Namen Gottes" ausgesprochen wird. Die Heils- und Unheilsverheißung des vierten Gebotes ist in diesem Zusammenhang sicher auch bedeutsam. Viele Menschen kommen durch diese *zugewiesene Sündenbockrolle* nie zum eigenen Leben. Sie suchen immer wieder nach neuen Überlebenschancen. Sie verzweifeln oft am Leben, weil sie sich nicht von dieser Schuldposition befreien können, und es vielleicht auch gar nicht mehr wollen.
Die tragische Schuldgeschichte eines laisierten Ordenspriesters hat mich vor Jahren sehr erschüttert. Seine Geschichte mag als Beispiel für manche ähnlichen Fälle dienen.

Die Mutter von Z. war eine 25jährige Lehrerin, die sich kurz vor ihrem Ordenseintritt bei Besinnungstagen in einen verheirateten Mann verliebt hatte. Aus dieser mehrere Jahre dauernden leidenschaftlichen Beziehung stammte Z. Seine Mutter wurde plötzlich schwanger, wollte aus Gewissensgründen nicht abtreiben und heiratete schnell einen „Ersatz-Mann", um die Schande in Grenzen zu halten. Sie lehnte das Kind von Anfang an ab und gab Z. immer wieder die Schuld an ihrem verkorksten Leben: „Du bist schuld, daß ich meinen Ordensberuf verloren habe; daß ich die Beziehung zu dem geliebten Mann, deinen Vater, abbrechen und einen ungeliebten Mann heiraten mußte; du hast mein Leben zerstört."
Als Z. zwei Jahre alt war, verfluchte sie ihn vor dem Kreuz und sagte ihm, er sei vom Teufel besessen. Wiederholt hielt sie sich das Brotmesser an die Kehle und sagte, Z. sei schuld an ihrem Tod. Weiter erklärte sie ihm, auf Grund seiner Besessenheit habe er den bösen Blick; wen er anschaue, der

müsse sterben. Den Tod von zwei Tanten und einem Spielkameraden lastete sie ihm an. Vor dem Tischgebet zählte sie vor der Familie seine neuesten Bosheiten auf, deretwegen ihn Gott verdammen werde.

Diese Sündenbockrolle übernahm Z. wie selbstverständlich auch während der Schulzeit. Er wagte keinen anzublicken und zog sich ganz zurück, um niemandem zu schaden. Selbst in unseren Gesprächen hatte Z. noch große Mühe, mich anzuschauen. Um zu sühnen und die Schuld, die ihm die Mutter eingeredet hatte und die für Z. real war, loszuwerden, trat er in einen Orden ein. Auf Grund seiner Intelligenz machte er sehr gute Studien, promovierte und konnte eine Zeitlang mit diesen Erfolgen die Schuldgefühle vergessen. Inzwischen hatte sich die Mutter scheiden lassen, was sie natürlich auch Z. als Schuld anlastete. Durch die Besuche bei seiner vereinsamten Mutter, deren Leben er ja ruiniert hatte, geriet Z., der diese Schuldverstrickung bei aller Intelligenz nie bearbeitet und durchschaut hatte, schon bald wieder in den Bann der Schlüsselbotschaft: „Du bist an allem schuld". Angesichts der leidenden Mutter entschloß sich Z., den Orden zu verlassen und eine Pfarrstelle anzunehmen, um seiner kranken Mutter ein Zuhause bieten zu können.

Jetzt begann eine Zeit des Martyriums für ihn, bei dem die vorwurfsvoll leidende Mutter den „Henker" spielte. Sie quälte ihn mit Schuldvorwürfen in diesem Haß-Liebe-Kampf so sehr, daß Z. eines Tages seine Mutter bis zur Bewußtlosigkeit würgte und anschließend, von der Mutter verflucht, zuerst beurlaubt wurde und dann endgültig in einen anderen Beruf wechselte. Den Tod der Mutter nach einem Jahr registrierte er scheinbar kaum, fuhr nicht zur Beerdigung und vergaß sie.

Aber dann holte ihn die Schuldbotschaft wieder voll ein. Nach der Laisierung heiratete er. Das erste Kind starb kurz nach der Geburt. Als das zweite Kind mit einem Herzfehler geboren wurde, versuchte Z. sich zum erstenmal das Leben zu nehmen, das für ihn ja nur Schuld bedeutete.

Es war ein langer Weg der Unterscheidung der Geister, der echten und falschen Schuldgefühle, bis Z. seiner Mutter und sich selbst vergeben wollte. Erst nach dieser Auseinandersetzung mit seiner schmerzlichen Vergangenheit konnte er in der Versöhnung mit seinem Leben den Teufelskreis der Schuld durchbrechen, die ihn bis ins Psychosomatische „besessen" hatte. Indem sich Z. bewußt mit seinem verfluchten Leben unter den Segen Gottes stellte, bekam das Kainszeichen für ihn eine positive Bedeutung: „Ich bin auf besondere Weise in Gottes Obhut genommen und trage sichtbar sein Zeichen als Schutz und Erwählung."

Zum Abschluß dieses Kapitels möchte ich Erikson noch einmal das Wort geben:

„All dies mag einem Leser merkwürdig erscheinen, der nur die sonnige Seite der Kindheit gesehen und das potentielle Kraftwerk zerstörerischer Triebe nicht gekannt hat, das in diesem Stadium erweckt und dann für lange Zeit begraben werden kann, bis es später das innere Arsenal von Destruktivität verstärkt, das bereit liegt, um bei einer provozierenden Gelegenheit aktualisiert zu werden. Ich benutze absichtlich die Wörter „potentiell" und „provozierende Gelegenheit", um auszudrücken, daß in dieser inneren Entwicklung kaum etwas vorkommt, das nicht gezügelt werden und als konstruktive und friedliche Initiative auftreten kann: Wenn wir nur die Konflikte und Ängste der Kindheit für die Menschheit verstehen lernen. Wenn wir jedoch die Phänomene der Kindheit nicht ernst nehmen oder sie als Erfindungen betrachten (da ja das einzelne Kind seine brennendsten und fürchterlichsten Träume vergißt), werden wir auch eine der ewigen Quellen menschlicher Angst und menschlichen Kampfes nicht erkennen" (Erikson 1973, 93 f.).

IV. Die Vergangenheitsbewältigung als Not-wendige Voraussetzung zum eigenen Leben

1. Die Wirkmächtigkeit des vergangenen Lebens

Wenn Menschen in ihren Lebensnöten bei mir Hilfe suchen, dann haben sie meist einen „Unfall“, einen tieferen Einbruch auf ihrem normalen Lebensweg erfahren. Sie sind in einer Krise gestürzt, vielleicht mühsam wieder aufgestanden, aber ihre gewohnten Lösungsversuche des „mehr – desselben“ reichen nicht mehr aus, um weiterzukommen (Watzlawick 1974, 51 ff.). Mit mehr Anstrengung, Leistung, Kraft und Fitmachern schaffen sie ihr Lebenspensum nicht mehr, versagen. Die Verleugnung der Probleme oder utopische Lösungen helfen ebensowenig weiter wie andere bisher bewährte Abwehrmechanismen. Ängste, Zwänge, Depressionen, Schlaflosigkeit, Nervosität und andere psychosomatische Störfaktoren behindern ihr Alltagsleben so sehr, daß sie alleine nicht mehr zurechtkommen.

Aber wie soll eine Therapie beschaffen sein, die nicht nur die akute Not lindert, sondern ganzheitlich Heilung bringt? Natürlich wird man therapeutisch zunächst das Not-wendige tun, damit der Klient wieder einigermaßen den Alltag meistern und überleben kann. Darüber hinaus gehört aber zu einer ganzheitlichen Therapie, daß die akuten Lebensstörungen nicht nur vordergründig behandelt, sondern im größeren Lebenszusammenhang, möglichst im Ganzen der Lebensgeschichte, gesehen und geheilt werden. Auch die therapeutischen Möglichkeiten und Grenzen lassen sich ohne die Berücksichtigung des vergangenen Lebens nur schwer ausloten.

Menschen, die ihr Leben ohne Vergangenheit gestalten wollen, gleichen einem Betrunkenen, der unter der Straßenlaterne steht und sucht und sucht. Ein Polizist kommt daher, fragt ihn, was er verloren habe, und der Mann antwortet: „Meinen Schlüssel.“ Nun suchen beide. Schließlich will der Polizist wissen, ob der Mann sicher ist, daß er den Schlüssel gerade hier verloren hat. Dieser antwortet: „Nein, nicht hier, sondern da hinten, aber dort ist es viel zu finster“ (Watzlawick 1983, 27). Wenn ich den Schlüssel zu meinem Leben finden will, dann muß ich dort suchen, wo er liegt: in den unbewußten Bereichen meines Lebens, die vom Tag der Zeugung an mein Leben mitbestimmt haben. Nur wenn ich mir meine Schlüsselerfahrungen aus dem unbekannten Dunkel der pränatalen und frühkindlichen Lebensphase bewußt mache und wahr-nehme, kann ich das, was *ist*, in meinem jetzigen Leben trennen von dem, was ich gerne hätte, d. h. zwischen Wunsch und Wirklichkeit unterscheiden.

Will ich Fortschritte machen, dann muß ich in die Vergangenheit zurückgehen, um weiter springen zu können (Retirer pour mieux sauter). Auch therapeutisch ist dieser Satz stimmig: Der Klient muß die Möglichkeit zur Regression haben, damit er vorwärts kommt und Fortschritte (Progression) machen kann.

Wer die schmerzliche und negative Vergangenheit verdrängt, liefert sich ihr aus und wiederholt sie unbewußt öfter in der Gegenwart, als ihm lieb ist.

Die Geschichte von den Gitterstäben und dem Licht am Ende des Ganges macht drastisch auf die Konsequenzen eines solchen Lebens aufmerksam, in dem der Mensch sich selbst gefangen hält und gelebt wird.

„Eines Tages hatte er beschlossen, die Gitterstäbe nie mehr loszulassen. Er konnte sich nicht mehr an den Zeitpunkt erinnern. Ihm war jedoch bewußt, daß die Entscheidung von Angst getrieben worden war: Angst vor dem Fallenlassen, Angst vor der Dunkelheit unter ihm, vor dem Ungewissen. So klammerte er sich krampfhaft an die Stäbe des vergitterten Fensters. Er wußte nicht einmal mehr, weshalb er hier war. Aus dem Dunkel seiner Erinnerungen leuchtete hin und wieder ein kleiner Fetzen Licht. Eine Zelle war da gewesen, eine Tür, dahinter ein dunkler Gang mit einem kleinen Licht am Ende. In sehr seltenen Augenblicken glaubte er, diesen Gang schon ein paar Mal betreten, das Licht gesucht zu haben. Und dann war da ein unsagbarer Schmerz, der sein Gedächtnis zu verriegeln schien. Zwei Wächter waren am Ende des Ganges gewesen: ein Mann und eine Frau. Oft hatten sie ihn gehindert, den Gang zu verlassen und an die Sonne zu treten. Aber sie hatten ihn auch behütet und versorgt. Nie war deshalb sein Wunsch, sich den Weg in die Freiheit zu erkämpfen, so stark gewachsen, daß er es auch nur einmal ernsthaft versucht hätte. Aber diese Erinnerung war sehr tief in ihm versteckt, zeigte sich nur manchmal in hellen Nächten, wenn er träumte. Und diese Träume vergaß er immer schnell. Irgendwann hatte er etwas entdeckt: Wenn er mit aller Kraft hochsprang zu dem Fenster an der Wand und die Gitterstäbe zu fassen bekam, dann konnte er sich an guten Tagen daran hochziehen. Manchmal gelang es ihm, seinen Kopf zwischen die Stäbe zu drängen und einen Blick auf die Sonne zu erhaschen. Wie glücklich er gewesen war, als er das zum ersten Mal schaffte! Seitdem hatte er sich oft an die Stäbe gehängt, Kraft gesammelt und versucht, die Sonne zu sehen. Wenn er stark genug gewesen war, hatte er es geschafft. Und seitdem hatte er im Grunde nur für diese kurzen Augenblicke gelebt, in welchen er eine Ahnung fühlte von Sonne und Freiheit. Da es ihm an Essen und Trinken selten mangelte, ihm sonst nichts zu fehlen schien, hatte er sich inzwischen mit diesem Leben abgefunden.

Dann, eines Tages, hatte er gespürt, daß ihn die Kraft verließ. Seine guten Tage waren seltener geworden; er hatte sich gefürchtet, nie wieder einen Blick auf die Sonne werfen zu können. So hatte er sich also entschieden, beim nächsten Mal die Gitterstäbe nicht mehr loszulassen. Mit der Zeit hatte er vergessen, was vorher war, erinnerte sich kaum an die Zelle, den Gang und die Wächter. Unbestimmte Ängste und Befürchtungen hatten sich in ihm eingenistet. Und ab irgendeinem Zeitpunkt konnte er sich, selbst wenn er gewollt hätte, nicht mehr fallen lassen. Zu groß war die Angst, mühsam vergessene Enttäuschungen wieder erleben zu müssen. Nun hing er an den Stäben, festgeklammert, verkrampft und voller Furcht. An starken Tagen gelang es ihm immer noch, sich hochzuziehen und sein Gesicht zwischen die Stäbe zu pressen. Aber es wurde mit zunehmendem Alter seltener, erfüllte ihn aber dennoch mit Freude und Wehmut. Irgendwann vergaß er die Wächter, die Zelle, den Gang und das Licht an seinem Ende endgültig. Für ihn gab es nur noch einen winzigen Lebensbereich: das Fenster, die Gitterstäbe und die immer selteneren Blicke auf die Sonne.

So starb der Mann, wie er seine letzten Jahre verbracht hatte: festgeklammert an dem, was er für wichtig und lebenswert gehalten hatte. Als man ihn irgendwann einmal fand, verstand niemand, was da geschehen war. Die Wächter waren längst verschwunden, die Tür der Zelle offen, der Weg in die Freiheit nicht leicht, aber durchaus zu bewältigen. Der Mann hätte nur loszulassen brauchen, sich nur fallenlassen. Vielleicht hätte er sich verletzt, vielleicht auch die Tür erst nach langem Umhertasten in der Dunkelheit gefunden. Auch der dunkle Weg durch den langen Gang hätte ihm sicherlich Abschürfungen beigebracht, ihn manchmal geängstigt. Aber er hätte jederzeit die Zelle und den Gang verlassen können; niemand hätte ihn daran gehindert. Weil er den Mut zu einem Versuch nicht gefunden hatte, war es ihm niemals möglich gewesen, sein Leben zu ändern. Er hätte nur hinauszugehen brauchen, hinaus in die Freiheit – und hätte in der Sonne leben können" (Körner 1983, 65 ff.).

Ja, er hätte sich nur entscheiden müssen ... Gott hat den Menschen zum Leben in Freiheit berufen. Er will ihn zur Fülle des Lebens befreien aus dem Gefängnis seiner düsteren Erinnerungen und dem unfreien, aber vielleicht auch bequemen und versorgten Leben in der Zelle. Doch die Vorbedingung ist das Loslassen der Gitterstäbe – welchen Namen sie auch immer im Leben des einzelnen haben – und die Umkehr zur Tür. Wenn der Mensch nicht losläßt, wie kann er dann erfahren, daß Gott ihn nicht – wie Vater und Mutter in der Kindheit – ins Bodenlose fallen läßt, sondern daß er ihn sicher in seiner Hand auffängt und birgt?
Wie wirkmächtig schlechte Erfahrungen und Erinnerungen sein können und auch auf Gott übertragen werden, hat jeder schon selbst erlebt: Eine einzige negative Erfahrung (Mißerfolg, Kritik, Frustration) löscht oft viele positive Erfahrungen mit einem Schlag aus. Die positive Grundstimmung kippt plötzlich um, und die Gedanken und negativen Gefühle kreisen nur mehr um diesen Mißerfolg; es sei denn, man durchbricht bewußt diesen negativen Teufelskreis.
Eine andere Frage sei hier erlaubt: Wenn wir wirklich glauben, daß die Gottesherrschaft durch Jesus Christus in dieser Welt (Mk 1,14), d. h. auch in unserem Leben, gegenwärtig ist und wenn wir die Lebenszusagen Gottes in den Sakramenten für unser eigenes Leben ernst nehmen; warum sollten wir dann die Vergangenheit vor uns selbst und vor Gott verbergen, der sie sowieso schon kennt?
Die Auseinandersetzung mit der eigenen Vergangenheit fordert einigen Mut und viel Vertrauen. Ziel dieser Rückschau ist natürlich nicht das destruktive „Wühlen in der Vergangenheit", das zu

noch größerer Abhängigkeit führt. Vielmehr soll in diesem Prozeß die Vergangenheit so in das Ganze unseres Lebens eingeordnet werden, daß wir einmal die Vergangenheit wirklich vergangen sein lassen können, daß wir zum anderen diese unsere Vergangenheit als negatives aber auch als positives Erbe von Gott annehmen und in unser Leben integrieren. „Dann entdecken wir für uns selbst, was die Kirchenlehrer aller Zeiten und heute die Psychologen als Schlüssel jeder Heilung erkannt haben, nämlich, daß jedes Ereignis auf zweierlei Weise erlebt werden kann; als entstellender Fluch oder als segensreich für das Wachstum" (Linn 1984, 11).

Wenn wir eines Tages unsere leidvolle Vergangenheit, die wir bisher ängstlich vermieden haben, mit den Augen Jesu anschauen, wird uns vielleicht die Einsicht geschenkt, daß alles in unserem Leben „Zufall" war. D. h., Gott hat uns alles zufallen lassen, auch und gerade die schweren Lebenserfahrungen, zu unserem Heil. Bis zu dieser Einsicht: „Es gibt in meinem Leben keine Zufälle" liegt oft ein langwieriger, mit Widerständen und Ängsten gepflasterter Weg. Schon der Übergang vom „Man" zum „Ich", vom theoretischen Argumentieren zur persönlichen Selbsterkenntnis, vom Kopf zum Herzen und zum Bauch kostet viel Kraft, Vertrauen, Loslassen und Sich-ein-lassen.

Dieser Weg in die Tiefe des eigenen Lebens beginnt meist mit einem leidvollen *„Zufall"* oder einem *bewußten Innehalten* in der Gegenwart. Das tiefere Verstehen und die Einsicht erfolgen durch das Anschauen der Vergangenheit mit ihren unbewußten Einwirkungen und Schattenseiten, die das aktuelle Leben behindern. Die Heilung dieser schmerzhaften Erinnerungen kann dann in fünf Schritten der Auseinandersetzung bis hin zur Annahme und Versöhnung geschehen.

Ich möchte die Leser, die diese Schritte auf ihrem Lebensweg noch nicht gewagt haben, ermuntern, sich in einer Umkehr im biblischen Sinne dem vergangenen Leben zuzuwenden und es – möglichst in Begleitung eines vertrauten Menschen – ohne Vorbehalt anzuschauen, wie es war bzw. wahr ist. Im Gespräch zwischen Jesus und der Samariterin tritt nach dem anfänglichen Diskutieren die entscheidende Wende ein, als Jesus ihr die Vergangenheit ungeschminkt vor Augen hält und „ihr alles sagt, was sie getan hat" (Joh 4,29). Er konfrontiert die Samariterin heilsam mit ihrer ganzen Vergangenheit, aber er urteilt und verurteilt sie ebensowenig wie uns.

Doch die Vorbedingung der Heilung und Versöhnung ist und bleibt die bewußte Auseinandersetzung mit dem Vergangenen. Daraus kann und soll dann eine Neugestaltung unseres gegenwärtigen und zukünftigen Lebens werden.

Ein Beispiel, das sich in vielen ähnlichen Lebensgeschichten wiederfindet, soll diesen Weg verdeutlichen.

Frau S. lernte ich zunächst über ihre Freundin kennen. Diese teilte mir am Telefon sehr erregt mit, es ginge bei Frau S. um Leben und Tod. Sie befinde sich in einer großen Krise, arbeite nicht mehr und habe schon einen Suizidversuch unternommen. Ob ich Zeit für ein Gespräch hätte. Sie möchte mit einem Fachmann sprechen, der auch Priester sei. Nach einigem Nachfragen kam ich zur Überzeugung, daß hier wirklich ein Notfall vorlag und machte einen Termin aus. Frau S., eine Frau von etwa 45 Jahren, höhere Beamtin, unverheiratet, machte auf mich den Eindruck einer verzweifelten, hilflosen, enttäuschten, leidenden Frau. Ihre Schultern hingen hinunter, ihre Augen waren verweint, ihr Gesicht war versteinert, die Stimme und Gestalt ohne Kraft, fast apathisch. Auf Grund ihrer depressiven Stimmungen war sie vor Jahren in psychiatrisch-therapeutischer Behandlung gewesen. Der akute Anlaß ihrer Krise war die Entdekkung, daß ihr langjähriger Freund, mit dem sie seit 20 Jahren in einer Wochenendbeziehung lebte, während dieser Zeit zwei jüngere Freundinnen neben ihr hatte. Briefe und Kleidungsstücke fand sie als Beweise zufällig im Keller seiner Wohnung.

Die Welt brach für Frau S. zusammen; denn „ich hätte 150prozentig die Hand für die Treue meines Freundes ins Feuer gelegt". Als bewußt religiös lebende Katholikin hatte Frau S. außerdem wegen der „unerlaubten Beziehung" 20 Jahre lang unter großen Schuldgefühlen gelitten. Jetzt fühlte sie sich als „sein Putzlappen mißbraucht, der zum Putzen und Versorgen des feinen Herrn gut genug war und zur Belohnung auch mal in sein Bett durfte." Gedemütigt und zertreten war sie innerlich voll Wut und Haß, sagte aber gleichzeitig, daß sie ihn noch liebe. Er habe ihr jüngst ein Gedicht gewidmet „Nur mit dir allein leben", und wenn er sich von der jetzigen Freundin trenne und verspreche, sie nicht mehr zu betrügen, würde sie ihn sofort heiraten. Frau S. saß in sich zusammengesunken, autoaggressiv, nach der eigenen Schuld suchend, sprach von der Strafe Gottes, von ihrem verpfuschten Leben, der Familie, den Kindern, die sie gerne gehabt hätte ... Als sie nach einigen Wochen ihre Lebensgeschichte aufgeschrieben und einiges erkannt hatte, arbeiteten wir mit Hilfe einer Familienskulptur ihre Schlüsselposition heraus mit den entsprechenden Schlüsselworten, die sie vom Anfang ihrer Lebensgeschichte wiederholte. Ihr grundlegendes Lebensgefühl: weggetreten, zertreten wie ein Wurm. Diese Negativ-Botschaften hatte ihr der Vater vermittelt, während sie, nach den Darstellungen, das Schicksal ihrer „zertretenen Mutter" wiederholte. Die dazugehörigen Schlüsselerfahrungen: Frau S. war das achte Kind einer streng katholischen Bauernfamilie. Sie war nicht gewollt, sondern von ihrem Vater, der „Quartalsäufer" war, nach einer Sauftour gezeugt worden, mit einer Mutter, die „diese Schweinerei über sich ergehen ließ, um Schlimmeres zu verhüten". Wie ihr die Großmutter erzählte, kam für ihre Mutter als Katholikin trotz der schwierigen Umstände eine Abtreibung nicht in Frage. Als sich ihre Mutter nach der nächsten Sauftour ihrem Mann sexuell verweigerte, weil sie schwanger war, schlug und trat dieser in einem Wutanfall die Mutter von Frau S. so, daß der Hausarzt sie behandeln mußte. Fast wäre Frau S. damals schon als Frühgeburt „weggetreten". Am liebsten hätte der Vater „den Wurm zertreten". So lieferte er Frau S. das Schlüsselwort für ihr Leben. Kurz nach der komplizierten Geburt starb die Mutter von Frau S., und sie wurde zur Großmutter weggegeben. Dort hatte sie es sehr gut, wurde liebevoll aufgenommen, aber sie lief einige Mal weg in das mehrere Kilometer entfernte Elternhaus, wo sie „nicht einmal die Geschwister wollten und wegschickten". Frau S. erinnerte sich an eine Schlüsselszene: Ihr betrunkener Vater fand sie eines Abends (als sie 2–3 Jahre alt war) nach einer Zechtour auf der Ofenbank liegend. Er schlug und trat Frau S. blindwütend so, daß sie einen komplizierten Beinbruch erlitt, durch den sie seither etwas hinkte. Dabei schrie er wütend: „Du Bastard bist schuld am Tod deiner Mutter, wärst du doch an ihrer Stelle gestorben." Seitdem flüchtete Frau S. mit ihrem Kummer häufiger in die Dorfkirche, wo sie mit der Oma täglich zur Messe ging.

Frau S. charakterisierte ihre Schlüsselposition mit dem Wortspiel: „Ich bin seitdem immer wieder von selbst weggetreten, damit ich nicht weggetreten und zertreten würde." In der Rückschau erkannte Frau S.: Sie hatte in der Vergangenheit die Situation auf ihrer Lebensbühne so arrangiert, daß sich ihre Lebenstragödie „weggetreten" und „zertretener Wurm" immer wieder abspielte. Das war der Fall, als sie ins Elternhaus zurück-

wollte und weggetreten wurde; bei den Großeltern, die schließlich das undankbare Kind nicht mehr haben wollten; im Kindergarten, wo die Kinder nicht mehr mit ihr spielen wollten; in der Schule, wo keiner die begabte Schülerin mochte; bei einem Klostereintritt, wo sie wegen mangelnder Gemeinschaftsfähigkeit entlassen wurde (Frau S. empfand es als „weggetreten“); und schließlich in einer scheinbar sicheren Beziehung, die 20 Jahre dauerte, wo sie auch wieder weggetreten wurde. Anfangs meinte Frau S., ihre einzig verläßliche Lebensbeziehung sei Gott; denn bei ihm hätte sie immer dann, wenn sie wieder zertreten war, Zuflucht und Zuversicht gefunden wie als Kind in der Kirche.
Und trotzdem war dieser gute Vatergott der Kindheit immer noch zum Teil ein Lückenbüßergott, an den sie sich selbst festklammerte. Frau S. erkannte nun an ihren vielen Ängsten und Schuldgefühlen, daß sie offensichtlich über die primären Bezugspersonen und das von Vater, Mutter und Großeltern verkörperte Über-Ich unbewußt sehr bedrohliche Gottesbilder verinnerlicht hatte. In etwa drei Jahren konnte sie „ihr ganzes Leben neu ordnen“, wie sie es nannte, indem sie in einem ersten Schritt ihre Vergangenheit anschaute, ihre Lebensgeschichte zunächst als Fluchpsalm niederschrieb und Gott Vorwürfe machte, bis sie schließlich im Zertretensein des leidenden Jesus (bei Einzelexerzitien) ihr eigenes Zertretensein zulassen und annehmen konnte. Sie fühlte sich von der Lebenszusage Gottes in der Taufe persönlich angesprochen und empfing fast täglich das Brot zum Leben in der Eucharistiefeier bewußt als Stärkung auf dem Weg vom „Zertretensein“ zur Auferstehung. Weitere wichtige Hilfen waren für Frau S. – wie für viele Menschen in vergleichbaren Situationen – neben den täglichen Zeiten der Stille und des Gebetes monatlich ein halber Wüstentag in einem Kloster, wo sie auch mit ihrer geistlichen Begleiterin über ihr Leben sprach. Schließlich wechselte Frau S. bewußt beruflich in den caritativen Bereich, wo sie sich besonders um die Langzeit-Arbeitslosen und Obdachlosen kümmert, ihre Sorgenkinder, die „ich als Weggetretene und Zertretene besonders gut verstehen kann“.

Gott sei Dank darf ich viele solcher Heilungsprozesse erleben, in deren Verlauf sich Menschen mit ihrer schweren Vergangenheit versöhnen und aus diesem positiv-negativen Erbe ihr eigenes Leben neugestalten. Natürlich wiederholen diese Menschen in schwierigen Situationen ihre emotionalen Schlüsselpositionen und ziehen sich dann wieder in ihre von der Kindheit her vertrauten Löcher, Ecken und Gräber als Versager zurück, um – wie schon als Kind – zu überleben. Sie durchschauen jedoch schneller das destruktive Spiel und entscheiden sich wieder neu für ihr eigenes Leben, in das sie Gott mit ihrem Namen ganz persönlich gerufen hat, auch wenn die Eltern (oder ihre aktuellen Stellvertreter) dem widersprechen. Es ist eine der größten Versuchungen, wenn einer meint, er habe nach einem so gründlichen Läuterungsprozeß die Vergangenheit endgültig hinter sich gelassen und begraben. Die Lebenswunden bleiben empfindliche Schwachstellen und die Schlüsselpositionen liegen trotz allem bewußten „agere contra" im Schatten des Unbewußten auf der Lauer, bis der Mensch durch Überforderung, lebensbedrohenden Streß, unreflektiertes Dahinleben, Krisen etc. in einen solchen Lebensdruck gerät, daß er angesichts der Gefahr unbewußt auf das in der Kindheit bewährte Überlebensmodell zurückgreift. Das Ja zum Leben ist nie endgültig. Es muß immer wieder neu entschieden werden.

2. Die persönliche Lebensgeschichte als heilsame Verbindung von vergangenem und zukünftigem Leben

2.1 Einführung

Nachdem wir die Notwendigkeit und die Schwierigkeiten der Vergangenheitsbewältigung mehr allgemein betrachtet haben, wenden wir uns jetzt sehr konkret der Auseinandersetzung mit dem eigenen vergangenen Leben zu. Dazu entnehme ich einmal die wichtigsten Lebensfragen aus einem ausführlicheren Fragebogen zur persönlichen Lebensgeschichte, den ich seit zwanzig Jahren in Kursen zur religiösen Persönlichkeitsentwicklung und in Einzelberatungen zugrunde lege. Andererseits werde ich aus mehr als tausend schriftlich vorliegenden Lebensgeschichten die für die religiöse Lebensgestaltung wichtigsten Daten herausgreifen und auf häufiger vorkommende, typische Einflüsse und Merkmale in der Entwicklung religiös erzogener Menschen hinweisen.
Zeitlich geht es vor allem um die Lebenserfahrungen, die wir in den ersten Jahren der Kindheit durch Mutter und Vater bzw. an-

dere primäre Bezugspersonen gemacht haben. Wir gehen der Frage nach, was uns die Eltern in dieser Zeit vorgelebt, bzw. welche wichtigen Lebensbotschaften sie uns in der pränatalen und postnatalen Zeit vermittelt haben. Mit Hilfe der Fragen kann man auf der linken Seite die wichtigsten Lebenseinstellungen und Verhaltensweisen der Eltern dem Leben und Glauben gegenüber aufschreiben und auf der rechten Seite die eigenen notieren. Zum Vergleich wird dann deutlich, wo der einzelne die Lebens- und Glaubensweise von Mutter und Vater einfach angepaßt übernommen hat, was er gegenabhängig ganz anders macht, oder was er bereits bewußt aufgearbeitet und erwachsen in sein persönliches Leben integriert hat.

Zu diesem Selbstwerdungsprozeß ist es sehr wichtig, daß die eindeutig lebensverneinenden, negativen Botschaften der Eltern nicht fatalistisch hingenommen und wiederholt, sondern bewußt positiv umgeschrieben werden. So kann z. B. die Negativbotschaft: „Du sollst eigentlich nicht leben!“ positiv umformuliert werden in: „Ich darf und will leben!“ Oder die Botschaft: „Leiste was, dann bist du was!“ in: „Leistung und Arbeit sind wichtig, aber sie bedeuten nicht alles. Sie machen meinen Wert als Mensch letztlich nicht aus. Gott und einige Menschen mögen mich auch, ohne daß ich etwas dafür leiste.“ Oder wenn eine alkoholabhängige Mutter dem Kind vorlebt: „Das Leben hat keinen Sinn, man kann es nur mit Alkohol ertränken!“ so gilt es für das Kind, einen positiven Lebenssinn bewußt dagegen zu setzen. Oder die Botschaft: „Du bist an allem schuld und verflucht!“ mit der entsprechenden Schlüsselposition ist bewußt positiv umzuschreiben in: „Ich bin nicht an allem schuld. Zwar gibt es auch Schuld in meinem Leben, aber Gott vergibt mir und nimmt mich barmherzig auf, wie den verlorenen Sohn. Er verflucht mich nicht, sondern segnet mein Leben und wird auch meinen Eltern gnädig sein.“ Dieses positive Umschreiben der Elternbotschaften muß ganz bewußt geschehen, weil unbewußt die verinnerlichten Eltern und die negativen Schlüsselpositionen vorherrschend bleiben und bei entsprechenden Situationen von selbst gefühlsmäßig wiederholt werden. Dieser Teufelskreis der unbewußten Wiederholungen kann nur bewußt durchbrochen und durch eine neue persönliche Lebensentscheidung ergänzt und ersetzt werden, die letztlich auf der Lebenszusage Gottes beruht. Dabei darf man nicht bei einer bloßen Verneinung der Negativbotschaft gegenabhängig stehen bleiben. Vielmehr sollte – soweit möglich – der positive Anteil, der in jeder negativen und verneinenden Lebensbotschaft und Schlüsselposition steckt, ausdrücklich gesehen und durch eine eigene lebensbejahende Maxime ergänzt werden. Denn das Ziel der Vergangenheitsbewältigung ist ja nicht der Ausschluß, sondern die Versöhnung und Integrierung der unabänderlichen Vergangenheit in das ganze Leben. „Man kann das Leben nur rückwärts verstehen, aber leben muß man es vorwärts" (S. Kierkegaard).

Es ist empfehlenswert, sich auf dieser bewußten Reise in die Vergangenheit von einem Menschen seines Vertrauens begleiten zu lassen und die Lebensgeschichte mit den wichtigsten Schlüsselerfahrungen schriftlich auszudrücken. Für manchen ist es hilfreich, die Lebensgeschichte ergänzend zu malen oder zu modellieren. Natürlich können Besinnungstage, entsprechende Kurse zur Identitäts- und Glaubensfindung und Exerzitien in diesem Prozeß der Vergangenheitsbewältigung sehr förderlich sein. Einfühlsame Gespräche mit den Eltern, Geschwistern und anderen primären Bezugspersonen haben schon manche wichtigen Lebensdaten zutage gefördert (Bei Gesprächen mit den Eltern ist darauf zu achten, daß sie nicht vorwurfsvoll und destruktiv geführt werden [um sich unbewußt zu rächen]). Man sollte in dieser Zeit auch besonders auf seine Träume und Tages-Einfälle achten. Eine lockere und gelassene innere Haltung wird diesem Prozeß der Lebensbewältigung sicherlich mehr nützen als ein krampfhaftes und bohrendes Fragen und Suchen. Wenn man einmal seine Schlüsselposition im persönlichen Leben gefunden hat, dann fallen einem die Erkenntnisse und Durchblicke wie von selbst zu. Plötzlich kann man viele bisher unerklärlichen Abläufe und Fakten seines Lebens wie Perlen am Lebensfaden aufreihen und verstehen.

Als ergänzende Lektüre möchte ich zwei Bücher meines leider zu früh verstorbenen Mitbruders Anthony de Mello empfehlen, dem ich mich in meiner Arbeit sehr verbunden fühle: A. de Mello,

„Meditieren mit Leib und Seele", Kevelaer [2]1986. Ders., „Daß ich sehe – Meditation des Lebens", Freiburg 1985.
Als Anregung zur Auseinandersetzung mit der persönlichen Lebensgeschichte möchte ich an dieser Stelle den schon in der Einführung erwähnten Fragebogen vorstellen:

Das Lebensskript

Versuchen Sie an Hand der folgenden Fragen zu erkennen und sich zu erinnern, wie Sie Ihre Mutter/Vater (oder andere wichtige Bezugspersonen wie Großeltern, Geschwister, Hausmädchen, Tanten, Onkel, etc.) in der frühen Kindheit erlebt haben.
Die ersten Interaktionen zwischen Eltern und Kind spielen sich in der vor- und nachgeburtlichen Zeit fast ausschließlich auf der unbewußt-emotionalen Ebene ab. Machen Sie sich deshalb einerseits bewußt, welche bedeutsamen Einstellungen, Verhaltensweisen und Grundgefühle Ihnen besonders die Mutter und auch der Vater vorgelebt, welche prägenden Schlüsselbotschaften sie Ihnen vermittelt haben. Versuchen Sie sich andererseits zu erinnern und vorzustellen, mit welchen Grundgefühlen Sie damals auf das mehr positive oder negative Verhalten der Eltern reagiert haben.
Auf diese Weise können Sie erkennen, welche Verhaltensweisen, Einstellungen und Werte Sie als Kleinkind internalisiert, welche Stärken und Defizite Sie aus der Herkunftsfamilie übernommen haben. Achten Sie während der nächsten Zeit besonders auf Ihre Träume und schreiben Sie diese auf.
Notieren Sie zuerst kurz die wichtigsten Daten über Ihre Herkunftsfamilie und Ihr Leben.
Schreiben Sie dann auf der linken Seite in der Reihenfolge der Fragen möglichst konkret (mit Beispielen und Schlüsselerfahrungen aus der frühen/späten Kindheit) die wichtigsten Einstellungen und Verhaltensweisen Ihrer Eltern (Mutter und Vater getrennt) auf. Schreiben Sie dann auf die rechte Seite Ihre eigenen aktuellen Einstellungen und Verhaltensweisen.

Wichtige Lebensdaten:

Mutter/Vater	Ich

1. Beschreiben Sie spontan Ihre Mutter/Ihren Vater mit 5–10 für sie typischen Adjektiven. Tun Sie das gleiche für sich selbst.
2. Was hat Ihnen Ihre Mutter/Ihr Vater als Kind am meisten empfohlen? Was haben sie Ihnen am strengsten verboten? Was ist davon für Ihr jetziges Leben noch relevant?
3. Welche Beweggründe und Gefühle hatten Ihre Mutter/Ihr Vater, als Sie gezeugt wurden? Sind Sie ein gewolltes, ein ungewolltes Kind, ein Wunschkind? Steht am Beginn Ihres Lebens ein klares Ja, Nein oder ein Ja-Nein (Du bist lebens-wert, nicht-lebenswert, lebenswert unter bestimmten Bedingungen)? Wie reagierte Ihre Mutter/Ihr Vater spontan, als sie zum erstenmal von Ihrem Dasein erfuhren? (wörtlich niederschreiben)
4. Wie haben Sie als Kind überlebt? An welche Bedingungen war ihr Leben genüpft? Z. B.
   - 4.1. Du darfst nur leben, wenn du dich anpaßt und fügst.
   - 4.2. Du darfst nur leben, wenn du Leistung bringst und Erfolg hast.
   - 4.3. Du darfst nur leben, wenn du deine Gefühle unterdrückst, z. B. Wut, Angst, Haß, Mißtrauen, Schuldgefühle, Freude etc.
   - 4.4. Du darfst nur leben, wenn du still bist, nicht störst.
   - 4.5. Du darfst nur leben, wenn du auf deine eigenen Wünsche und Bedürfnisse verzichtest.
   - 4.6. Andere Lebensbedingungen: ...
5. Suchen Sie die negative Schlüsselbotschaft, die Sie vor oder nach der Geburt von Ihrer Mutter/Ihrem Vater erhalten haben und die noch heute unbewußt Ihr Leben behindert. Versuchen Sie die aus dieser Botschaft entstandene negative Schlüsselposition mit den dazu gehörenden Grundgefühlen zu beschreiben, in die Sie sich auch heute noch in schwierigen Situationen zurückziehen, um zu überleben. Versuchen

Sie diese Schlüsselposition in einem entsprechenden negativen Schlüsselwort zusammenzufassen.
Suchen Sie das dem negativen korrespondierende positive Schlüsselwort mit den entsprechenden positiven Schlüsselbotschaften.
Versuchen Sie auch die Schlüsselbotschaften, die Schlüsselposition und das Schlüsselwort von Mutter/Vater zu finden und zu beschreiben.

6. Welche Einstellung hatten Ihre Eltern zu Gefühlen? Zeigten sie Gefühle, wenn ja, auf welche Weise, z. B. Wut, Freude, Trauer, Angst, Vertrauen, etc. Welche Gefühle waren vorherrschend?
Wie war das Verhältnis von Urvertrauen und Urmißtrauen?
Konnten Ihre Eltern Schwächen und Fehler eingestehen?
Verzeihen?
Loslassen?
7. Wie war die Beziehung Ihrer Eltern? Z. B. mehr kühl, gespannt, wohlwollend, distanziert, warm, herzlich, kalt, aggressiv, zärtlich, zuverlässig, locker, etc.?
Wie haben Sie Nähe und Distanz bei Ihren Eltern erlebt?
Welche Rolle spielten die Geschwister in Ihrem Leben?
8. Welche Einstellung hatten Ihre Eltern zum Leib, zur Sexualität?
Wie sind Sie aufgeklärt worden?
Wie haben Sie Ihre Mutter/Vater als Frau und Mann erlebt? Was haben Sie bei Ihnen über das Frau- und Mann-Sein gelernt?
Welche Beziehung haben Sie zu Ihren weiblichen und männlichen Anteilen (anima-animus)? Wie leben Sie diese?
9. Welche Beziehung hatten Ihre Eltern zu negativer Kritik und zu Lob?
Gaben Ihnen Ihre Eltern mehr Lob und Anerkennung oder negative Kritik und Tadel?
Wurden Sie um Ihrer selbst willen geliebt, oder mit welcher Überlebensstrategie haben Sie sich die lebensnotwendige Zuwendung als Kind verschafft, erkauft? Z. B. durch Leistung, Liebsein, Anpassung, Erfolg, Krankheit, Verweigerung, Trotz, Aufmüpfigkeit etc.?
10. Welches Selbstwertgefühl hatten Ihre Eltern? Waren Sie mehr selbst- oder fremdbestimmt?
Wie verhielten sich Ihre Eltern in Konflikten und Krisen?
11. Was war der Lebenssinn Ihrer Eltern?
Welche Prioritäten hatten sie? Was war für sie am wichtigsten? Nennen Sie 5-10 Prioritäten Ihrer Eltern. Versuchen Sie dann mit Hilfe der Zeittafel, die den tatsächlichen Zeitumfang für die einzelnen Prioritä-

ten anzeigt, den Wunsch und die Wirklichkeit dieser Prioritätensetzung zu unterscheiden.

12. Schreiben Sie die wichtigsten Lebensprinzipien und -themen Ihrer Eltern auf: Z. B. „leiste was, dann bist du was; erfolgreich sein ist alles; Arbeit ist das ganze Leben; sei nur für andere da; liebe deinen Nächsten über alles, nur nicht dich selbst; es ist alles sinnlos; genieße das Leben; lebe auf Kosten der anderen; das Leben ist schön und lohnt sich; schaffe es um jeden Preis; halte dich zurück und passe dich an; laß dir nichts gefallen; gelobt sei, was hart macht; wir sind halt Pechvögel; beiß die Zähne zusammen; Gott wirds schon richten; hilf dir selbst, dann hilft dir Gott; das Leben ist nicht zum Aushalten; der Glaube trägt mein Leben; . . .“
13. Hatten Ihre Eltern unterschiedliche Lebensthemen? Welche ergänzen, welche widersprechen sich?
14. Welche Bedeutung hatte der Glaube im Leben Ihrer Eltern? Wie praktizierten sie ihren Glauben?
    Sind sie mehr vertrauensvoll, ängstlich, überheblich oder verzweifelt Glaubende?
15. Welche Gottesbilder hatten Ihre Eltern, bewußt – unbewußt? Versuchen Sie auch Ihr eigenes unbewußtes Gottesbild zu beschreiben, das mit Ihrer negativen Schlüsselposition korrespondiert.
16. Wie verhielten sich Ihre Eltern als Eltern? Waren sie mehr herzlich, großzügig, geizig, zärtlich, distanziert, stolz, grausam, unberechenbar, liebevoll, treu, pflichtbewußt, zuverlässig etc.?
17. Wie manipulierten Sie Ihre Eltern und umgekehrt Ihre Eltern Sie?
    Z. B. mit Schuldgefühlen, Kritik, Lob, Prügel, falschen Komplimenten, Drohungen, Krankheit, Sich-Zurückziehen etc.?
18. Was gefiel Ihnen an Ihrer Mutter (Ihrem Vater)? Was haßten und verabscheuten Sie an Ihren Eltern? (Versuchen Sie möglichst wahrhaftig zu antworten)
19. Fassen Sie die wichtigsten negativen Schlüsselbotschaften und Einschärfungen zusammen, die Ihr Leben heute noch am stärksten einschränken und behindern.
20. Welche Grundeinstellung zum Leben hatten Ihre Eltern? War sie eher positiv oder negativ, lebensbejahend oder -verneinend, versöhnt oder unversöhnt? Was strahlten Sie aus?
21. Wie lebten Ihre Eltern den Dreiklang von Gottes-, Nächsten- und Selbstliebe? Wie leben Sie ihn? Welche Liebe wurde/wird zu sehr gelebt, welche kam zu kurz?

22. Welchen zusammenfassenden Leitsatz (Bilanz) würden Sie rückblikkend über das Leben Ihrer Mutter/Ihres Vaters/Ihr eigenes Leben schreiben? (Z. B. als Grabinschrift)
23. Was werden die Leute vermutlich nach der Beerdigung über Ihre Mutter/Ihren Vater/über Sie selbst sagen? Was würden Sie sich wünschen?

Betrachen Sie jetzt die Antworten auf der linken Seite (Eltern) und vergleichen Sie diese mit denen auf der rechten Seite (Sie selbst) an Hand folgender Fragen:

Welche Einstellungen, Verhaltensweisen, Normen, Lebensthemen, Glaubensweisen, Gottesbilder etc. habe ich unbewußt von meiner Mutter/meinem Vater übernommen? In welchen Punkten imitiere ich meine Eltern? Wo verhalte ich mich gegenabhängig, d. h. ganz anders als meine Eltern?

Was habe ich bereits reflektiert und überprüft und dann bewußt von den Eltern übernommen oder für mein Leben umgeändert? In welchen Punkten möchte ich die Botschaften, Verhaltensweisen und Einstellungen meiner Eltern für mein Leben noch umschreiben?

Die lebensverneinenden Schlüsselbotschaften der Eltern brauchen nicht „fatalistisch“ hingenommen und wiederholt werden, sondern sie können bewußt positiv umgeschrieben werden. Z. B. kann die Negativbotschaft: „Du sollst nicht leben!“ positiv umformuliert werden in: „Ich darf und will leben.“ Oder die negative Elternbotschaft: „Du bist an allem schuld und verflucht“ kann von den Zusagen Gottes her positiv umgeschrieben werden: „Ich bin nicht an allem schuld. Und wenn es Schuld in meinem Leben gibt, dann vergibt mir Gott diese Schuld und nimmt mich barmherzig auf. Gott verflucht mich nicht wie die Mutter, sondern segnet mein Leben, und er wird auch meinen Eltern gnädig sein.“ Oder der Leitsatz: „Arbeit ist das ganze Leben“ kann umgeschrieben werden in: „Arbeit ist wichtig für mein Leben, aber nicht alles. Ich möchte genauso Zeiten der Muße, der Kreativität und der Erholung in mein Leben hineinnehmen.“

Das positive Umschreiben der Elternbotschaften muß bewußt geschehen, weil unbewußt die verinnerlichten negativen Schlüsselbotschaften vorherrschend bleiben und bei entsprechenden Alltagssituationen von selbst gefühlsmäßig wiederholt werden. Dieser Teufelskreis der unbewußten Wiederholungen kann nur bewußt durchbrochen und durch eine neue persönliche Lebensentscheidung ergänzt und ersetzt werden, die letztlich auf der Lebenszusage Gottes beruht. Dabei darf man nicht bei einer bloßen Verneinung der Negativbotschaft gegenabhängig stehen bleiben. Viel-

mehr sollte – soweit möglich – der positive Anteil, der in jeder negativen und verneinenden Schlüsselbotschaft und Schlüsselposition steckt, ausdrücklich gesehen und durch eine eigene lebensbejahende Maxime ergänzt werden. Denn das Ziel der Vergangenheitsbewältigung ist ja nicht der Ausschluß, sondern die Versöhnung und Integrierung der unabänderlichen Vergangenheit in das ganze Leben.
Nach diesem Vergleich sollte überlegt werden, welche Punkte in der eigenen Identitäts- und Glaubensfindung schwierig sind, das Leben am meisten behindern, und nicht allein aufgearbeitet werden können, um sie dann in Einzelgesprächen oder entsprechenden Kursen zu bearbeiten.

2.2 Leben: Ja oder Nein?

Haben meine Mutter, mein Vater mein Leben gewollt und von der Zeugung an bejaht? Bin ich ein Wunschkind, wenigstens der Mutter oder des Vaters? Diese Frage nach der Lebensbejahung von Anfang an wird insgeheim von vielen Menschen gestellt, allerdings oft mit uneingestandenen Zweifeln. Bei den meisten Menschen, die sich mir anvertraut haben, fehlt dieses endgültige „Ja" zu ihrem Leben von seiten der Eltern. Oft haben Mutter und Vater sich zu einem halbherzigen Ja – Nein durchgerungen, das zum Überleben des Kindes reicht, sich aber lebensbehindernd auswirkt. Ein typisches Beispiel sind die vierten, fünften, sechsten, siebten, manchmal bis zu zwölften Kinder aus katholischen Ehen, wo die Empfängnisverhütung ebenso als Sünde angesehen wurde wie die „Verweigerung der ehelichen Pflicht". Die in diesem Dilemma „hoffentlich passiert nichts" gezeugten Kinder haben überlebt, weil aus moralischen Gründen eine Abtreibung nicht in Betracht kam. Aber bei allem guten Willen von Mutter und Vater, das nichtgeplante Kind „von Gott als Geschenk anzunehmen", bleibt eine Lebensbehinderung: „Du bist eigentlich nicht gewollt, wir wollten dich eigentlich nicht zeugen, als wir intim zusammenkamen." „Wenn du schon einmal da bist, sollst du auch leben." „Wo zehn Mäuler satt werden, kommt es auf ein elftes auch nicht mehr an." In diesen und ähnlichen Aussagen der Eltern wird die unbewußte Ablehnung mehr oder weniger deutlich.

Wenn ich Menschen die Frage direkt stelle: „Sind Sie gewollt oder nicht gewollt?" antworten die meisten spontan: „Natürlich gewollt!" Dann werden viele nachdenklich und gehen der Frage in ihrer Lebensgeschichte etwas genauer nach: Bin ich wirklich von Anfang an erwünscht, von Herzen bejaht? Ein Wunschkind von der Zeugung bis zur Geburt und in den ersten Lebensjahren? Oder bin ich etwa unbeabsichtigt und zufällig gezeugt worden, also ein Zufallsprodukt? Oder habe ich mich gar im Mutterschoß gegen die Widerstände und die versuchten (physischen und psychischen) Abtreibungsversuche eingenistet und überlebt? Oder verdanke ich mein Leben der Angst meiner Mutter, die mich zwar loswerden wollte, vielleicht sogar darum gebetet hat; aber aus Scham und Schuld heraus keine Abtreibung unternommen hat? Welche Motivationen, welche Gefühle bestimmten Vater und Mutter bei dem Geschlechtsverkehr, dem mein Leben entstammt? Wie hat meine Mutter spontan reagiert, als sie zum erstenmal erfuhr, daß sie mit mir schwanger war, daß mein Leben in ihrem Schoß begonnen hatte? Die spontane Antwort der Mutter war bei den Betroffenen häufig durch Angst, Unsicherheit und Ablehnung gekennzeichnet: „Ach, du liebe Zeit!" „Das darf nicht wahr sein!" „Nein, nur das nicht!" „Warum hat er nicht aufgepaßt?" „Was werden meine Eltern, die anderen, mein Mann bloß dazu sagen!" „Ach, du lieber Gott!" „Das muß gerade jetzt passieren!" „Das ist unmöglich!" „Auch das noch!" „Ob ich das schaffen werde?" Diese und ähnliche mehr ablehnende Antworten waren wesentlich häufiger in den Lebensgeschichten als die bejahenden: „Wie schön!" „Das muß ich gleich meinem Mann sagen!" „Endlich hat's geklappt!" „Gott sei Dank!" Besonders die in der Kriegs- und Nachkriegszeit Geborenen, die Nachkömmlinge, die letzten Kinder aus kinderreichen Familien, die Kinder aus Muß-Ehen, die unehelich Gezeugten, um nur die wichtigsten Gruppen zu nennen; bei all diesen Menschen ist der Eintritt ins Leben durch das spontane erste Nein von Mutter und Vater mehr oder weniger stark belastet.

Kinder, die unter solch lebensverneinenden Umständen gezeugt werden, lernen schon frühzeitig im Schoß einer Mutter zu überleben, die sie eigentlich loswerden, d. h. töten möchte. Wenn diese

Menschen in der pränatalen und frühkindlichen Phase die Erlaubnis zum Leben auch niemals explizit erhalten haben, so fanden sie doch genügend Grund zum Überleben. Allerdings sind ihre in der Kindheit erlittenen Lebenswunden so groß, daß sie sich schwer tun, dem Leben ganz zu vertrauen. Eine unbewußte Wiederholung der Schlüsselbotschaft: „Du sollst nicht leben!" mit der entsprechenden negativ-emotionalen Schlüsselposition kann in der Folge zu Depressionen, zu lebensvernichtenden Suchtkrankheiten (Alkohol, Freßsucht, Magersucht, Arbeitssucht) oder auch direkt zum Selbstmord führen. Somit besteht die Gefahr, daß die Betroffenen den Befehl der Eltern, nicht-zu-leben, in einer länger dauernden oder direkten Selbstvernichtung ausführen, wenn sie sich nicht bewußt mit den in der frühesten Kindheit verinnerlichten negativen Grundpositionen auseinandersetzen und in einem „therapeutischen Prozeß" neue lebensbejahende Grundsätze für ihr Leben suchen. Bei dieser bewußten, eigenen Entscheidung für das Leben und gegen die verneinenden Botschaften der Eltern, können dem gläubigen Menschen die Lebenszusagen Gottes in den Sakramenten (Taufe) und in der Heiligen Schrift eine entscheidende Ermutigung sein.

2.3 Lebensbejahung unter bestimmten Bedingungen (Überleben)

Nun haben ja die Menschen, von deren Lebensgeschichte ich berichte, überlebt, obwohl sie nach dem Willen der Eltern überhaupt nicht oder eigentlich nicht leben sollten. Wie war das Überleben bei diesen lebensverneinenden Ausgangspositionen überhaupt möglich? Denn gerade in den ersten Lebensjahren braucht doch jedes Kind ein bestimmtes Maß an körperlicher und seelischer Zuwendung und Anerkennung, um am Leben zu bleiben. Wir wollen miteinander einige wichtige Überlebensstrategien betrachten, die für Kinder aus religiösen Familien charakteristisch zu sein scheinen. D. h., diese Kinder erhielten die Erlaubnis zu leben nur unter bestimmten Bedingungen, die sie instinktiv erfüllten, um am Leben zu bleiben. Diese Lebens-Bedingungen haben das Leben der Betroffenen oft sehr einseitig geprägt und verkürzt. Vor allem aber blieb das Leben dieser Menschen durch die gestellten Bedingungen bis ins Erwachsenenalter abhängig von den Eltern. Die einseitigen Einstellungen und Verhaltensweisen, die in der Kindheit ein-gelebt und durch ständige Wiederholung verinnerlicht werden, bestimmen unbewußt auch noch den erwachsenen Menschen.

2.3.1 Du darfst leben, wenn du dich anpaßt und fügst

Dieses Anpassungsmodell als Überlebensstrategie ist mir sehr oft bei Ordensfrauen und -männern, bei Priestern, aber auch bei Laien begegnet. Sie erhielten von den vielbeschäftigten Eltern, die im Geschäft, im eigenen Betrieb oder sonstwo beide verdienen mußten und alle Hände voll zu tun hatten, Zuwendung, Lob und Anerkennung, wenn sie sich fügten, sich anpaßten, gehorchten, keine Schwierigkeiten machten, nicht auffielen, sich nicht mucksten; kurz gesagt, wenn sie brave und liebe Kinder waren, die aufs Wort gehorchten. Ihre Schlüsselpositionen in den Familienskulpturen stellten die Betroffenen meist so dar: Vor den drohenden und mächtigen Eltern bzw. Vater oder Mutter, die mit ausgestrecktem Zeigefinger oder der Faust Strafe androhen, kniet oder liegt das Kind mit gebeugtem Kopf oder schaut lieb mit gefalteten Händen zu den Eltern auf, die es anbetet; bestimmen sie doch über Leben und Tod.

Häufig wurde den Kindern mit Gewalt „das Rückgrat gebrochen, die Aufmüpfigkeit, der Eigenwille und Trotz herausgeprügelt". Nicht selten wurde es ein religiöser Ritus, wenn das Kind die Peitsche holen, die schlagende Hand des Vaters küssen mußte. Hier vertrieb der Vater im Namen Gottes das böse Aufbegehren mit den Schlägen aus dem Kind. Oft erfolgte die „Exekution" bei der Heimkehr des Vaters am Abend, wenn die Mutter die Schandtaten des Tages verriet und die angedrohte Strafe vollzogen wurde. Oft waren es harmlose, natürliche Trotzreaktionen des Kindes, das seine Kräfte erproben oder die Welt entdecken wollte.

Auf diese Weise entstehen oft unbewußt negative Gottesbilder, die die Züge des strafenden Vaters und der kontrollierenden Mutter haben. Die damit verbundenen (falschen) Schuldgefühle machen zwar das Kind gefügig und ruhig, unterdrücken aber auch jede Aggression und Kreativität und letztlich die dynamische Ich-werdung. Die hinter dem lieben und lächelnden Gesicht verborgene Wut richtet das Kind und später der Erwachsene gegen sich selbst, was sich in psychosomatischen Krankheiten, Depressionen, Lebensunlust und den unterschiedlichen Formen des präsuizidalen Syndroms ausdrücken kann. Nicht selten setzen solcherart erzogene Menschen dieses Leben im Kloster unter den religiösen Vorzeichen eines falsch verstandenen Gehorsams oder einer falschen Demut fort. Im Sinne einer negativen Aszese unterwerfen sie sich dem Obern und wiederholen ihre Schlüsselposition des ängstlich-angepaßten Kindes, das nur durch Bravsein und Anpassung leben darf. Jede Eigenständigkeit und Freiheit würde das Leben bedrohen bzw. bestraft werden, während das Gehorchen Anerkennung einbringt, die zum Überleben reicht. Hier ist keine Erlösung und Befreiung im Glauben möglich, solange die Vergangenheit mit ihren Schlüsselerfahrungen nicht wahrgenommen und dechiffriert wird und die daraus resultierenden negativen Übertragungen auf Gott ent-deckt und durch positive Gottesbilder des AT und NT zumindest ergänzt werden. Es ist bezeichnend, daß die Betroffenen keine positive Beziehung zum gütigen Vater-Gott hatten, sondern fast immer in Distanz und Furcht den Richtergott im Gebet ansprachen. Oftmals kam die verborgene Wut in ein oder zwei Fäusten zum Ausdruck, die sich beim leiblichen Gestalten der Demut in den Taschen, hinter dem Rücken oder unter dem Ordenskleid unbemerkt geformt hatten. Die falsche Demut und die Fragwürdigkeit der aus der Kindheit übernommenen religiösen Haltungen zeigte sich für die Beteiligten auch darin, daß sie zu ihrem Entsetzen feststellen mußten: Bei aller scheinbaren Demut sind wir in vielen Alltagssituationen hart und grausam im Umgang mit unseren Nächsten, den Mitschwestern, Mitarbeitern, Mitarbeiterinnen, Schülern, Kranken, Alten, etc., „obwohl wir es ablehnen, imitieren wir das Verhalten von Vater und Mutter in der Kindheit".

Menschen, die ihr Leben mit einer angepaßten und braven Kindheit erkauft und die einengende Schlüsselposition als „Demut" religiös verbrämt haben, geraten nicht selten in der Krise der Lebensmitte „außer sich". In dem Gefühl, um das wahre Leben und die Freiheit betrogen worden zu sein, werden sie von einer richtigen Lebensgier gepackt, wollen endlich selbst entscheiden, werfen die bisherigen Regeln und Entscheidungen als fremdbestimmt über Bord, wollen sich endlich selbst verwirklichen. Leider sind diese aus dem rebellischen Gefühl des „im Leben zu kurz Gekommenseins" getroffenen Entscheidungen meist nicht erwachsen, sondern führen über die Laisierung, den Ordensaustritt, die Scheidung oder den Genuß des „freien Lebens" sehr schnell in die Sackgasse der negativen Schlüsselposition und einer noch größeren Abhängigkeit zurück. Hier spielen besonders die nachfolgenden Schuldgefühle und die schwierigen äußeren Umstände (Probleme im Beruf und in den Beziehungen) beim Scheitern eine Rolle. Die eigene reale Vergangenheit wird nicht aufgearbeitet und ins Lebensganze integriert, sondern eine nicht erlebte Wunschvergangenheit soll nachgeholt werden. Dabei klaffen Wunsch und Wirklichkeit so weit auseinander, daß daraus keine Lebenseinheit werden kann. Die Betroffenen führen meist gegenabhängig genau das Leben, was ihre Mutter und ihr Vater strikt ablehnen. Auf die Frage: „Womit könnten Sie Ihre Mutter, Ihren Vater am meisten verletzen?", „Bei welcher Lebensweise würden die beiden der Schlag treffen oder würden Sie sich im Grabe herumdrehen?«, erhielt ich in vielen Fällen die Antwort, die gerade vorgelebt wurde: „Wenn ich als Priester heiraten würde!", „Wenn ich mich sexuell ausleben würde.", „Wenn ich aus der Kirche austreten würde!", „Wenn ich das Kreuz bespucken würde!", „Wenn ich ein Aussteiger, eine mißratene Tochter, ein Nichtsnutz, ein ‚Homo' werde!". Wie oft steckt hinter diesen Versuchen das verzweifelte Bemühen, die schmerzliche Kindheit mit den autoritären Eltern loszuwerden!

Damit soll nicht gesagt sein, daß solche Entscheidungen nicht auch erwachsen und begründet sein können.

Ich erinnere mich an eine streng katholische Familie, wo sich alle vier Kinder durch gegenabhängige Lebensformen von ihren Eltern zu lösen suchten: Der Älteste heiratete drei Jahre nach der Priesterweihe eine ehemalige Ordensschwester und erklärte seinen Austritt aus der katholischen Kirche in einem offiziellen Schreiben an den Heimatpfarrer, womit er seine Eltern doppelt verletzte; der zweite Sohn geriet in die entferntere Terroristenszene; die eine Tochter wurde als Studentin drogenabhängig, verdiente ihr Geld als Callgirl und starb schließlich am „goldenen Schuß“; die ältere führte zwanzig Jahre eine gute Ehe, lernte dann in einer „Sekte“ das richtige Leben „kennen“, verließ ihren Mann und zwei Kinder, um sich in Indien selbst zu verwirklichen. Der Vater machte seinem Leben „wegen der Schande“ ein Ende. Die Mutter, die verbittert in einem Seniorenheim lebte, erzählte mir diese unglaubliche Geschichte. Durch sie lernte ich den „mißratenen Priestersohn“ (Originalton der Mutter) kennen und schätzen.

Herr B. war damals Priester geworden, um „von zu Hause wegzukommen und endlich die Anerkennung des Vaters und die Zuwendung der Mutter als Priestersohn zu erhalten“. In den fünfzehn Ehejahren hatte er durch leidvolle Erfahrungen (Krankheit, Arbeitslosigkeit) zusammen mit seiner Frau den Glauben für sich neu entdeckt und sich mit seiner schlimmen Vergangenheit auseinandergesetzt und versöhnt. Er war schon als Kind das schwarze Schaf der Familie und an allem schuld. Die Strafe verlief immer nach dem gleichen Ritual: Der Vater hielt ihm sein Vergehen in einer Strafpredigt vor und mahnte ihn, die Sünden auch zu beichten. Dann mußte er den „Siebenschwänzer“, eine Peitsche, holen, vor dem Vater niederknien, ihm die Hand küssen und den Rücken entblößen, den der Vater oft blutig schlug, während die Mutter sich bekreuzigte. Seine bedrückende Schlüsselposition „ich bin an allem schuld, also bin ich im Leben bestenfalls geduldet“, konnte Herr B. nach einer langen und heftigen Auseinandersetzung Gott überlassen und aus der göttlichen Lebenszusage neue Kraft und Hoffnung gewinnen: „Wenn mich auch Vater und Mutter verlassen und schlagen, der Herr nimmt mich auf“ (nach Ps 27,10 und Jes 43,4). Die Einsicht, daß die Machtausübung des Vaters eigentlich eine Reaktion auf die nichterfahrene Liebe und Zuwendung seiner eigenen Eltern war und daß der Vater sich in der Züchtigung seines Sohnes eigentlich an seinen Eltern rächte (wenn ihr mich schon nicht lieben wollt, beherrsche ich euch), half Herrn B., seine Eltern besser zu verstehen und ihnen schließlich zu vergeben.

2.3.2 Du darfst nur leben, wenn du Leistung bringst und Erfolg hast

Dieses von der Leistungs- und Erfolgsgesellschaft noch verstärkte Überlebensmodell kommt ebenso häufig vor wie das der Anpassung. Oft ist das Leistungsprinzip und das Erfolgsdenken zu einer ganzen Familientradition geworden, in die Kinder wie selbstverständlich hineingeboren werden. Die fatalen Folgen einer solchen leistungsbezogenen Pädagogik haben wir bereits bei der Betrachtung der Autonomiephase im einzelnen beschrieben. Doch um welchen Preis wird diese Anerkennung erkauft? Das Selbstwertgefühl dieser Menschen steht und fällt mit dem Erfolg, und wird an der Leistung gemessen. „Leiste was, dann bist du was!“, „Arbeit ist das ganze Leben!“, „Wer nichts leistet ist ein Taugenichts!“, „Leistung und Erfolg machen den Menschen aus!“, „Arbeit ist die beste Medizin!“, „Ferien und Freizeit ist etwas für reiche Faulenzer!“, „Hast du nichts zu tun?“ Solche und ähnliche Elternbotschaften wurden besonders in der Wiederaufbauphase der Nachkriegszeit vorgelebt: „damit die Kinder es einmal besser haben, schuften wir bis zum Umfallen!“ Im religiösen Bereich hat sich das Leistungsprinzip mit seiner ständigen Überforderung als geistlicher Aktivismus eingeschlichen (Frielingsdorf 1978, 148 ff.). „Liebe deinen Nächsten über alles, nur nicht dich selbst!“ So selbst*los* das Ganze auch aussieht, es dreht sich alles um die Anerkennung und Beachtung dieses Selbst.
Solche Menschen suchen ihr Selbstwertgefühl und die Lebensbestätigung im Kreislauf der „Nächstenliebe“. Da die Fremdbestätigung allein aber letztlich nie ein Selbstwertgefühl vermitteln kann, müssen sie in ihrer unbewußten falschen Lösungsphantasie immer mehr Leistung bringen. Anders ausgedrückt: Ich kann nicht auf mein Selbst verzichten oder selbst-los sein, wenn ich mein Selbst noch nicht eingeholt habe, wenn ich meines Selbst noch nicht wert und mächtig bin. Wenn eine falsch verstandene christliche Erziehung die Selbstaufgabe und den Selbstverzicht als Ideal verkündet hat, so wurde dabei übersehen, daß eine selbst-lose Nächstenliebe ohne vorherige Existenz des Ich-selbst gar nicht möglich ist.

Wie hohl diese leistungsorientierte Überlebensstrategie ist, zeigt sich nicht nur in den vielen Herzinsuffizienzen und Kreislaufkollapsen der überforderten Priester und kirchlichen Mitarbeiter, die nie Zeit haben, immer beschäftigt sind, deren Licht bis spät in die Nacht sichtbar leuchtet, die sich keine Freizeit gönnen. Die Aufarbeitung dieser Probleme war dann besonders schwierig, wenn die körperlichen und seelischen Krankheitssymptome als Teilnahme am Kreuz Jesu Christi und damit als genuine Nachfolge Jesu gedeutet wurden. Ich mußte immer wieder feststellen, daß solche Aktivisten ihre geplante Freizeit gar nicht einhalten konnten, weil das plötzliche Nichts-Tun und Mit-sich-allein-Sein solche Ängste auslöste, daß sie schleunigst in ihre Arbeit zurückflüchteten. Auf meine Frage, ob er seinen freien Tag eingehalten habe, gab mir ein Pfarrer stolz zur Antwort: „Natürlich habe ich meinen freien Tag genommen und genossen. Endlich konnte ich mal all das aufarbeiten, was in den letzten Monaten liegengeblieben ist."

Es genügt natürlich nicht, die negativen Leistungsprinzipien umzuschreiben und sich bewußt für sein Leben zu entscheiden, in dem Leistung wichtig ist, aber nicht den tiefsten Wert des Menschen ausmacht. Man muß in *kleinen Schritten* versuchen, die neuen Lebenswege zu gehen und eine geordnete Selbstliebe unabhängig von Erfolg und Anerkennung einzuüben. Auf diesem Weg zum Leben können die Gleichnisse und Ereignisse der Heiligen Schrift Mut machen, einen befreienden und erlösenden Lebensstil zu erproben; z. B. das Gleichnis von den Arbeitern im Weinberg (Mt 20,1 ff.); vom Pharisäer und Zöllner (Lk 18,9 ff.); die Grundhaltungen von Maria und Martha (Lk 10,38 ff.) oder das Gleichnis vom verlorenen Sohn (Lk 15,11 ff.).

Hier kommt es nicht auf die eigenen Leistungen und Erfolge an, sondern gerade in der Schwäche, im Mißerfolg und Scheitern wird die Barmherzigkeit und Liebe Gottes wirksam. Man kann Gott nicht nach dem Leistungsprinzip, wie es oft in einem magischen Glauben geschieht, zwingen, für die eigenen guten Taten gnadenhafte Gegenleistungen zu bringen, die möglichst auch noch den eigenen Lebensvorstellungen entsprechen. Was wäre das für ein selbstgemachter Gott, der sich vor den Lebenswagen des Men-

schen spannen läßt? So absurd diese Vorstellungen klingen, im religiösen Alltag kommen sie häufig vor.
Aus den vorliegenden Lebensgeschichten wird weiter deutlich, daß vor allem die Ältesten einer Geschwisterreihe sich schon sehr früh durch überfordernde Leistungen (z. B. Haushalt, Kinder hüten, bei der Arbeit helfen, die kranke Mutter pflegen, die um den Tod des Vaters trauernde Mutter trösten, etc.) ihre Anerkennung und Lebensberechtigung verdienten. Sie mußten viel zu früh erwachsen sein, hatten keine spielerische, unbeschwerte Kindheit und sind oft emotional unterentwickelt. Sie versuchen, diese verpaßte Kindheit häufig in späteren Lebensphasen regressiv nachzuholen, was natürlich in diesem erwachsenen Lebensalter unangemessen und kindisch wirkt; sei es das Aussteigen, die zu jugendliche Kleidung, der Opa in der Disco, die pubertäre Aufmüpfigkeit und werthersche Verliebtheit, kurz das kindlich-egoistische Genießen ohne Rücksicht. Älteste Jungen flüchten vor dem zu frühen Leisten- und Verantworten-müssen ebenso oft in das gegenabhängige Nichtstun und Faulenzerleben, wie sie das leistungsbezogene Leben der Kindheit als Erwachsene fortführen. Älteste Mädchen bleiben offensichtlich mehr dem Leistungsprinzip treu. Sie setzen ihre Position als älteste Schwester erstaunlich oft in Ordensgemeinschaften, in Helfer-Berufen oder in caritativen Nebentätigkeiten fort. Sie haben viele Kinder, sind rastlos tätig für andere, verausgaben sich und fühlen sich nicht erst, wenn die Kräfte nachlassen, allein und – bei allen Beziehungen – letztlich einsam. So positiv ihre Tätigkeiten und Hilfen auch sind, in ihrem einseitigen und ausschließlichen Dasein für andere kommen sie nicht zu sich selbst, zu ihrem Leben. Es fehlt ihnen eine geordnete Selbstliebe, an der sich die maßlose Nächstenliebe orientieren könnte.

2.3.3 Du darfst nur leben, wenn du deine Gefühle unterdrückst

In allen Analysen unserer westlichen Industriegesellschaft kann man nachlesen, daß wir kopflastig leben, daß Intelligenz und Rationalität gefragt sind und Gefühle in die Privatsphäre gehören, die man tunlichst aus dem normalen Berufsleben herausläßt. Denn schließlich behindern die Gefühle Leistung und Erfolg. Wer vorankommen und Karriere machen will, kann sich „keine Gefühle leisten". Mit Recht weisen die unterschiedlichen esoterischen Strömungen auf dieses emotionale Defizit unserer Zeit hin, sie vergrößern aber damit gleichzeitig den Widerspruch im Leben des heutigen Menschen.

Die Diskrepanz zwischen Verstand und Gefühl, zwischen Kopf und Herz zeigt sich u. a. darin, daß immer weniger Menschen in der Lage sind, ihre realen Gefühle in einer Situation angemessen auszudrücken. Es gelingt ihnen kaum noch, ihre Gefühle wahrzunehmen und sie so in ihrem Leben zuzulassen und konstruktiv zu integrieren, daß die Emotionen das ganze Leben bereichern und nicht behindern. Wegen dieser allgemeinen „Gefühlsproblematik" und ihrer Verbannung in die Privatsphäre kommt gerade der individuellen emotionalen Erziehung eine besondere Bedeutung zu.

Aus dem bisher über die Ichwerdung des Menschen Gesagten wird deutlich, daß die Probleme mit der Gefühlswelt besonders in den ersten Lebensjahren entstehen, weil das Kind weder vor- noch nachgeburtlich zu einer bewußten Auseinandersetzung mit sich und der Umwelt in der Lage ist. Das Kind macht seine ersten prägenden Lebenserfahrungen auf der unbewußten Ebene der Gefühle – man könnte sagen; das Kind hat keine Gefühle, es lebt seine Gefühle, ohne im einzelnen differenzieren zu können; so vermag ein Kind z. B. nicht zu unterscheiden, ob die Mutter abwesend ist, weil sie im Krankenhaus liegt oder Ferien macht oder arbeitet: das Kind erlebt nur das Fehlen, das Wegsein der Mutter. Ähnliches gilt für das schon erwähnte endgültige Wegbleiben der Mutter oder des Vaters durch den Tod (Scheidung). Das Kind ist nicht imstande, solche tiefgreifenden Erlebnisse des Verlassenseins logisch einzuordnen, Motive zu verstehen oder Fakten zu begreifen. Die Mutter wird positiv oder negativ erlebt, je nachdem, ob sie die Bedürfnisse des Kindes erfüllt oder nicht. Das Kind reagiert mit entsprechenden Gefühlen von Lust, Freude und Befriedigung, wenn es z. B. die Nähe der Mutter spürt; es scheint zornig und wütend und wird traurig und ängstlich, wenn die Mutter weggeht.

Da das Kind in den ersten Jahren fast ausschließlich emotionalunbewußt lebt, kommt den Botschaften der Eltern über Gefühle eine besondere Bedeutung zu; prägen diese emotionalen Botschaften doch auch die Schlüsselposition und das grundlegende Lebensgefühl des Kleinkindes mit. Hier greifen manche Heilungsmethoden und Lebenshelfer zu kurz, wenn sie empfehlen, die Ängste einfach sein zu lassen, Wut herauszulassen und Trauer durch positive Gedanken zu vertreiben. So richtig diese Ratschläge in sich sein mögen, ohne Bezug und Bewältigung der emotionalen Vergangenheit, werden uns weiter unerklärliche Ängste überfallen, werden wir ins Leere hinein trauern und unsere Wut im Über-irgend-etwas-Schimpfen oder Alles-negativ-Kritisieren abreagieren, letztlich irrational, ohne Richtung und Ziel. Diese mit viel Energie betriebenen emotionalen Prozesse sind oft regressive, sinnlose Wiederholungen, an die wir uns resignierend gewöhnen, weil wir die Ursachen nicht kennen und nicht wissen, wovor wir eigentlich Angst haben, um wen wir trauern oder auf wen wir wütend sind. Auf diesem Hintergrund ist es bedenklich, wenn in den Lebensgeschichten christlich erzogener Menschen die Gefühle eine untergeordnete Rolle spielen. Obwohl doch der Glaube mehr mit dem Herzen und der inneren Mitte als mit dem Kopf und Verstand vollzogen wird, haben viele religiöse Menschen eine negative Einstellung zu ihren Gefühlen mitbekommen. Sie mußten ihre wahren Gefühle unterdrücken, um überleben zu können. Die oft über Generationen weitergegebene negative Einstellung zu Gefühlen, die das Kind im Leben der Eltern erfährt und ausdrücklich in Leit-Sätzen hört und aufnimmt, bewirkt zunächst eine durch Imitation gelernte Unterdrückung der Gefühle.

Eine negative Einstellung zu den Gefühlen lernt das Kind natürlich auch bei einem übertriebenen Ausleben und unangemessenen Umgang mit Gefühlen; wenn z. B. der jähzornige Vater seine Wut unberechenbar und unkontrolliert schlagend an Frau und Kindern ausläßt; wenn in der Familie zuviel geweint, gestritten, geschrien oder „besitzergreifend geliebt“ wird. Kurz gesagt, wenn die jeweiligen Gefühle destruktiv und übertrieben auf Kosten der anderen ausgelebt werden, verstärkt diese Erfahrung die Ablehnung und Verdrängung der Gefühle beim Kind. Es dauert oft viele Jahre, bis diese Betonmauer durch zunehmendes Vertrauen einen Riß bekommt und die Betroffenen wagen, zum ersten Mal ihr Herz zu spüren und Gefühle wahrzunehmen. Manchmal tauen Tränen die seit der Kindheit eingefrorenen Gefühle von Traurigkeit, Angst Zorn, Schuld und Liebe auf. Das so sehnlichst erwünschte Weinen ist nicht nur ein symbolischer Ausdruck einer inneren Öffnung, es kann eine Erlösung und Befreiung der bisher verschlossenen Gefühle bedeuten. Eltern, die selbst Probleme mit Gefühlen haben, vermitteln den Kindern schon sehr früh: Du darfst leben und bekommst Anerkennung und Belohnung, wenn du deine Gefühle unterdrückst bzw. nur *die* Gefühle nach außen zeigst, die uns gefallen, die „gut“ sind. Weil Kleinkinder auf die Zuwendung der Eltern absolut angewiesen sind, finden sie schnell heraus, welche emotionalen Äußerungen den Beifall der Eltern finden und welche mit Liebesentzug oder anderen Strafen bedacht werden.

Hier spielen neben den emotionalen Problemen der Eltern auch die „gefühllosen“ christlichen Erziehungsprinzipien eine Rolle, die z. B. die normalen Wut- und Trotzreaktionen des Kindes verdammen. Manche berichten in ihren Lebensgeschichten von unglaublichen Praktiken; wütende und trotzige Kinder sind vom Bösen besessen, der aus ihnen herausgeprügelt werden muß. Wie oft habe ich im Zusammenhang mit dem vierten Gebot den Satz gehört: „Die Hand, die sich gegen die Eltern erhebt, wird später aus dem Grab herauswachsen.“

In vielen Fällen bekämpfen Eltern in den Kindern auf diese Weise ihre eigenen unbewußten Schattenprobleme. Eine andere, ebenso schädliche wie weit verbreitete Maxime trägt auch zur Verdrängung von Gefühlen bei. Sie lautet: „Alle negativen Gefühle wie Wut, Haß, Antipathie etc. sind in sich schlecht; wenn sie auch nur entfernt auftauchen, muß ich sie möglichst schnell verdrängen, um nicht zu sündigen.“ Dazu ist folgendes zu sagen: Grundsätzlich ist ein Gefühl, das ich habe und wahrnehme, weder gut noch böse in sich selbst. Um das Gefühl einzuordnen und damit umgehen zu können, muß ich es bewußt anschauen, zulassen und überprüfen.

Erst wenn ich z. B. das Gefühl der Antipathie in eine Tat oder in Gedanken bewußt umsetze, beginnt diese Handlung gut oder schlecht zu werden. Das Gefühl in sich ist zunächst wertneutral und muß deshalb nicht verdrängt werden.

Der Psychotherapeut H. Böhringer nennt sieben Katastrophengefühle, die jeder Mensch verdrängt hat:

1. Angst (vor Trennung); 2. Schmerz (durch Ablehnung, Strafe, Liebesentzug); 3. Wut (Rachegefühle), 4. Erschrecken vor der eigenen (von der Mutter verachteten) Lust; 5. Verzweiflung (Entmutigung, Hoffnungslosigkeit); 6. Unfähigkeit zu sagen: „Hab mich lieb!"; 7. Haß gegen Gott (der mir ein solches Leben zumutet). Aus diesen Gefühlen ist das menschliche Herz mit aufgebaut, und je stärker sie verdrängt werden mußten, um so härter ist dieses Herz, weil der Mensch diese Gefühle im „Charakterpanzer" einfriert (zit. n. Jaschke 1987, 104). Häufig wird in diesem Zusammenhang der Operettenschlager zitiert: „Immer nur lächeln und immer vergnügt, immer zufrieden . . . doch wie's drinnen aussieht, geht niemand was an." Bei einer solchen Erziehung können schizoide Persönlichkeiten entstehen, die nicht im Kontakt mit ihren Emotionen sind (Müller 1987, 78 f.).

2.3.3.1 Angst- und Schuldgefühle

In diesem Zusammenhang wollen wir kurz auf die *Angst-* und *Schuldgefühle* eingehen, die in der Vergangenheits- und Lebensbewältigung eine nicht zu unterschätzende Rolle spielen. Dabei setzen wir voraus, daß Schuld nicht nur im Sinne der humanistischen Psychologie ein „technisches Versagen" ist, sondern daß es eine persönliche Schuld des Menschen Gott, dem Nächsten und sich selbst gegenüber gibt. Diese Schuld soll auch nicht verharmlost oder weggeredet werden, sondern die Frage ist, wie wir mit *dieser Schuld heilsam und konstruktiv* umgehen können. Es fällt oft schwer, die in sich verknäuelten echten und falschen Schuldgefühle voneinander zu *unterscheiden,* weil z. B. der Skrupulant hinter seinen vordergründigen, aktuellen Schuldgefühlen, die er wegen der Übertretung von im Grunde unwichtigen Geboten hat, die eigentliche Lebensschuld verbirgt. Die oft unerklärbare, existentielle Todesangst bzw. Höllenangst solcher Menschen bezieht sich also nicht so sehr auf die Nichterfüllung einzelner Gebote der

Eltern oder der Kirche, sondern auf die grundsätzliche Schuld, die eigene Lebens-Aufgabe nicht gelöst zu haben und als Lebens-Versager *nicht lebenswert*, sondern *todeswert* zu sein.

Die Betroffenen können sich nicht in die Hand Gottes fallen lassen, weil sie – oft entgegen ihren rationalen Gebeten und Glaubensbekenntnissen – im Innersten fürchten, daß Er sie genausowenig mit ihrem schuldigen und verpfuschten Leben auffängt und bejaht wie die Eltern. Schließlich hat Er ihnen diese Eltern und die ungünstigen Schlüsselpositionen ja letztlich eingebrockt und sie zumindest in der Kindheit alleingelassen. Solange diese Auseinandersetzung mit Gott nicht stattgefunden hat, kann eine ganzheitliche Heilung, die auch Gefühle und Herz miteinbezieht, kaum stattfinden. Denn neben dem verdrängten Haß bleibt ein Rest von Mißtrauen im Herzen, das Glauben im Sinne von Sich-Gott-Anvertrauen in der Tiefe verhindert. Solche Menschen singen die entsprechenden Lob- und Danklieder oft mit innerem Widerstreben, weil sie diese Kirchenlieder (z. B. „Wer nur den lieben Gott läßt walten“ oder „Lobe den Herren, der alles so herrlich regieret“) im tiefsten Herzen nicht nachvollziehen können. Sie übertragen auf Gott ihr Mißtrauen und die Haßgefühle gegen Mutter und Vater, die ihnen ja in der Kindheit eindrucksvoll vermittelt haben, daß sie um ihrer selbst willen nicht lebens- und liebenswert sind, daß sie sich ihr Leben erkaufen müssen. So ist bei ihnen der Beginn ihres Lebens ebenso ängstlich in Frage gestellt wie das glückliche Lebensende. Denn in ihrem Urmißtrauen unterstellen die Betroffenen Gott, daß Er ihnen das glückliche Leben, von dem sie damals träumten, vorenthalten hat und auch nicht geben will. Aus dieser Enttäuschung und den Erfahrungen der Kindheit, daß man sich das Leben durch Leistung und Gutsein verdienen muß, nimmt man sein Leben selbst in die Hand und versucht, unabhängig von Gott und den Menschen, sich durch eigene Anstrengung (moralisch gut sein und die Gesetze absolut befolgend) die Lebensberechtigung zu verschaffen. In diesem Versuch, letztlich sein eigener Herr (Gott) zu sein, überfordert man sich ständig.

Aus der Angst vor Schuld und der Strafe Gottes entwickelt sich oft die Lebensmaxime: „auf keinen Fall schuldig werden, damit man mir nichts vorwerfen kann." Da man die Unschuld am besten als unmündiges Kind erhalten kann, regredieren manche unbewußt in diese Altersstufe und verhalten sich wie ein Kind, das noch keine Verantwortung kennt.

Die Angst, sich eine Blöße zu geben, zu versagen, sündig und schuldig zu werden, treibt andere Menschen wieder in den Zwang, alles perfekt machen zu müssen, oft bis zum Unschuldswahn (Waschzwang). Da man diesen hohen Maßstäben des Ich-Ideals nie gerecht werden kann, beginnt ein Teufelskreis von Überforderung, Versagen und Schuldgefühlen, der langsam als Wiederholung der Schlüsselposition „ich bin nicht lebens- und liebenswert" für endgültig gehalten wird.

Da diese verinnerlichten Elternbotschaften auf Gott (Richter-, Buchhaltergott) übertragen werden, gestaltet sich das Leben als eine Sisyphusarbeit, die alle Kräfte fordert, sie aber gleichzeitig sinnlos vergeudet. Die Gesetze werden nicht mehr als Wegweiser und Lebenshilfe benutzt, sondern sie verselbständigen sich in ihrer Absolutheit als Über-Ich oder „falsches Gewissen", das den Menschen anklagt, für schuldig erklärt und als lebensuntauglich verurteilt. Und so wird allmählich das mögliche, aber nicht gelebte Leben zur größten Schuld.

Eine Heilung und Befreiung setzt in diesen Fällen eine *Umkehr (Metanoia)* zu der bisher verdrängten Vergangenheit und ihren im Jetzt wiederholten, lebensbedrohenden Schlüsselerfahrungen und -verletzungen voraus. Natürlich wird in dieser Auseinandersetzung mit den ersten Lebensjahren auch das bisher geführte sinnlose Scheinleben sichtbar. Diese Einsicht löst oft große Ängste aus, die letztlich nur im Glauben an die Vergebung und Erlösung in Jesus Christus durchgestanden und hingenommen werden können. Denn „hier kommt jede Psychotherapie an eine unüberschreitbare Grenze. Wenn sie den Hilfesuchenden zur Erkenntnis seiner Lebensschuld begleitet hat, kann sie ihn nicht mit billigem Trost abspeisen. Jedes menschliche Verstehen kann nicht das Vergebungswort ersetzen, das nur von Gott her kommen kann ..."

Der Christ glaubt, „daß Jesus Christus das lebendige Vergebungswort Gottes für jeden Menschen ist, weil er stellvertretend die

Schuld auf sich nahm, die den Menschen von Gott, vom Leben trennte" (Jaschke, 1987, 135).

Wie oft durfte ich erleben, daß Menschen, die sich gläubig auf diesen Prozeß der Umkehr eingelassen haben, über die beraterische Hilfe hinaus die Vergebung und Liebe des barmherzigen Gottes im Sakrament der Buße befreiend erfahren konnten. Damit sind nicht alle Ängste, Schuldgefühle und das Urmißtrauen wie mit einem Schlag verschwunden. Die Versuchung zur Wiederholung der negativen Grundgefühle bleibt lebenslang bestehen. Aber in der bewußten Annahme der durch Lebensangst und Schuld geprägten Vergangenheit von seiten des Menschen sowie der gnadenhaften Vergebung und Heilung von seiten Gottes entsteht eine positive Lebenskraft, die von den Zweifeln und Ängsten berührt, aber nicht mehr zerstört wird. So gesehen kann die Angst zu einer Lebenskraft werden und zur Wandlung und Befreiung des eigenen Lebens führen.

Entscheidend ist in diesem Heilungsprozeß, daß wir uns zuerst auf die Angst einlassen, ihr bis in die vor- und nachgeburtlichen Wurzeln unserer Schlüsselpositionen bewußt nachgehen, und sie so verstehen lernen. Dieser erste Schritt hat mir persönlich geholfen, meine gelegentlichen Angstträume und Ängstlichkeiten zu begreifen, die in die pränatale Zeit zurückreichen. Vor Jahren fand ich in einem Gespräch mit meiner Mutter eine Lösung, die mir sofort einleuchtete. Im vierten Monat meines Lebens mußte sich meine Mutter einer in den 30er Jahren noch sehr gefährlichen zweiten Gallenoperation unterziehen. Auf die Frage nach meinen Überlebenschancen im Mutterschoß antwortete der Chirurg: „Eins zu tausend". Von diesem pränatalen Erlebnis her werden für mich meine gelegentlichen Lebensängste ebenso verständlich wie mein großes Interesse für Leben und Tod sowie meine tiefe Dankbarkeit, daß ich leben darf.

Wie aber kann man aus der Schuldangst befreit werden? Menschen, die im Teufelskreis der Ängste und Schuld gefangen sind, stehen gefühlsmäßig im Bannkreis der „Elterngötter", d.h. sie wiederholen die Schlüsselgefühle und haben noch nicht zu einer persönlichen Lebensunterscheidung und Identität gefunden. Sie fühlen sich den Schuldängsten ausgeliefert wie damals als Kind. Deshalb muß jeder Appell an den eigenen Willen („reiß dich zusammen") vergeblich sein; ja jene gewaltsamen willentlichen Versuche, gegen die Angst anzukämpfen verstärken die Verstrickung und führen tiefer hinein. Die Heilung aus pastoraltherapeutischer Sicht kann bei einem religiösen Menschen letztlich nur so geschehen: „Ich muß in die Angst bewußt hineingehen und mich nicht mit Händen und Füßen dagegen sträuben. Dann versuche ich die Ängste und die Schuld dem Erbarmen Gottes zu überlassen und die Todesangst klagend und jammernd vor Ihn hinzutragen und sie Ihm im Glauben auf Jesus anzuvertrauen, der auch meine Ängste durchlitten und durch die Todesangst ins Leben der Auferstehung durchgetragen hat" (Mk 14,34), (Jaschke 1987, 104 f., Linn 1984, 233 ff.).

„Nicht, daß wir die Angst unterdrücken sollten hinter einem fröhlichen Gesicht.
Nicht, daß wir der Angst zu widerstehen hätten mit allen Kräften.
Nicht, daß wir uns die Angst wegdenken und sie bezwingen sollten mit ständig angespanntem Willen.
Die Angst gehört zu uns. Sie ist kein Feind, sondern ein Gast, den wir aufnehmen in dem Glauben, daß der Hausherr stärker ist als er. Ein Gast, der wieder geht. Den wir entlassen, wenn er wieder gehen will" (Zink 1981, 230; Walter 1987).

2.3.3.2 Aggression, Wut- und Haßgefühle

Aggression, Wut und Haß, diese Gefühle werden neben der Schuld von religiösen Menschen offensichtlich am meisten verdrängt. Sie sind bei der Mehrzahl emotional negativ besetzt und werden unter Verschluß gehalten. Dabei hat das Wort Aggression (von aggredi = vorausgehen, auf jemand zugehen) ursprünglich eine positive Bedeutung: Fortschritt, Zugehen, Zuwendung. Erst die unangemessenen, unkontrollierten Aggressionen setzen negative Kräfte frei, verletzen und zerstören. Aggressionen können wichtige, dynamische Schritte ins Leben, in die Zukunft sein. Unter der Bedingung, daß sie konstruktiv und gezielt eingesetzt werden, sind sie wertvolle Lebenskräfte, die den Menschen voranbringen.

Nun leben wir in einer Welt, wo negative Aggressionen, Wut und Haß und in ihrem Gefolge Brutalität, Grausamkeit und Gewalt die Lebensszene beherrschen. Dabei denke ich nicht nur an die paradoxe Situation, daß Waffenarsenale und Aufrüstung seit Jahrzehnten den Frieden sichern, oder an die millionenfache Tötung menschlichen Lebens, an den todbringenden Haß in den vielen Kleinkriegen der Gegenwart, an die Gewalt und die Verletzung der Menschenrechte in aller Welt etc. Vielmehr erinnere ich an die vielen Zeichen von destruktiver Aggression und von Haß in unserer Mikrowelt, wo wir zwar von Friede und Liebe sehnsüchtig träumen und sprechen, aber in Berufs-, Schul- und Freizeitwelt und auch im religiösen Alltag oft rücksichtslos und brutal miteinander umgehen. Polizeiakten und Gerichtsprotokolle legen – bei großen Dunkelziffern – von der Brutalität und Gewalt in unserer Gesellschaft ein beredtes Zeugnis ab.

Die Medien werden nicht müde, einseitig zu berichten, wie gerade die Gefühle von Wut und Haß auch in die Privatsphäre eingedrungen sind und die Beziehungen in Ehe und Familie, zwischen Mann und Frau, Eltern und Kindern, Alten und Jungen zerstören. In einer neueren Umfrage unter zehnjährigen Kindern, wie Menschen heute sterben, antworteten 78% der Kinder: „durch Erschießen!" (dpa Februar 1988).

Ein ähnliches Bild findet sich in den uns vorliegenden Lebensgeschichten religiös erzogener Menschen wieder: Gibt es eine intensivere und abschreckendere Erfahrung von Haß und negativen Aggressionen als die *lebensverneinende Schlüsselbotschaft* der Mutter/des Vaters: Du bist eigentlich nicht gewollt! Du bist nicht lebens- und nicht liebenswert! Du darfst nur unter von uns bestimmten Bedingungen leben!? Diese lebensverneinenden Elternbotschaften wirken in ihrer Brutalität und vernichtenden Gewalt um so bedrohlicher, als das Kind den „Elterngöttern" hilflos ausgeliefert ist und ihre Zuwendung und Bejahung zum Überleben notwendig braucht. Sind die Prügel- und Mißhandlungsszenen der frühen Kindheit nicht Wiederholungen dieser pränatalen Schlüsselszene der Verweigerung von Leben und Liebe bzw. der Erfahrung von Abneigung und Haß? Und doch reißen die wiederholten

Mißhandlungen und körperlich-seelischen Schläge die alte Lebenswunde bis an die Grenze des Verblutens auf.
L. de Mause schreibt in ihrem Buch über die Geschichte der Kindheit: „Zu den Instrumenten, mit denen geschlagen wurde, gehörten Peitschen der verschiedensten Art, darunter Klopfpeitsche, Schaufeln, Stöcke, Rohrstöcke, Eisen, Holzstangen, Rutenbündel ... Die in den Quellen geschilderten Schläge waren im allgemeinen schwer, führten zu Blutergüssen und Blutungen, begannen früh und bildeten einen regelmäßigen Bestandteil des Lebens von Kindern. Jahrhundert um Jahrhundert wuchsen geschlagene Kinder heran, die wiederum ihre eigenen Kinder schlugen ... (de Mause 1979, 67 f.).
Aber sind *seelische Grausamkeiten* und Verdemütigungen nicht noch schlimmer? Wozu das Böse einen „guten Familienvater" treiben kann, der jeden Sonntag mit seiner Familie das Hochamt besucht, ist kaum zu beschreiben: Er uriniert auf die achtjährige Tochter, nachdem er sie im Suff mißbraucht hat. Oder der Vater von Pfarrer Y., der seinen weichlichen und anfälligen Sohn nie angenommen hat und ihn als „stinkende Drecksau" im buchstäblichen Sinne „bescheißt" und im Schweinestall schlafen läßt, damit er seinen Namen auch verdient. Erst als Priestersohn erhielt Y. die Anerkennung seines Vaters, eine Motivation, die ihm erst später bewußt wurde und nach einer Zeit der Auflehnung und des Zornes positiv aufgearbeitet werden konnte.
Da das Kleinkind auf Mutter und Vater absolut angewiesen ist, kann es diese Wut nicht äußern und sich an den bösen Eltern nicht rächen; denn das könnte lebensbedrohende Folgen haben. Im späteren Kindesalter wird diese Rache und Vergeltung in der Phantasie ausgelebt, in der man vor allem den andersgeschlechtlichen Elternteil z. B. als Riese oder Raubtier besiegt und tötet. Manchmal wird auch Gott und seine Allmacht in diese Vergeltungsphantasien miteinbezogen: „Wenn ich mal groß bin ...", „Wenn ich mal im Himmel bin ..." oder direkt in Gebetsform: „Gott, bestrafe meine bösen Eltern, mache den Arm von Papa steif, mache ihn krank, damit er mich nicht schlagen kann."
Dieses von den Eltern erfahrene Überlebensmodell „Unterdrücke

und beherrsche andere, damit du oben bist und überlebst" wird zwar aus der eigenen schmerzhaften Erfahrung abgelehnt, aber oft genug im Erwachsenenalter an den eigenen Kindern und „Untergebenen" reaktiviert. Die Betroffenen wiederholen entweder die angepaßte Schlüsselposition des abgelehnten Kindes, das seine Wut- und Haßgefühle unterdrücken muß und als „liebes Kind" überlebt, oder sie wiederholen die Rolle der mächtigen Eltern, die ihre vernichtende Wut an den Schwächeren auslassen. Beides sind Formen negativ und destruktiv gelebter Aggressionen. Hinzu kommt eine schon erwähnte moralische Komponente, die zur Verdrängung von Wut und Haß führt: Gefühle in sich und speziell Haß sind schlecht. Ein guter Christ, ein christlich erzogenes Kind darf keine Wut- und keine Haßgefühle haben und noch viel weniger zeigen; erst recht nicht gegen die Eltern, denen ein Kind doch alles verdankt, die es lieben und ehren soll. Und um kein böses Kind zu sein – böse Kinder sind nichtgeliebte Kinder –, und um nicht von Gott bestraft zu werden, verdrängt das Kind frühzeitig seine Aggressionen gegen die Eltern und überhaupt gegen andere Menschen. Was zunächst wie eine Entlastung aussieht, entpuppt sich schon bald als große lebensbehindernde Belastung. Denn die verdrängten Aggressionen existieren im Menschen weiter und suchen ein passendes Objekt. Und wer wäre für Wut und Ärger geeigneter als derjenige, der diese aggressiven Gefühle verdrängt, weil er doch *nicht liebenswert,* also letztlich *unwert* ist. Menschen mit solch negativen Schlüsselpositionen haben sich schon fast daran gewöhnt, daß die Eltern sie abweisen, ihren Ärger und ihre Wut an ihnen auslassen. Was liegt näher, als daß sie sich in ihre Schlüsselposition „ich habe Ablehnung, Ärger, Wut verdient, weil ich nicht lebens- und liebenswert bin" hineinbegeben und *ihre Aggressionen gegen sich selbst richten?* Sie finden in ihrem überfordernden Perfektionismus und dem dazugehörenden schwachen Selbstwertgefühl immer neue Gründe, wütend auf sich selbst zu sein: weil sie dem „*Idealbild*" nicht entsprechen, weil sie sich etwas schuldig geblieben sind, weil sie sich einfach „gehen ließen" und nicht beherrscht haben etc. Die negativen Elternbotschaften sind so sehr verinnerlicht und angeeignet, daß der Haß, der ursprünglich den Erzeugern galt, die das gezeugte Leben nicht wollten und ablehnten, daß diese Aggressionen gegen die „bösen Eltern" verdrängt und gegen sich selbst gerichtet werden. Damit wird die negative Schlüsselposition besiegelt und eine Auseinandersetzung mit den Eltern bzw. eine Vergangenheitsbewältigung fast unmöglich gemacht. „Denn Vater und Mutter muß ich doch ehren. Und der Ärger und die Wut auf Gott, der mir dieses schlimme Leben eingebrockt hat, der an allem Unrecht schuld ist, davon darf Er gar nichts wissen. Diese Wut darf gar nicht da sein, weil ich sonst meinen letzten Lebenshalt verlieren würde." Hier entstehen die vielen Märchen von einer glücklichen Kindheit mit einem „lieben Gott" bei „Hänseln und Greteln", die die Hexe eigentlich verbrennen möchten.

Ein bei Priestern nicht selten beschriebener Aggressionshemmer ist „die Angst, mich nicht mehr beherrschen zu können, wenn ich die Wut gegen die Mutter herauslasse"; „ich habe Angst, sie umzubringen, wenn sie mich mal wieder zur Weißglut gebracht hat." Wie oft habe ich bei einer gestellten „Probe-Auseinandersetzung" (Rollenspiel) mit der Mutter erlebt, daß die Betroffenen nicht in der Lage waren, ihre in Worte gefaßte Wut in Fäuste gegen eine starke, auf dem Stuhl stehende, oder eine kranke, unten liegende Mutter umzusetzen. Die Fäuste gingen schnell in schlaffe, hängende Arme und Hände über, besonders, wenn ein schwacher oder kranker Vater diese resignative, autoaggressive Verhaltensweise dem Kind vorgelebt hatte.

Ein schlimmes Beispiel für nicht aufgearbeitete Haß- und Wutgefühle ist Frau A., die ihren Vater, der sie als Kind mißbraucht und zur Abtreibung gezwungen hatte, auf dem Sterbebett verbluten ließ; oder ein Priester, der seine gehaßte Mutter in der Todesstunde „allein verröcheln" ließ und sich seitdem, trotz der Beichte, von Schuldgefühlen nicht befreien kann.

Dabei ist es in der Regel einfacher, sich mit einer mächtigen, auf dem Podest stehenden Mutter wütend auseinanderzusetzen, als mit einer ohnmächtig am Boden liegenden Gestalt, wo jede versuchte Aggression wie ein Sakrileg erscheint.

Noch schwieriger gestaltet sich auf diesem religiösen Erziehungshintergrund die *aggressive Auseinandersetzung mit Gott.* Hier ist die Hemmung in leiblich-geistlichen Übungen noch sichtbarer. Instinktiv empfand die Mehrzahl der etwa 2000 Menschen, mit denen ich bisher versuchte, ihre Gottesbeziehung zu klären, die erhobenen Fäuste als Todsünde. Sie hatten die Erwartung, „zur Strafe vom Blitz getroffen zu werden", „auf der Stelle tot umzufallen". Allerdings habe ich oft erlebt, daß unbewußt eine Hand unter dem Kleid oder in der Tasche oder hinter dem Rücken bei der Darstellung der Gottesbeziehung als Faust geballt war. Sobald ich darauf aufmerksam machte, folgte dem Erschrecken sofort das Öffnen der Hand und entsprechende Schuldgefühle, die in der Reflexion als unberechtigt entlarvt wurden. Welch kleinliches und verzerrtes Gottesbild ist hier an Hand der Elternfiguren unbewußt entstanden? Darf man Ihm nicht einmal die kleinen Fäuste und Aggressionsgefühle zumuten?

In diesen Fällen kann das Buch Ijob, die Geschichte der wütenden Martha (Lk 10,38 ff.) oder das Gleichnis vom verlorenen Sohn Hilfe und Ermutigung sein, sich Gott auch mit den negativen Wut- und Haßgefühlen anzuvertrauen, ihm nichts vorzuenthalten. Nur was angesehen und offenbar ist, kann geheilt werden (Hieronymus).

Viele beginnen erst dann, sich mit ihren ängstlich eingeschlossenen Wut- und Haßgefühlen auseinanderzusetzen, wenn sie erkennen: *Ich lasse meine verdrängten Aggressionen unkontrolliert und unangemessen an „Unschuldigen" aus.* Ich bestrafe meine Kinder, meinen Ehepartner, meine Schüler, meine Mitschwestern, meine Untergebenen für das Böse in mir, d. h. vor allem meine aggressiven und sexuellen Triebregungen. Denn diese Gefühle stellen die vom tyrannischen Über-Ich, im Namen des Gesetzes (Eltern, Moral, Religion) geforderten moralischen Werte in Frage. Nur wer nach diesen Normen handelt, ist gut und wertvoll, verdient zu leben. Wer sich gegen diese Gesetze verfehlt, muß bestraft werden, damit die Ordnung durch die Züchtigung wiederhergestellt wird.

Jaschke weist darauf hin, daß durch die Bestrafung des eigenen Bösen, z. B. in den Kindern, psychoanalytisch die sadistische

Komponente der Sexuallust aggressiv unter dem Deckmantel der Erziehung ausgelebt wird (Entblößen intimer Körperpartien). Diese projektive Problemlösung wird durch den *„armen Schlukker-Typ“* ergänzt – der u. a. aus religiösen Gründen – die Wut und den Ärger solange herunterschluckt, bis sie sich psychosomatisch Ausdruck verschaffen: Migräne, Herzschmerzen, Gastritis, Asthma, hoher Blutdruck, Gallen- und Nierensteine, Hautkrankheiten u. a. m. können Symptome für unterdrückte Wut sein. Diese verdrängte Wut führt darüber hinaus oft zu Depressionen und zu Formen der Selbstzerstörung – vom Alkoholismus über die Freßsucht, Tablettensucht bis hin zum Suizidversuch. Hier sei wenigstens kurz auf die Gefahr der *negativen Aszese* und der *falsch verstandenen Demut* hingewiesen, die oft rationalisierend zur Begründung eines solch destruktiven Verhaltens herangezogen werden. Versteckte Aggressionen können sich in sublimer Form z. B. in steter Unruhe, schnellem Reden, verbissenem Schweigen, ungeduldigem Zuhören, Aktivismus, Unzufriedenheit, ständiger Kritik, keine Zeit haben ebenso zeigen wie im Bettnässen des Kindes, im gezwungenen Lächeln einer Schwester oder im braven Verhalten eines „lieben Menschen“, der es allen recht machen will. Menschen ohne Wut gibt es ebensowenig wie Menschen ohne Ängste oder ohne Gefühle. Es stimmt etwas nicht, wenn ich niemals wütend bin. Die Verdrängung von Aggressionen und Wut ist ungesund und kann für uns und andere zerstörerisch sein. Die aus der tiefsten seelischen Verletzung durch die Eltern entstandenen Wut- und Haßgefühle sind eine ebenso normale Reaktion wie die Schmerzempfindung bei körperlicher Verwundung. Der bewußte Zugang zu unseren Wut- und Haßgefühlen ist immer heilsam, weil wir dadurch mit unseren tiefsten negativen Schlüsselerfahrungen in Berührung kommen. Wie wir mit diesen Gefühlen umgehen, kann entweder lebensbehindernd (verdrängen, projektiv ausleben) wirken oder uns in einer bewußten Auseinandersetzung mit den Ursachen unserer „Lebenswut“ befreien und helfen, im Leben weiterzugehen (Aggression) (Linn 1984, 124). Der religiöse Mensch sollte wie Ijob Gott in diese wütende Auseinandersetzung miteinbeziehen und Ihm die Fäuste solange zumuten, wie er Groll in seinem Herzen spürt. Dann werden sich die Fäuste allmählich öffnen und sich als vergebende und versöhnliche Hände den Eltern und Gott entgegenstrecken.

2.3.3.3 Nähe – Distanz – Beziehung

Menschen mit der Elternbotschaft „Du darfst leben, wenn du deine Gefühle unterdrückst", haben verständlicherweise Probleme mit *Nähe und Distanz* sowie mit *Beziehungen* überhaupt. Denn diese elementaren Lebensäußerungen vollziehen sich ja gerade im verdrängten, emotionalen Bereich. Die meisten der vorliegenden Lebensgeschichten berichten von einer mehr distanzierten, kalten, gespannten, kühlen aber wohlwollenden, solidarischen, treuen, verläßlichen, herzlosen, guten, dauerhaften „Liebes"-Beziehung ihrer Eltern, wobei körperliche Ausdrucksformen wie zärtliche Umarmung, Liebkosen, Küssen sehr selten erinnert werden.
Besser als über Worte, Phantasien und Bilder kommt man durch das spontane, *leibliche Gestalten* der Elternbeziehung an die oft durch Scham und Verletzung geschützte Intimzone heran. Der Betreffende wählt unter den Gruppenmitgliedern einen Vater/eine Mutter (eventuell auch Großeltern) aus und gestaltet gleichsam als Bildhauer in einer lebenden Skulptur deren Beziehung, wie er sie als Kind erlebt hat. Fehlt zunächst die Erinnerung an die Kindheit, kann man auch von der Jetzt-Situation ausgehen. In der leiblichen Gestaltung der Beziehung wird z. B. viel differenzierter erfahrbar, was die Beschreibung „*kühle aber wohlwollende Beziehung*" aussagt. Bei dem einen bedeuten diese Worte „Vater und Mutter stehen halbzugewandt nebeneinander und fassen sich locker an der Hand". Ein anderer stellt unter demselben Motto Vater und Mutter etwa einen Meter voneinander entfernt dar, halbzugewandt; mit einer ausgestreckten Hand die Mutter, halbabgewandt, mit seinem Beruf beschäftigt den Vater. Eine andere Beziehungsskulptur mit den gleichen Worten „kühl – aber wohlwollend": Mutter sitzend, den Kopf gesenkt in eine Hand gestützt, mit der anderen die Kinder umfassend, den Blick auf die Tür gerichtet; Vater auf der Schwelle hinausgehend, wohlwollend zurückschauend. Eine weitere Version derselben Worte: Vater steht auf einem Stuhl,

schaut über die Mutter hinweg – und gibt mit der rechten ausgestreckten Hand Anweisungen; Mutter steht auf dem Boden daneben, streckt die linke Hand nach ihm aus ohne Berührung, schaut zu ihm auf und gibt mit derselben Arm- und Handgestik die Anweisungen des Vaters an die Kinder weiter. Es gibt noch ein Dutzend anderer Beziehungsskulpturen mit demselben Motto „kühl – wohlwollend“. Z. B. Vater und Mutter sitzen steif nebeneinander auf Stühlen und schauen stolz auf die Kinder (Familienfoto etc.).

Im ganzen ist es für mich immer wieder erstaunlich, aus welch *distanzierten* Ehebeziehungen viele Priester und Ordensleute stammen, wieviel Kälte und Herzlosigkeit sich oft hinter der Fassade einer gut katholischen Ehe verbergen. Den Kindern hat sich diese vorgelebte distanzierte Beziehung auch eingeprägt als Beziehungsmuster für Mann und Frau in der Ehe.

Viele zölibatär Lebende haben unbewußt die Konsequenz gezogen und durch Nicht-Heiraten ein solch distanziertes und mehr von Pflicht als Liebe geprägtes Eheleben vermeiden wollen, obwohl sie es auf andere Weise, oft gegenabhängig wiederholen; sie leben genauso einsam und alleingelassen wie die Eltern in der Zweierbeziehung. Andere versuchen die Distanz dadurch zu überwinden, indem sie schnell intime Nähe suchen, die sie schon bald nicht mehr aushalten und oft gewaltsam lösen, um wieder in ihre distanzierte Schlüsselposition des „Alleingelassens“ zurückzukehren. Hier fehlen die kleinen, vorsichtigen und vertrauensvollen Schritte, in denen eine gute Beziehung langsam heranwächst. Diese *kleinen Schritte zu einer positiven, nahen Beziehung* kann man aber erst machen, wenn man die Beziehungsproblematik der Vergangenheit wahrgenommen und aufgearbeitet hat. Sonst arrangiert man unbewußt alle Beziehungen so „gleich-gültig“, daß sie alle gleich nah, d. h. egal und distanziert sind. Frage ich solche Menschen in einer Gruppe: „Wer ist Ihnen am sympathischsten, wer am nächsten?“ antworten sie spontan: „Alle sind mir gleich lieb.“ Sie legen sich in ihrem Urmißtrauen nicht fest, aus Angst, von den anderen verlassen zu werden. Aber gerade das „alle gleich-gültig“ bringt sie wieder in die distanzierte Außenseiterposition.

Ein anderes und doch ähnliches Beziehungsmuster wird unbewußt wiederholt, wenn sich Menschen mit einer Kindheit ohne viel Zuwendung und Liebe-um-ihrer-selbst-willen der riesengroßen, ungestillten Sehnsucht ihres Herzens überlassen und diese nicht-gelebte Kindheit bei einem Menschen nachholen wollen. In der Rekonstruktion der Beziehungsmuster steht der Betroffene beim Darstellen mit weit geöffneten Armen voller Hoffnungen und Erwartungen liebeshungrig vor dem anderen „Opfer", das meist in einer ähnlichen Lebenslage ist. Er oder sie erwartet in einer Art Lebensgier tiefstes Verstehen, Befreiung von inneren Qualen, Erfüllung der Sehnsucht nach Nähe und Liebe, eigentlich grenzenlos alles vom anderen, sei es in einer Ehe oder Freundschaft. Die leibliche Gestalt entwickelt sich in der Skulptur von den weit offenen Armen in eine enge Umarmung, die schon bald als Umklammerung empfunden wird. Diese *Paaridentität* behindert aber die individuelle Entwicklung und ist oft die „wiederholte Klammermutter", aus deren Umarmung man gerade geflohen ist. Der Blickkontakt, ein wesentliches Element der Beziehung, ist nicht vorhanden; die Augen sind geschlossen oder schauen über die Schultern des anderen hinweg, wohin? In die Ferne, auf das nächste Opfer, auf Gott? Wenn in dieser Umarmung einer der beiden Fortschritte machen will, geht es nur, wenn der andere Rückschritte macht ... Diese Beziehung engt ein und hindert das Leben. Die ideale Beziehungsgestalt entsteht, wenn beide sich freilassen, mit einem Arm um die Schulter oder die Mitte, die Nähe des anderen spüren; aber der Körper, der Blick sind frei für ein gemeinsames Ziel und der zweite Arm ist frei für anderes, für Beruf, andere Menschen und auch für den Partner. Nur eine solch offene, dynamische Beziehung kann dauerhaft sein, weil sie genügend Nähe und Liebe spüren läßt, ohne besitzergreifend zu klammern, und damit den anderen gleichzeitig freigibt für andere. In der gemeinsamen Ausrichtung mit Blick und Körper wird Gott als gemeinsames Lebensziel in die Beziehung hineingenommen und die gegenseitige Liebe auf ihn und seine Liebe hin bezogen. Auf diese Weise ist die Basis für einen stimmigen Dreiklang von Gottes-, Nächsten- und Selbstliebe gegeben.

In der engen Umarmung ist der andere „mein Ein und Alles", d. h. letztlich mein Besitz und mein Götze, der auch zwischen mir und Gott steht. Gerade Menschen mit distanzierter, liebe-loser Kindheit sind in Gefahr, alles für diesen Traum einer ganz erfüllten Sehnsucht nach Lebensnähe und Liebe zu opfern, selbst Beruf, Familie, Priestertum, Ordensberuf, Sicherheiten. Und doch muß dieser Beziehungstraum an der Wirklichkeit scheitern, weil eben die Urwünsche nicht auf dieser Welt und erst recht nicht von *einem* Menschen erfüllt werden können. Und wie oft verwandelt dann die Enttäuschung die ersehnte Liebe, Nähe und Geborgenheit in Eifersucht, Haß und verbitterte Einsamkeit, auch vor Gott, dem man letztlich sein Leben vorwirft.

Für die Lösung der Nähe-, Distanz- und Beziehungsproblematik ist – wie bereits gesagt – die *symbiotische Beziehung mit der Mutter* von entscheidender Bedeutung. Wenn die in unserem Fall distanzierte oder zu enge symbiotische Beziehung zwischen Mutter und Kind nicht bewußt aufgearbeitet wird, besteht die Gefahr einer ständigen Übertragung und abhängigen bzw. gegenabhängigen Wiederholung dieser Mutter-Kind-Beziehung im aktuellen Leben. Die Loslösung aus der Symbiose und die Abgrenzung gegenüber der Mutter – sei sie zu distanziert oder zu nahe gewesen – ist nicht nur ein notwendiger Schritt auf die eigene Persönlichkeit zu, sondern befähigt den einzelnen erst, konstruktive neue Beziehungen vertrauensvoll einzugehen. Funke weist darauf hin, daß dieses Urthema von Trennung und Bindung z. B. auch in den Exodusgeschichten des AT und in den Berufungsgeschichten zur Nachfolge Jesu gegenwärtig ist (Funke 1986).

Nicht selten habe ich Menschen mit einer „distanzierten und lieblosen Kindheit" kennengelernt, die nach einer oft schmerzlichen Aufarbeitung und Annahme ihrer defizitären Vergangenheit gerade diesen Mangel in ein Talent verwandelten, mit dem sie anderen helfen konnten. Einerseits war es ihnen möglich aus ihrer eingeschränkten Schlüsselposition isolierte, ängstliche und verlassene Menschen gut zu verstehen und ihnen an Hand der eigenen Erfahrung zu helfen, vom Überleben zum Leben zu kommen. Andererseits konnten sie ihr Herz und ihr Leben mit wachsendem Vertrauen oft leichter Gott und vielen Menschen überlassen, weil sie es nur schwer an *einen* Menschen – wegen ihrer Angst vor Nähe und Bindung – verschenken konnten.

2.3.3.4 *Leiblichkeit und Sexualität*

Zum Thema *Sexualität* und *Leiblichkeit* haben wir wesentliche Punkte (aus den Lebensgeschichten) bereits im vierten Kapitel besprochen, so daß wir uns hier kurz fassen und auf die Fragestellungen beschränken können. Auffallend ist, daß in christlichen Familien das Thema Sexualität durchgehend tabuisiert wird und emotional meist negativ besetzt ist. Die Aufklärung erfolgt ungeschickt-ängstlich oder gar nicht von seiten der Eltern, um so zotenhafter und brutaler von der „Straße". W. Bartholomäus gibt in seinem Buch „Glut der Begierde" (Bartholomäus 1987; vgl. Bernt 1983) einen guten Überblick über die Sexualmoral in der christlichen Tradition bis heute mit den entsprechenden Elternbotschaften und pädagogischen Implikationen. Da im sexuellen Bereich oft sehr negative Schlüsselerfahrungen vorliegen, ist gerade beim Wahrnehmen der Vergangenheit viel Offenheit und Mut nötig. Hinzu kommt, daß christliches Wohlverhalten und das Gute und Böse oft einseitig an der beherrschten Sexualität gemessen wurde, so daß eine Selbstbefriedigung von vornherein eine Todsünde und der Geschlechtsverkehr in der Ehe in einer Beichte bereinigt werden mußte, bevor man zur Kommunion ging. Trotz aller offiziellen kirchlichen Äußerungen, daß Sexualität zum ganzen Menschen gehört und in sich etwas Positives ist, haben auch heute noch viele Christen Angst vor der Sexualität, die sie mit Geboten und Verboten zu bewältigen suchen, was verständlicherweise nicht gelingt: Die Unfähigkeit zur sexuellen Liebe (Impotenz, Frigidität) geht oft auf diese, in der Kindheit entstandenen Ängste zurück, wenn das harmlose Entdecken des eigenen Körpers oder das neugierige Schauen beim Doktorspielen von hilflosen Eltern grausam bestraft oder im Namen Gottes verdammt wurde.

Natürlich reicht die aus der Angst vor Sexualität geborene Motivation zum ehe-losen Leben nicht aus, um in die Nachfolge Jesu einzutreten. Sie führt früher oder später in eine notwendige Berufungskrise, in der das „Ja" geläutert und vertieft werden kann. Allerdings geht dies normalerweise nicht, ohne daß die eigene leiblich-sexuelle Vergangenheit offengelegt und in die Berufungsgeschichte eingeordnet wird. Wie oft hat Gott hier schon auf krummen Zeilen gerade geschrieben!

Beim *Aufarbeiten der eigenen Sexualität* ist es letztlich entscheidend, daß diese – der christlichen Tradition folgend – in die Trias „Eros-Philia-Agape" eingeordnet und als Sprache der Liebe verstanden und gelebt wird. Voraussetzung ist allerdings, daß die bisherigen „partes inhonestae", d. h. die unehrenhaften Teile des Körpers (praktisch identisch mit den primären und sekundären Geschlechtsmerkmalen Penis, Vagina, Brüste, Unterleib), rehabilitiert und zu „partes honestae", d. h. ehrenhaften Körperteilen erhoben werden. Weiter müßten solche Elementarbegriffe wie Leib, Triebe, Begierde, Lust etc. ihre emotional negative Wertigkeit verlieren, und in einer positiven Einschätzung zur Aufarbeitung der sexualfeindlichen Vergangenheit und zur Befreiung aus einer verzweckten und eindimensionalen Sexualität führen. Bei der unausgesprochenen Fixierung der Elterngeneration auf die Sexualität ist es nicht verwunderlich, daß sich die religiös erzogene Nachfolgegeneration, von der Freudschen Theorie unterstützt, unbewußt über diese Thematik mit den Eltern auseinandersetzt. Spielten sich diese Auseinandersetzungen während der viktorianisch-prüden Epoche mehr in der Phantasie und im geheimen Kämmerlein ab, so ist man im Zeitalter sexueller und allgemeiner Freizügigkeit zum offenen Kampf übergegangen. Das ungezügelte sexuelle Verhalten, sei es in der Ehe mit verbotenen Sexualpraktiken, sei es „im Wechsel der Partner", sei es „in der Homosexualität" oder in sonstigen Formen „verbotener Liebe"; dieses in den Augen der Eltern ungezügelte, verbotene, sündhafte Sexualverhalten verletzt die religiösen Eltern am tiefsten, macht sie zu pädagogischen Versagern und vor Gott schuldig: Sie schämen sich ihrer Kinder und fragen sich verzweifelt, was sie falsch gemacht haben. Wie können sie bei solch mißratenen Kindern vor Gottes Richterstuhl erscheinen und bestehen?

Der *Rachepfeil* hat tief ins Herz getroffen, doch er kommt wie ein

Bumerang zurück und verletzt mit Schuldgefühlen und lebenszerstörenden Verhaltensweisen die eigene Persönlichkeitsentwicklung. Denn solchen Racheakten liegen ja meist keine erwachsenen Entscheidungen zugrunde. Die Freigabe des Zölibats könnte hier sicher keine Lösung sein, aber vielleicht eine befreiende Wirkung haben. Die Betroffenen wären zu einer offeneren und persönlicheren und nicht zu sehr von Verboten eingeschränkten Auseinandersetzung mit ihrer Sexualität und Berufung heilsam gezwungen und zur Entscheidung über ihre Lebensform herausgefordert. Die Verantwortung für ein Leben in der Nachfolge Jesu würde ausdrücklicher beim Einzelnen liegen.
Zum Schluß dieses Kapitels seien noch einige *weitere Bedingungen* genannt, unter denen Kinder überleben dürfen. Du darfst leben, damit deine behinderte Mutter auch etwas Normales, Gesundes vorzuweisen hat, wie die anderen Mütter. Du darfst leben als Mittel zum Zweck, z. B. „damit wir etwas haben, worauf wir stolz sein können"; „damit wir dich vorzeigen können (Aushängeschild)"; „damit meine Frau nicht auf dumme Gedanken kommt und mich betrügt"; „damit die Ehepflichten eines Katholiken erfüllt sind (2–3 Kinder)"; „damit wir später mal versorgt sind"; „damit mein Selbstwertgefühl durch dich größer wird"; „damit meine Ehe gekittet wird (Bindeglied)"; „damit die Frau ans Haus gebunden ist". Du darfst nur leben, „wenn du früh erwachsen bist und mir hilfst zu leben"; „wenn du Priester wirst und uns zu Priester-Eltern aufwertest; „wenn du z. B. kein Junge, sondern ein Mädchen bist". Du darfst nur leben, „weil dein Bruder, deine Schwester gestorben ist, und wir noch ein Ersatzkind wollen"; „weil wir nicht aufgepaßt haben"; „weil wir dich aus moralischen Gründen nicht abtreiben konnten".
Mit diesen „Überlebens-Bedingungen" aus den Lebensskripten wollen wir dieses Kapitel abschließen und uns der Sinnfrage zuwenden.

2.4 Das Leben hat (k)einen Sinn

Der Mensch stellt die Frage nach dem Sinn seines Lebens zunächst in den *Lebensphasen, die für seine Identitätsfindung* wichtig sind und ihn in heilsame Krisen führen; in der Adoleszenz, in den mittleren Jahren und im Alter (vgl. 3. Kapitel). Weiterhin fragen Menschen nach dem Lebenssinn, wenn ihr Leben durch eine *aktuelle Krise* (Tod eines lieben Menschen, Krankheit, Scheidung, Arbeitslosigkeit, Mißerfolg, etc.) aus der gewohnten Bahn geworfen wird und ins Schleudern gerät. Wenn dabei die alten Lebenswunden der Kindheit wieder aufbrechen, fragen Menschen nach dem Warum: Welchen Sinn lebe ich? Wozu bin ich da? Was ist die Bilanz meines bisherigen Lebens? Manche verdrängen schnell diese Sinnfrage, weil sie Angst haben, ihr auf den Grund zu gehen und dort Nichtigkeiten zu entdecken. Andere vermeiden diese Frage, weil sie ihr bequemes Leben nicht aufgeben möchten. Denn eine ehrliche Antwort auf die Sinnfrage kann wesentliche Konsequenzen für das Leben haben, vor allem bei denen, die Jesus mit ihrem Leben nachfolgen wollen. Und dennoch sagt uns der gesunde Menschenverstand, daß wir nur über die Sinnfrage in die Tiefen unseres Lebens vorstoßen und sinnvoller leben können. *Viktor Frankl* sieht mit Recht gerade in der Sinnlosigkeit und Sinnleere *die* Krankheitsursache des heutigen Menschen, die ihn an Geist, Seele und Leib schädigt und sein Leben ganzheitlich behindert. Deshalb wird jede Therapie nur eine oberflächliche Symptombehandlung bleiben, wenn sie die Sinnfrage ausklammert. Umgekehrt: Steht letztlich nicht hinter jedem vordergründigen Problem der Ratsuchenden die Frage nach dem Sinn, d. h. wie diese persönlichen Schwierigkeiten und leidvollen einzelnen Erfahrungen in das Ganze des Lebens eingeordnet werden können? Gerade in der *Beratung* wird aber auch deutlich, daß man den Sinn des Lebens nicht einfach auf einen verzweifelten Menschen übertragen kann. Es ist möglich, mit ihm gemeinsam die aktuelle Notsituation im ganzen seiner Lebensgeschichte zu betrachten und die sich anbietenden Mosaiksteine zusammenzufügen. Dabei können Märchen, Geschichten, Mythen – und für religiöse Menschen – die angefochtenen Gestalten im AT und NT (Jeremia, Ijob, Jesus in Gethsemane und auf dem Kreuzweg, Petrus, die Sünderin) eine wertvolle Hilfe und Anregung zur eigenen Sinnfindung sein. Ob aber der Funke des Verstehens überspringt und der andere Sinnzusammenhänge sehen kann, das ist nicht zu erzwingen. Wichtig ist nur, daß der Berater für sein eigenes Leben einen Sinn gefunden hat bzw. wenigstens bewußt und ehrlich danach sucht.

Nun scheint ein christlich orientierter Therapeut geradezu prädestiniert für die Antwort auf die Sinnfrage zu sein. Stützt er sich doch auf die Offenbarung Gottes durch Jesus Christus, die ja vor allem als Frohbotschaft auf die Fragen nach dem Sinn des menschlichen Lebens antwortet. Doch gerade hier werden die *Grenzen der religiösen Vermittlung* sichtbar. Wer hat noch nicht erlebt, daß er die Worte, die Botschaft hört, aber sie innerlich nicht nachvollziehen kann, weil ihm danach nicht zumute ist. „Die Botschaft hör ich wohl, allein mir fehlt der Glaube". Wenn ein Mensch in seine negative Schlüsselposition mit den entsprechenden depressiven Grundgefühlen „ich-bin-nicht-lebenswert", „ich-bin-nicht-liebenswert" regrediert, klingen Worte des Glaubens und der Hoffnung für ihn wie blanker Hohn. Denn er hat doch geglaubt, sich auf Gott zu verlassen, und das Ergebnis: Ich bin verlassen, ich sehe und erfahre keinen Sinn und Trost, auch nicht von Gott. Hier kann man als Berater nur dasein, bei-stehen, mitbetend und mittragend ermuntern, alle Fragen und negativen Gefühle Gott zu sagen und sich ihm auch wider alle Gefühle zu überlassen. Oft beginnt in einem solchen Tief der Sinnleere und Ohnmacht aber auch der erste Schritt, in der Vergangenheit nach den Ursachen des negativen Lebensgefühls zu suchen und sie vielleicht in den Schlüsselerfahrungen zu entdecken. Damit sind, wie es manche fälschlicherweise meinen oder wünschen, die negativen Lebensgefühle und die quälende Sinnlosigkeit aber nicht plötzlich verschwunden. Doch ich kann sie erklären, mich damit auseinandersetzen, die unbewußten Wiederholungen und die Übertragungen auf Gott besser verstehen und lernen, konstruktiver mit ihnen umzugehen.

Eine weitere Erkenntnis scheint mir in diesem Kontext bedeutsam.

Der Sinn des Lebens ist nur *ganzheitlich* zu erfahren. Indem ich mit *Geist, Leib und Seele lebe* und mein Leben gestalte, verwirkliche ich den Sinn meines Lebens. In einer bewußten Reflexion kann ich diesen Sinn fassen, begreifen und für andere verständlich machen. Die Lebens- und Sinnerfahrung beginnt aber nicht erst mit der Reflexionsfähigkeit des Menschen, der über sein Leben nachdenken kann. Vielmehr erfährt der Mensch den Sinn oder die Sinnlosigkeit seines Lebens *von Anfang an*: Je nachdem Mutter und Vater sein Leben bejahen oder verneinen, in dem Maß die Eltern ihm Zuwendung und Liebe schenken, erlebt das Kleinkind den Sinn oder die Sinnlosigkeit. Wird das Kind abgelehnt und mißachtet, entwickelt sich zusammen mit den Überlebensstrategien ein negatives Grundgefühl von Sinnlosigkeit.

Diese *Sinnleere* holt den Betroffenen vor allem dann im späten Leben ein, wenn die bewährten Abwehrmechanismen nicht mehr funktionieren und das verdrängte negative Lebensgefühl um sich greift. Oft wird dieses Nicht-ok-Gefühl über Generationen von den Eltern vorgelebt und vererbt: „Das Leben hat letztlich keinen Sinn, du kannst tun und lassen, was du willst."

In den vorliegenden Lebensgeschichten ist eine ausdrückliche Verneinung bis hin zum Selbstmord relativ selten zu finden. Hier schieben meist der Glaube bzw. das Gewissen einen Riegel vor. Häufig wird die gelebte Sinnlosigkeit hinter der äußerlichen Fassade einer gläubigen, achtbaren, christlichen Familie sichtbar: Das Leben wird als Last, als Unglück, als Jammertal, als Fegfeuer oder gar als Hölle empfunden. Man kann es nur im Hinblick auf den mühsam verdienten Lohn im Himmel ertragen. Entsprechend sind die meisten Elternbotschaften über den Sinn des Lebens *mehr pessimistisch* gefärbt: „Das Leben ist eine schwere Last. Das Leben besteht in Arbeit und Schufterei für die anderen; das Leben ist Dasein für die anderen; das Leben ist Mühe und Arbeit; das Leben ist hart, hat aber auch schöne Momente (Feste); das Leben ist eine Zumutung und Qual; das Leben beugt und krümmt den Menschen." So negativ die Aussagen auch überwiegend sind, in den meisten Fällen vermitteln die gläubigen Eltern den Kindern die Zuversicht, daß dieses so schwer empfundene Leben aus dem

Glauben heraus wertvoll ist oder wenigstens gelebt werden kann.

Einige Übungen können diese Einseitigkeiten und verdeckten Motive sichtbar machen. Versuchen Sie einen Satz zu formulieren, der den Sinn des Lebens Ihrer Mutter / Ihres Vaters / Ihres eigenen Lebens zusammenfaßt (Grabinschrift).

Eine weitere Möglichkeit, den Sinn des Lebens zu beschreiben, ist die Frage nach den *Prioritäten* im Leben der Eltern und bei sich selbst. Was ist für Ihre Mutter / Ihren Vater / für Sie selbst am wichtigsten im Leben? Ohne was könnten Sie nicht leben? Auf was könnten Sie am schwersten verzichten? Nennen Sie fünf Prioritäten und bringen Sie diese in eine Reihenfolge von eins bis fünf. Diese Übung sollte man möglichst spontan machen, damit sie nicht rational vom Idealbild her verfälscht wird. In den vorliegenden Lebensgeschichten stehen Familie, Arbeit, Kinder, Beruf, Partner, Gesundheit meist auf den vorderen Rängen. Manche sind betroffen, daß ihre spontane Prioritätenliste „gott-los" ist. Viele meinen dann beschwichtigend: Der Glaube und Gott ist in allen Prioritäten vorhanden. Dieses Erschrecken ist oft ein heilsamer Beginn, über Gott und seine Rolle im eigenen Leben nachzudenken.

Natürlich muß diese Prioritätenliste noch an der Wirklichkeit überprüft werden; wofür verwende ich im Alltag am meisten Kraft und Zeit? Wo engagiere ich mich, wo investiere ich am meisten? Wer diese Fragen – z. B. mit Hilfe einer Zeittafel – ehrlich beantwortet, entdeckt oft, wie sehr Wunsch und Wirklichkeit auseinanderklaffen. Z. B. wenn Gott vielleicht an erster Stelle steht und ich feststellen muß, daß ich nicht einmal fünf Minuten Zeit täglich für ihn übrig habe; oder wenn ich grübelnd in Ängsten, mit dem Leben hadernd, in meiner Ichhaftigkeit gefangen, klagend und unzufrieden täglich viel Zeit verbringe, diese Ängste und Tagträume aber in der Prioritätenliste nicht auftauchen.

Bei dieser Übung wird deutlich, daß wir immer wieder Zeiten des Innehaltens und der Reflexion brauchen (täglich, monatlich, im Jahr), in denen wir überprüfen, wo wir sinnvoll oder sinnlos leben; ob unser im Alltag gelebter Sinn des Lebens mit dem übereinstimmt, wozu uns Gott berufen hat; wie wir unser Leben in der Nachfolge Jesu gestalten wollen. Dazu können uns z. B. die Berufungsgeschichten (Joh 1,35 ff.; Mk 1,16 ff.; Lk 5,1 ff.; Lk 9,57 ff.) oder die Begegnung Jesu mit dem reichen Jüngling (Mk 10,17 ff.; Mt 19,16 ff.) Anregungen und Entscheidungskriterien geben.

2.5 Gelebter Glaube

2.5.1 Der von den Eltern vermittelte Glaube

Die Frage „welche Bedeutung hatte der Glaube für das Leben Ihrer Eltern?" wird je nach Generation unterschiedlich beantwortet, wenn auch die positiven Antworten bei weitem überwiegen. Bis auf wenige Ausnahmen spielt der christliche Glaube zumindest bei einem Elternteil eine entscheidende Rolle für die Lebensbewältigung. Das gilt vor allem für die Kriegs- und Nachkriegsgeneration, deren Glaube einerseits im Dritten Reich herausgefordert wurde und sich bewähren mußte; deren Glaube andererseits für viele während und nach dem Krieg „die einzige Hoffnung und der letzte Halt war, ohne den wir nicht überlebt hätten". In den 60er Jahren tritt offensichtlich ein Wandel ein. Mehr als ein Drittel dieser jüngeren Generation wächst ohne christliche Erziehung auf und wird von anderen, meist humanistischen oder materialistischen Lebenswerten geprägt. Dieser zunehmende, nachchristliche Einfluß macht sich u. a. in der Berufsmotivation von Seminaristen und Ordensleuten bemerkbar. Gab es bis vor 20–30 Jahren fast ausschließlich „angepaßte", vom sozialen Umfeld (Eltern, Verwandte) fremdbestimmte Berufsmotivationen, so entscheiden sich in den letzten Jahren immer mehr junge Frauen und Männer für den Priester- und Ordensberuf bzw. für ein Theologiestudium, die aus einem nicht-christlichen Milieu stammen.

In beiden Fällen ist es wichtig, die Herkunftsfamilie in bezug auf die eigene religiöse Entwicklung genauer anzuschauen, um auch die verborgenen, fremdbestimmten Motive aufzudecken und durch ein erneutes persönliches Ja zu bestätigen oder in Frage zu

stellen. *Dieses bewußte Anschauen der eigenen Glaubensgeschichte* ist um so nötiger, als oft noch andere verborgene Motive wie Angst vor Nähe und Beziehung, der Wunsch nach Loslösung von der Mutter, Fluchtgedanken, Wünsche nach Geborgenheit, oder Wünsche nach Wiedergutmachung von eigener oder/und Elternschuld, Prestigegewinn u. a. m. bei der Entscheidung mitgewirkt haben. Nicht wenige Menschen behindern ihren Glauben dadurch, daß sie ihre negative Schlüsselposition mit den entsprechenden Grundhaltungen von Angst und Mißtrauen unbewußt auf Gott und ihre Glaubenshaltung übertragen. Andere, die von seiten der Eltern Ablehnung und schlimme Mißhandlungen erfahren mußten, haben sich instinktiv als Ersatz für die fehlende Liebe und Zuwendung eine „geistliche Kuschelecke des Glaubens mit einem lieben Gott" geschaffen, wohin sie als Kind mit den Wunden und Schmerzen flüchten konnten.
Irgendwann muß dieser kindliche, einseitige Glaube ergänzt und an der erwachsenen Lebenswirklichkeit überprüft werden, um zu reifen.
An dieser Stelle wollen wir uns daran erinnern, daß es hier um die *natürlichen* Dispositionen des Glaubens geht, der als Gnadengeschenk Gottes letztlich unverfügbar bleibt. Lebendige Beweise für diese Unverfügbarkeit des Glaubens sind die vielen Menschen mit grausamen und unbegreiflich negativen Kindheitserfahrungen, die, psychologisch kaum erklärbar, wider alles Erwarten ein im Tiefsten unerschütterliches, geschenktes Urvertrauen zu Gott haben, das alle Krisen überdauert.

2.5.2 Auseinandersetzung mit dem tradierten Glauben

Ein wichtiger Grund für die Betrachtung der persönlichen Glaubensgeschichte und der eigenen religiösen Wurzeln ist auch folgender; ich kann dabei den *persönlichen Gotteserfahrungen* nachspüren und die Treue und fürsorgliche Liebe Gottes in meinem Leben neu entdecken. Auf diese Weise ist es möglich, allmählich zu lernen, den von den Eltern tradierten Glauben anzunehmen und in der Auseinandersetzung damit zu einer eigenen, selbständigen Glaubensüberzeugung zu gelangen: „Ich glaube heute nicht

mehr wegen meiner Eltern oder meiner Umgebung. Gott ist in meinem Leben glaubwürdig geworden."
Es gibt noch weitere Gründe, die eine Auseinandersetzung mit dem Elternglauben notwendig machen, um von dem erlebten Glauben aus zu einem persönlichen Glaubensleben zu kommen. Ohne ein bewußtes und kritisches Reflektieren der religiösen Lebenseinstellung von Mutter und Vater wird der Glaube allzu schnell zu einer schlechten „guten Gewohnheit", die neben dem eigentlichen Leben herläuft und als „Imitation" immer mehr an Bedeutung verliert. Bei vielen hat der Prozeß bereits zur religiösen Entfremdung und inneren Emigration geführt.
Auf der anderen Seite besteht die Gefahr, daß man im Ablösungsprozeß unbewußt und gegenabhängig die Auseinandersetzung mit den Eltern über den Glauben oder die Kirche führt. Wir haben schon an einigen Beispielen verdeutlicht, wie gerade junge Menschen stellvertretend gegen die Institution Kirche kämpfen und demonstrieren, aber die Steine eigentlich auf ihre Eltern werfen. Wie oft habe ich erlebt, daß sich Frauen und Männer in ihrem Individuationsprozeß von Mutter und Vater zu lösen versuchten, indem sie z. B. aus der Kirche austreten, ihren Priester- oder Ordensberuf aufgeben, sich scheiden lassen oder durch eine andere anti-religiöse Handlung (Abtreibung, Eintritt in eine Sekte, eine radikale Gruppe, Aussteigen, Alkohol, Drogen, etc.) ihre Eltern zutiefst verletzen. Es ist schwer, diesen Menschen ihre *Gegenabhängigkeit* klar zu machen und ihre Fremdbestimmung zu entlarven.

„Ich will jetzt zum ersten Mal in meinem Leben eine eigene und freie Entscheidung treffen", sagt ein 45jähriger Priester, der bisher angepaßt mit seinen Eltern im Pfarrhaus gelebt hat. „Vor 20 Jahren bin ich zur Priesterweihe entschieden worden; ich wollte meine Eltern nicht enttäuschen und bekam als Priestersohn endlich ihre Anerkennung. Aber jetzt werde ich mein Leben selbst in die Hand nehmen und tun, was ich will. Ich pfeife auf die Vorwürfe meiner Mutter und die Meinung der Kirche und will eine eigene Familie und meine Freiheit." Nach einer überstürzten Entscheidung heiratete er, nahm ein Studium auf, wandte sich nach einem Jahr mit der Bitte um finanzielle Unterstützung schon wieder an die Eltern. Nach der Versöhnung kauften die vermögenden Eltern, die ihn zuerst enterbt hatten, ein Reihenhaus, zogen nach der Geburt des ersten

Kindes dort ein, „damit die Frau ihren Beruf wahrnehmen konnte...“; nachdem das zweite Kind mit einer Behinderung geboren wurde, bekommt der Sohn seine Eltern nicht mehr los, denn „er wohnt ja schließlich in ihrem Haus und muß dankbar sein...“. Die zweite Abhängigkeit ist schlimmer als die erste! Die abhängige Entscheidung zum Priesterberuf war genauso fremdbestimmt und unfrei wie die gegenabhängige Entscheidung, ihn aufzugeben.

Wie viele Menschen halten in vergleichbaren Situationen die Scheidung, die Laisierung, die Heirat, den Berufswechsel, das Aussteigen u. a. m. für einen erwachsenen und selbständigen Entschluß. Sie bekommen die Quittung für die gegenabhängige Entscheidung, die sich unbewußt gegen die Eltern richtet, meist schon bald in Form von Schuldgefühlen, Enttäuschungen oder dem häufigen Scheitern dieses „ersten selbständigen Lebensversuches“. All das bindet sie letztlich noch mehr an ihre Eltern, vor allem wenn Mutter oder Vater mit psychosomatischen Krankheiten und Vorwürfen reagieren; oder wenn sich gar einer von beiden „wegen der Schande“ das Leben nimmt. Nicht selten regredieren solche Menschen unter der Last von Schuldgefühlen und Ängsten auch religiös in ihre Schlüsselpositionen als Versager. Da die Betroffenen im Augenblick solcher gegenabhängigen Entscheidungen meist uneinsichtig und für Argumente nicht zugänglich sind, kann man nur versuchen, einen Aufschub der Entscheidung zu erreichen. In der Distanz kann dann die nötige Übersicht gewonnen und mit Hilfe der Unterscheidung der Geister eine erwachsene Entscheidung vorbereitet werden, die aus der Krise herausführt.

2.5.3 Gründe für den widersprüchlichen Glauben

2.5.3.1 Unbewußte Übertragungen der Schlüsselerfahrungen

Wenn wir unsere eigene Glaubensgeschichte anschauen, machen wir wohl dieselbe Erfahrung, die in den Lebensskripts beschrieben wird; der *Widerspruch* zwischen dem in Worten ausgedrückten und mit dem Verstand eingesehenen Glauben und dem im Alltag gelebten und von Gefühlen der Angst und des Mißtrauens beeinträchtigten Glauben. Diese Diskrepanz zwischen Wunsch und

Wirklichkeit kam ja bereits im Kapitel über den Sinn des Lebens zum Vorschein. Da bekennen Menschen ausdrücklich, daß der Glaube an den Gott des Alten und Neuen Testaments, der sich uns in Jesus als liebender und treuer Vater geoffenbart und zum ewigen Leben berufen hat, zutiefst ihr Leben trägt. In ihren Lebensgeschichten zitieren sie gläubig die Frohe Botschaft als Richtschnur: z. B. „Denn so sehr hat Gott die Welt geliebt, daß er seinen einzigen Sohn hingab, damit jeder, der an ihn glaubt, nicht zugrunde geht, sondern das ewige Leben hat. Denn Gott hat seinen Sohn nicht in die Welt gesandt, damit er die Welt richtet, sondern damit die Welt durch ihn gerettet wird" (Joh 3,16 ff.; andere oft zitierte Texte: Eph 2,4 ff.; 1 Joh 4,7 ff.; Röm 8,4; 1 Kor 3,16 ff.; Gal 4,6 ff.). Und doch sind sie unzufrieden, nehmen ihr Leben nicht so an, wie es ihnen zugefallen ist, leben wie Menschen, die keine Hoffnung haben, die nicht erlöst sind. Es ist tröstlich für uns zu sehen, daß selbst die Jünger, die doch in der Nähe Jesu lebten, von Zweifeln, Pessimismus und Kleinglauben nicht verschont geblieben sind, vor allem in den Stunden vor und nach dem Kreuzestod Jesu. Wie aber ist diese Ambivalenz und Zwiespältigkeit des Glaubens zu erklären?

Neben den bekannten theologischen Gründen wie Erbschuld, persönliche Sünde, Versuchung und Geschöpflichkeit scheint es auch *psychologische Gründe* zu geben, warum gesagter und gelebter Glaube oft soweit auseinanderklaffen.

Zunächst ist auf die allgemeine Schwierigkeit hinzuweisen, die wir „kopflastigen Europäer" haben, mit dem Verstand eingesehene Fakten ganzheitlich, d. h. nicht nur mit dem Geist, sondern auch mit der Seele und dem Leib zu „*erkennen*". Dieses Problem wirkt sich beim Glauben um so mehr aus, als wir im Letzten mehr mit dem Herzen, mit den Sinnen und weniger mit dem Verstand glauben.

Einen weiteren Grund für den zwiespältigen und ängstlichen Glauben finden wir in der fehlenden, ganzheitlichen Auseinandersetzung mit der eigenen Vergangenheit. Wie kann der Glaube in einem Leben verwurzelt sein, dessen Vergangenheit verdrängt ist und nie bewußt wahrgenommen und bewältigt wurde? Wenn wir davon ausgehen, daß die Gnade die Natur voraussetzt, dann müssen wir damit rechnen, daß die ungeklärte Vergangenheit den aktuellen Glauben beeinflußt, ohne daß wir zunächst diese unbewußten Einflüsse im einzelnen benennen können. Natürlich muß der Glaubende durch diese Unklarheit verunsichert und seinen eigenen Gefühlen gegenüber mißtrauisch werden, deren Ursprung er ja nicht kennt.

Ein weiterer Grund für die Widersprüchlichkeit im Glauben: Für mich ist es eine tausendfache Erfahrung, daß *die aus den Schlüsselpositionen gewonnenen Grundhaltungen und -gefühle unbewußt auf das Glaubensleben übertragen werden.* Es ist immer wieder verblüffend und doch so verständlich, wenn Menschen ihre in der Kindheit erworbenen unbewußten Lebenseinstellungen und Verhaltensmuster im religiösen Kontext wiederholen. Gefährlich kann diese Übertragung dann werden, wenn der Glaubende seine Vergangenheit nicht kennt und deshalb die Geister nicht unterscheiden kann, z. B. daß Gott sich anders verhält als Mutter und Vater in der Kindheit. Auf diese Weise kann die nicht erkannte natürliche Schlüsselposition samt den dazu gehörenden negativen Grundgefühlen unbemerkt zu einer *„religiösen Schlüsselposition“* und Grundhaltung werden.

So ist es z. B. möglich, daß die *Minderwertigkeitsgefühle* und die Lebensunsicherheit auf den Glauben übertragen werden und solch ängstliche Menschen keine Verantwortung übernehmen, aus Sorge, alles falsch zu machen und sich lieber nach den doch besseren Wertmaßstäben der anderen richten. Sie glauben in Angst und Zittern. Sie machen sich in ihrem angepaßten, gehorsamen Verhalten abhängig vom Lob und Urteil der in ihren Augen besseren und kompetenteren Christen bzw. der kirchlichen Autoritäten, genauso wie damals als Kind von den Eltern. Immer wieder finden sie beim selektiven Lesen und Hören der Heiligen Schrift ihre Schlüsselposition bestätigt: Ich bin draußen, ich bin eigentlich nicht lebens- und liebenswert und auch von Gott nur geduldet. Und wenn sie einmal ein Wort der Liebe und Zusage Gottes anrührt (Lk 15,11 ff. = der verlorene Sohn, die Sünderin, die Samariterin, s. Joh 4,1 ff.), dann haben sie gleich eine Ausrede bereit:

„Mich kann Gott nicht damit meinen, ich bin seiner Liebe nicht wert, vielleicht die anderen. Ich bin schließlich noch kein Heiliger ..." Sie pflegen ihr Sünder-Dasein auch, wenn sie perfektionistisch die moralische Latte des Anspruchs so hoch legen, daß sie diese Höhe sicher nicht bewältigen können. Das überhöhte *Ich-Ideal* wird so zur Quelle falscher Schuldgefühle und einer ständigen Selbstbestrafung, mit der man sich die negativen Grundgefühle der kindlichen Schlüsselposition beschafft.

Eine Ich-Werdung kann aber nur durch eine Trennung von diesem symbiotischen Dasein geschehen, durch eine bewußte Abgrenzung von den unbewußt wiederholten Grundeinstellungen der Kindheit. Verhängnisvoll wird es, wenn diese Menschen sich, im Sinne einer negativen Aszese, kasteien und vor Gott selbstzerstörerisch erniedrigen und diesen Vorgang auch noch als Selbstverzicht und Demut bezeichnen. In ihrem Urmißtrauen gegen Gott und die Menschen verteidigen sie ihre negative Schlüsselposition und schmücken sie mit dem Heiligenschein des Selbstverzichts und Opferlebens. Mit dem furchteinflößenden, grausamen Richtergott im Nacken, flüchten sie in ihre Ängste und Depressionen und tun, sich selbst bemitleidend, scheinbar alles, um sich zu entfalten. So können sie „ruhigen Gewissens" ihr Talent vergraben und ihr nichts-wertes Bettlerdasein fortführen, für das sie ja letztlich nicht verantwortlich sind. Sie bleiben ein lebendiger Vorwurf an Gott, der so etwas Nichtswertes geschaffen hat.

Es ist sehr schwer, diesen Teufelskreis zu durchbrechen und solch ängstlich glaubende und zweifelnde Menschen zur Einsicht und Auseinandersetzung mit ihrer negativen Vergangenheit zu bewegen; denn „dann würde ich ja meinen letzten Trumpf preisgeben und mein Leben selbst verantworten müssen", bekennt eine 60jährige Ordensschwester ganz offen. Die Überlebensstrategie der ersten Lebensjahre wird damit auch Gott gegenüber angewendet: „In meiner Schlüsselposition – und mag sie auch noch so negativ sein – fühle ich mich sicher, kann ich wenigstens überleben. Meine Eltern haben mich fallen lassen, als ich mich ihnen anvertraute. Wirst du, o Gott, mich nicht auch fallen lassen, wenn ich mich dir in die Hand gebe und dir meine Schlüsselposition überlasse? Dann habe ich nichts mehr, was ich dir vorenthalten könnte, dann wäre ich dir ja ganz ausgeliefert!"

2.5.3.2 Ich-Haftigkeit

Eine andere Weise, das Defizit des Geliebt- und Bejahtwerdens in den ersten Lebensjahren zu verschmerzen, ist die *Ich-Haftigkeit* und *Ich-Herrschaft.* Hier wird die fehlende Liebe durch *Macht* ersetzt. Solche Menschen haben schon früh gelernt: So schwach ich auch bin, letztlich kann ich mich nur auf mich selbst verlassen, denn sonst bin ich verloren! Die typische Darstellung einer *solchen Familienstruktur*: Vater und/oder Mutter auf dem Stuhl stehend, drohend und fordernd, im Namen Gottes die Hand erhebend; das Kind, das sich selbst gebeugt und angepaßt „lieb" vor oder unter dem Stuhl in seiner Schlüsselposition darstellt, erlebt die Eltern auf dem Podest als mächtig und bedrohlich. Allerdings stehen sie nicht fest auf dem Boden der Wirklichkeit, denn bei näherem Hinschauen verkörpern sie auf dem Stuhl nur ein schwaches Selbstwertgefühl. Indem sie andere unterdrücken und auf ihren Schultern stehen, machen sie sich scheinbar groß, im inneren Lebensgefühl bleiben sie klein. Deshalb müssen sie sich immer wieder durch entsprechende Machtausübung und Unterdrückung selbst bestätigen. Im religiösen Bereich nehmen sie die überhebliche, verachtende *Rolle der Pharisäer* ein, die allein die Gesetze kennen und besser sind als die anderen. Sie sind die Moral in Person, intolerant und engherzig, nehmen göttliche Autorität in Anspruch, machen sich groß auf Kosten der anderen. Daß sie im Grunde ihres Herzens (auf dem Stuhl stehend) einsam, verlassen und voll Sehnsucht nach Zuwendung sind, kann das Kleinkind noch nicht durchschauen. Insofern lernt es in seiner unterdrückten Schlüsselposition durch die auf dem Stuhl stehenden und herrschenden Eltern (vor-bildlich) eine andere Weise des Überlebens: *Herrschen auf Kosten anderer.* Die dazu passenden Spiele: „Meins ist besser als deins", „Schade, du bist nicht so tüchtig, so gut wie ich!"; oder fürsorglich: „Komm, laß mich das selber machen!" Ohne daß die Betroffenen es merken, wiederholen sie damit auch im Glauben ihre Schlüsselposition: „Ich bin nicht-gewollt, nichts wert, nicht geliebt um meiner selbst willen", eine Tatsache, die sie zu immer neuen Anstrengungen der Selbstbestätigung durch Macht treibt, ebenfalls ein „Teufelskreis im Namen Gottes". Was hat dieses Herrschen über andere noch mit Demut und Dienen zu tun, wie Jesus es uns z. B. in der Fußwaschung gezeigt hat? (Joh 13,1 ff.).

Die Ich-Haftigkeit und Ich-Herrschaft als Folge der Lebensverneinung und fehlender Zuwendung durch die Eltern führen also nicht zum Ich-Gewinn, zum Selbst-Wert, zur Selbstannahme, sondern immer mehr zum Verlust des Ichs und des Selbst-bewußtseins bis hin zur Sinnleere und zum Lebensüberdruß. Mag man diese Leere und Trauer über das nicht-gehabte Leben, das Zukurz-gekommen-Sein auch durch viele Aktivitäten oder Süchte (Machtgier) verdecken. Wenn die Erfolge ausbleiben, wenn die alten Lebenswunden bei einem banalen Anlaß plötzlich wieder aufbrechen, dann geraten wir in eine Krise, die wir als Chance für unser Leben nutzen oder aber verspielen können.

Im Zusammenhang mit der Ich-Haftigkeit ist eine Unterscheidung wichtig: Der *Egoismus* ist dem Menschen natürlich und stellt sich von selber ein. In der Ichhaftigkeit kann er bei entsprechend frühkindlichen Defiziten pathologisch werden. Dieser natürliche oder pathologische Egoismus bedeutet aber keineswegs Annahme seiner selbst oder seines Lebens. Es gehört zu den gefährlichsten Fehlern christlicher Pädagogen und Moralisten, „daß sie nicht selten beides verwechselt und dabei das Ja zu sich selbst ausgetrieben, den Egoismus als Rache des verleugneten Selbst aber nur um so gründlicher bestärkt haben. Hier liegt nicht zuletzt die Wurzel dessen, was die Franzosen ‚maladie catholique' nannten: wer nur übernatürlich, nur selbstlos sein will, ist zwar am Schluß ich-los, aber alles andere als selbst-los ..." (Görres 1987, 19).

Abschließend möchte ich einige Gedanken wiedergeben, die Helmut Jaschke in seiner Deutung der Geschichte des Besessenen von Gerasa (Mk 5,1–9) aus der Sicht des christlichen Therapeuten formuliert. Nachdem er auf die Geschöpflichkeit des Menschen verwiesen hat, schildert Jaschke die Überforderung und den Zwang als Folgeerscheinung einer Ich-bezogenheit, die das Ego und seine Ansprüche zum Maßstab macht. „Was der Bereicherung und Er-

weiterung des Ich dienen sollte, führt in letzter Konsequenz zum Ich-Verlust, zu einer Zersplitterung in viele Geister (Legion), die ich nicht mehr los werde, die sich in mir austoben.
Lebensgeschichtlich wurzeln auch diese furchtbarsten Formen der Selbstentfremdung (Schizophrenie, Psychose, Wahnsinn) in der Erfahrung, nicht als der (die) geliebt worden zu sein, der (die) ich bin. Während aber in der Heuchelei des Pharisäers die werbende Seite der daraus entstandenen Ichhaftigkeit erscheint (‚Ihr müßt mich lieben und ehren, weil ich so vorbildlich bin!'), kommt in der Selbstzerstörung des Besessenen die verdrängte maßlose Wut zum Ausdruck, daß ich nicht so sein darf, wie ich bin. Diese Wut hat zwei mögliche Objekte; entweder richtet sie sich nach außen und vernichtet den anderen (‚Ich töte euch, weil ihr mich nicht leben laßt!') oder sie wendet sich gegen mich selbst (‚Ich töte mich, weil ihr mich nicht liebhabt!'). Je stärker die Heuchelei des eigenen Gutseins ausgeprägt ist, um so eher wird die zweite Form, die sogenannte *Autoaggression* gewählt. Sie hat noch einen anderen Aspekt, der aus dem unzerstörbaren Wissen resultiert, daß ich mich und mein Leben verfehlt habe: den Aspekt der *Schuld.* Gerade sie ist aber besonders tief verdrängt, weil der innere Machthaber, den ich durch meine Ichhaftigkeit inthronisiert habe, auch sie ‚entfremdet' hat und sie als Selbstbestrafung ins Bewußtsein treten läßt. Der ‚Masochismus' des Besessenen (Mk 5,5) ist die Sühne dafür, daß ich nicht so bin, wie ich sein soll. Aber dieses Sollen kommt nicht aus der Tiefe des echten Gewissens, das zum größeren Leben ruft, sondern vom verinnerlichten Idealbild, welches danach gezeichnet ist, wie andere mich haben wollten und das zum inneren Diktat(or) wurde. Und deswegen hält die Selbstbestrafung die Selbstzerstörung nicht auf, sondern führt auf sie hin. Das selbstgemachte Leiden weiß zwar in der Tiefe des Herzens um die Heilkraft des Leidens; aber die Ichsucht verfälscht, ja pervertiert es. Wenn viele Christen und Christinnen durch ihr selbstauferlegtes Leiden sich und die Welt erlösen wollen, ist ihnen nicht bewußt, daß sie ‚Messianität' für sich in Anspruch nehmen und Jesus überflüssig machen. Dies gilt freilich nicht für Leiden, das wirklich von Gott auferlegt wird und das im Blick auf Jesu Leiden durchge-

tragen wird. Aber es bedarf gründlicher Selbstprüfung, bevor der ‚Wille Gottes' und nicht mein (unbewußter) Eigenwille als Ursache dafür herangezogen wird" (Jaschke 1987, 68 f.).

2.5.4 Leben aus der Sicht des Glaubens

Eine wichtige Erkenntnis folgt aus dem bisherigen Gedanken über Leben und Glauben: *Wer aus dem Glauben leben will, der muß sich zuerst einmal mit seiner vergangenen Lebens- und Glaubensgeschichte bewußt auseinandersetzen und die eigene Ausgangsposition wahrnehmen.* Nur so können Übertragungen und fremdbestimmte Wiederholungen erkannt und die eigene Glaubensentscheidung vorbereitet werden. Natürlich bleibt das Ziel dieser Auseinandersetzung mit dem Vergangenen die Annahme und Versöhnung mit meinem Leben. Dabei kann mir der Glaube helfen, die oft lebensbedrohenden und negativen Schlüsselerfahrungen im Mutterschoß und nach der Geburt in einem neuen Licht zu sehen und von Gott her neu zu deuten. „Das Wesen des Glaubens besteht von der Etymologie her in einem ‚guten Sehen der Wirklichkeit'." Ohne das Negative zu verdrängen und vorschnell zu harmonisieren sehe ich mein Leben und die Welt im Glauben mit den Augen Gottes, und kann sie auf diese Weise positiv in die Beziehung des Gutseins umdeuten (Grün 1986, 12 f.). Mit dieser Umdeutung ist die Spannung zwischen Leben und Glauben ebensowenig verschwunden wie der immer wieder auftauchende Widerspruch, der aber jetzt das Leben im Glauben befruchtet und nicht behindert.

2.6 Leben mit Gott: mein Gottesbild

2.6.1 Theologische Vorbemerkungen zum Gottesbild

Wir haben nicht den Anspruch, hier eine kleine Gotteslehre zu schreiben. Vielmehr sollen einige wichtige theologische Fakten in Erinnerung gerufen werden, auf deren Hintergrund wir dann unsere pastoralpsychologischen Überlegungen zum Thema Gottesbild anstellen.

Das Gottesbild der christlichen Überlieferung enthält allen Reichtum und alle Fülle, die in der Schöpfung enthalten sind. Darüber hinaus ist in Gott als dem Urbild und Ursprung jedes Seienden alles schon da, was ist, war und sein wird. Er ist für uns Geschöpfe nicht begreifbar und nicht zu fassen, wenn wir auch nach seinem Bild geschaffen sind und hier eine Grundlage vorhanden ist, um Gott zu verstehen und zu erfahren. Diese Möglichkeit beruht vor allem auf der Offenbarung Gottes im Alten und Neuen Testament: besonders in der Menschwerdung und im Leben des Gottmenschen Jesus Christus. Trotz dieser konkreten göttlichen Offenbarung bleibt das Gottesbild in seiner unbegreiflichen Fülle für uns wie ein unvollendetes Riesenmosaik aus unzähligen Steinchen zusammengesetzt, von denen wir einige kennen.
Eine weitere Schwierigkeit, Gott zu begreifen, liegt in der „coincidentia oppositorum“ = dem Zusammenfallen von Gegensätzen (Nicolaus Cusanus), d. h. daß Gott nur widersprüchlich ausgedrückt und erfahren werden kann. So ist Gott z. B. der uns Nächste, der in uns wohnt, und doch der Ferne, Unsichtbare; Ihm kann man nicht ins Antlitz schauen, und doch ist Er in Jesus Christus greifbar nahe; Gott ist der Schweigende, der doch in allen Dingen zu uns spricht; Er ist der Heilige und Liebende, der doch Verbrechen und Sünde zuläßt; Er liebt uns über alles, und doch gibt es eine Hölle; Er verspricht Leben in Fülle, und doch umgibt uns der Tod; Er segnet und verdammt; Er ist der barmherzige Vater, und doch: Wie grausam läßt er seinen geliebten Sohn am Kreuz verenden; es gibt den Gott, der Lasten auferlegt und der von Lasten befreit; der tröstet und unsere Wunden heilt, und der uns verletzt und Wunden schlägt; Gott ist derjenige, vor dem ich erschrecke, insofern ich Ihm unähnlich bin, und den ich von Herzen liebe, insofern ich Ihm ähnlich bin (Augustinus). Diese und viele andere Widersprüche und Unbegreiflichkeiten des unbegrenzten Gottesbildes führen verständlicherweise oft zu Verzerrungen und Verfälschungen des christlichen Gottesbildes, die zeitweise zum Bildverbot geführt haben. Hinzu kommen die Grenzen der menschlichen Ausdrucksmöglichkeiten, sowie der Einfluß der jeweiligen Umwelt auf die Gestaltung des Gottesbildes. Wie unterschiedlich sind

z. B. die Darstellungen Jesu, des menschgewordenen Gottes, in den verschiedenen Zeitepochen: Jesus als Hirte in den Katakomben, als Herrscher der Welt am romanischen Kreuz, als zerschundener und gepeinigter Erlöser auf dem Grünewald-Altar bis in die Jesus-Darstellungen des 20. Jahrhunderts (van der Grinten 1984). Die Gefahr der Verfälschung und Vereinseitigung des Gottesbildes ist bei aller Widersprüchlichkeit und Spannung nur dann gebannt, wenn man sich der begrenzten, menschlichen Erfahrung und Vorstellungskraft bewußt ist. Das Riesenmosaik des Gottesbildes kann nie vollendet dargestellt werden. Ein oder zwei Mosaiksteine sind nicht das Ganze. Wichtig ist also, daß es immer ein ergänzendes, offenes und unvollendetes Gottesbild bleibt, bis wir Gott einmal von Angesicht zu Angesicht schauen. So ist jedes Gottesbild ein unvollkommener und relativer Versuch des Menschen, das, was Gott eigentlich ist, zu beschreiben. Gott bleibt letztlich in allen Bildern unbeschreibbar und nicht-verfügbar. Insofern ist jede Gottesvorstellung richtig und falsch zugleich.

2.6.2 Die Entstehung des kindlichen Gottesbildes

Im vorhergehenden Kapitel über den gelebten Glauben wurde bereits deutlich, wie sehr die natürlichen Dispositionen für die Religion und die Gottesbeziehung von unseren Eltern (als Mutter und Vater) und von ihren Gottesbildern geprägt werden. Wenn man Religion als das Bezogensein des Menschen auf das Umgreifende, Wesentliche, als das Ergriffensein vom Unbedingten versteht, dann kann die Mutter tatsächlich als der „erste Gott des Kindes" oder weniger mißverständlich als erstes Gottessymbol verstanden werden (Fraas 1978, 178 ff.).
D. Funke faßt die entwicklungsgeschichtlichen Fakten für die Entstehung des Gottesbildes in drei Stufen zusammen (Funke 1986, 48 ff.): Auf der *ersten Stufe* versucht das Kleinkind, den paradiesischen Zustand der völligen Ungetrenntheit weiter zu erhalten, indem es die Mutter idealisiert und mit aller Vollkommenheit ausstattet. Der Glaube erscheint als eine „rückwärtsgewandte Sehnsucht nach der paradiesischen Ureinheit, wobei Gott weitgehend mit den Eigenschaften einer nährenden und beschützenden Mutter

ausgestattet ist. Dieser Mutter-Gott gefährdet jedoch die weitere Entwicklung, weil er jeden Kontakt mit der Realität verhindert". Auf der *zweiten Stufe* schreibt sich das Kind selbst die phantasierten Vollkommenheiten der Mutter zu. Mit der Entwicklung wichtiger Ich-Funktionen (stehen/gehen) „wächst die Lust an der Beherrschung der Welt". Jetzt bildet sich eine Glaubensform, in der die nicht aufgegebenen Allmachts- und Vollkommenheitsvorstellungen durch eine Identifizierung mit dem Göttlichen zu retten versucht werden. Die narzißtische Omnipotenz wird aufrecht erhalten durch Einverleibung der göttlichen Allwissenheit und Allmacht. Da dieses idealisierte Selbst-Bild die narzißtische Krise nicht lösen kann, wendet sich das Kind auf einer *dritten Stufe* dem Vater zu, der die symbiotische Mutter-Kind Situation als befreiende dritte Person auflösen kann und sich dem Kind als der „Verbieter" einprägt, der zu der ausschließlichen Beziehung zur Mutter nein sagt. Auf dieser Stufe des idealisierten Vaterbildes wird „der Glaube an einen allmächtigen und allwissenden Vater-Gott geboren", der vor allem in der Über-Ich-Bildung als Autorität und Verantwortung in Freiheit (Gesetz) zur Wirkung kommt.

Nach Fraas hängt der Einfluß der Eltern auf das frühkindliche Gottesbild auch vom „Archetypischen" ab, das im kollektiven Unbewußtsein das Vorhandensein von Eltern repräsentiert und ihr Erfahrenwerden und mögliches Einwirken antizipiert, unabhängig davon, ob das Kind beispielsweise seinen leiblichen Vater kennt und mit ihm aufwächst" (Fraas 1978, 180 ff.). In den von mir untersuchten 400 Fällen, wo der Vater in den ersten fünf Lebensjahren gestorben oder abwesend war (z. B. Gefangenschaft) existierte gar keine oder eine versteckt aggressive, *distanzierte Beziehung zum Vater-Gott.* Als Ansprechpartner im Gebet wurden ausschließlich Jesus oder allgemein Gott genannt. In den wenigen Ausnahmefällen entpuppte sich der „gute himmlische Vater" schon bald als ein projektiver Wunschgott der Kindheit, auf den aber unbewußt auch das nie eingestandene Urmißtrauen und die Wut des Kindes gegenüber dem treulosen und nicht-verläßlichen eigenen Vater übertragen wurde. Das Kind klammerte sich in seiner Enttäuschung und Angst an diesen Ersatz-Vater-Gott und hielt sich fest an ihm, ließ sich aber niemals in seine Hand fallen, aus Angst, Gott würde es genauso fallen lassen, wie sein Vater damals. Ein Korrektiv eines solchen Gottesbildes setzt eine Auseinandersetzung mit dem „bösen Vater" der Kindheit voraus. Denn in der Erinnerung wird das unbewußt negative Vaterbild meist verklärt und glorifiziert, oder man kann sich nicht erinnern. Weil die von ihm zugefügte Lebenswunde („du bist nicht wert, daß ich bei dir bleibe", „ich lasse dich fallen, ich verlasse dich, nachdem ich dir das Leben gegeben habe") so schmerzt und wehtut, ist sie tief verdrängt. Die als Kind erlebten negativen Gefühle (Wut, Haß, Ablehnung) bedrohen das Wunschbild des guten Vaters und werden in vielen Fällen auf Gott übertragen, den man dann nicht als „gütigen Vater" sehen kann.

Die *Auseinandersetzung mit dem Negativ-Vater* wird nicht nur durch das vierte Gebot erschwert. „Über Tote soll man nur Gutes reden und denken!" „Lassen wir ihn doch in Frieden!" Solche Elternbotschaften verhindern ebenfalls eine konstruktive Aufarbeitung, besonders dann, wenn es sich um einen schwachen, ungeliebten Vater handelt, „der sich nicht einmal wehren kann!" (In ähnlicher Weise haben Frauen [weniger Männer] mit negativen Mutterbeziehungen oft eine distanzierte und gestörte Beziehung zu Maria, „mit der ich nichts anfangen kann".) Häufig kann eine solch negative Beziehung zum Vatergott über eine positive Christuserfahrung aufgearbeitet werden, indem Jesus mich zu seinem Vater führt und ich über ihn mit dem Vater vertrauter werde.

In diesem Zusammenhang sei noch einmal darauf hingewiesen, daß die Auseinandersetzung mit Mutter oder Vater oft *stellvertretend* geführt wird. Und zwar nicht nur über andere Autoritäten oder Institutionen (Kirche), nein, auch Gott ist häufig Ziel der Wut und des Hasses, die eigentlich den Eltern gelten.

Offensichtlich gibt es viele versteckte und indirekte Möglichkeiten, Gott seine Abneigung z. B. durch Gleichgültigkeit, Nicht-Beten, Kirchenaustritt, moralisch nicht erlaubte Handlungen etc. zu zeigen. Die *direkte, aggressive Auseinandersetzung mit Gott* (Fäuste gegen ihn erheben, Wut ausdrücken) wird meist aus Furcht vor der zu erwartenden Strafe vermieden. Die Skulpturen und Bilder bestätigen eindrücklich diese Tatsache. Die gestalteten,

geformten und gemalten Gottesbilder beweisen aber ebenso klar, wie stark die Elternfiguren das Gottesbild unbewußt mitprägen: Die Gestalt Gottes trägt häufig die Züge der Eltern, bis hin zur Figur, zu typischen Gesten, Haltungen und den Kleidern.
Ein etwas extremes, aber typisches Beispiel ist eine junge Frau, die sich über den schwachen, am Kreuz sterbenden Jesus mit ihrem schwachen, in Haß-Liebe verbundenen Vater („Schlappschwanz“) auseinandersetzt. Als Gottesbild malt sie einen germanischen Gott Wotan, einen Kriegshelden mit spitzem Helm und blutigen Haaren. Unter dem Helm entdeckt man schon bald die depressiven und traurigen Gesichtszüge des Vaters wieder, mit dem sie sich unbewußt in der kriegerischen Gestalt des Wotan auseinandersetzt. In einem kommentierenden Gedicht heißt es u. a.:

„Wenn der Andere,
der Blasse,
der sanfte Gott
aus Nazareth,
ausgelitten,
ausgeröchelt
sich sterbend
in die Grube legt,
traun, Starker,
dann kommt deine Zeit! ...
Die trächtige Welt
von Golgatha
versengt mit Todeshauch
lodert wieder,
Furchtbringender dir auf.
Wie schwillt die Flur
in deinem Morgenstrahl,
und tösend tönt das Meer
von deinem Widerhall,
darin der letzte Schrei
am Kreuzesstamm erstickt,
und tosend jauchzt
dir meine Seele mit.
Befreit vom Himmel
darf ich wieder hassen,

berauschten Muts
zum Schwerte fassen,
schon singt das Eisen
schwirrend durch die Luft
und schaudernd atme ich den Duft
des warmen Bluts ...
(Jacobi 1969, 220)

Aus vielen vorwurfsvollen und wütenden Briefen auf Gott oder umgeschriebenen Klage- und Fluchpsalmen kann man schließen, daß zahlreichen Menschen eine aggressive Auseinandersetzung mit Gott leichter fällt als die mit den Eltern.

Abschließend können wir festhalten: Mutter und Vater haben einen wesentlichen Einfluß auf die natürliche Entwicklung des Gottesbildes. Bei schwierigen und negativen Lebensbedingungen entwickeln sich unbewußt die dementsprechenden Gottesbilder, die z. B. die Züge der grausamen Mutter, des fordernden und leistungsorientierten Vaters tragen.

Oft weisen psychosomatische Störungen wie Magenbeschwerden, Kopfschmerzen, Herzinsuffizienzen, Asthma, Stottern u. a. m. oder starke Ängste, Schuldgefühle, Alpträume, Süchte, Aktivismus etc. auf unbewußt negative Gottesbilder hin.

Pfarrer Z. leidet seit frühester Kindheit unter Asthma und Erstickungsanfällen. Mit Medikamenten hält er sich einigermaßen arbeits- und lebensfähig, ist im Tiefsten aber unzufrieden und hatte gelegentlich auch Selbstmordgedanken. Im Gebet sucht und findet er immer wieder neu die Kraft, durchzuhalten. Als Gottesbild nennt er den guten Hirten oder Jahwe, den Gott, der für mich immer da ist. Aus seiner Lebensgeschichte ergibt sich, daß seine Mutter ihn unbedingt haben wollte, um „auch etwas Sinnvolles für sich zu besitzen". Z. wurde gegen den Willen des Vaters gezeugt, der ihn abtreiben lassen wollte: „Du sollst nicht leben!". Bei der Geburt wäre Z. fast durch die Nabelschnur, die sich um seinen Hals schlang, erdrosselt worden und lag einige Wochen im Krankenhaus. In den ersten Lebensjahren wollte ihn sein Vater nicht sehen, während ihn die Mutter mit ihrer Fürsorge und Liebe fast erstickte. Schon als Kind flüchtete er, um zu überleben, in seine Herrgottsecke, wo er spielte, betete und sich von Gott sowohl vor dem bösen Vater als auch vor der verschlingenden Mutter beschützt fühlte. Bei aller gnadenhaften Wirklichkeit der Gottesbeziehung entwickelte Z. unbewußt neben seinem projektiv-positiven Gottesbild vom Hirten unbewußt eine negative Gottesvorstellung. Dieser bedrohliche Gott nimmt ihm – ähnlich wie Vater und Mutter – den Lebensodem und löst die von der Geburt her rührenden Erstickungsängste aus. Dieser Zustand wiederholte sich vor allem in Angstträumen und in Situationen, die denen mit Mutter und Vater in der frühen Kindheit ähnlich waren. Z. stellte Gott in der bewußten Aufarbeitung dieser Schlüsselszene lebensbedrohend dar als einen Dämon, der mit beiden Händen seinen Hals zudrückt. Es war ein langer und beschwerlicher Weg, bis Z. dieses unbewußte „Gottesbild" wahrhaben und sich mit dem Dämon auseinandersetzen wollte. Das war aber die erste Voraussetzung für ein befreites Atmen und Leben aus einem wachsenden Vertrauen zu Gott, der ihm das Leben zusagt und nicht – wie sein Vater – das Leben nehmen will.

Mutter und Vater spielen sicher eine entscheidende, aber nicht ausschließliche Rolle bei der Entstehung des kindlichen Gottesbildes. Bereits in der frühkindlichen Lebensphase ist es wichtig, neben der persönlichkeitsbildenden Bedeutung der Personen-Beziehungspsychologie die der *gegenständlichen Welt* nicht zu übersehen. Die Verinnerlichung der Elternbilder wird ergänzt durch den Kontakt und die Auseinandersetzung mit der Gegenstandswelt. Die Dinge sind im Gegensatz zur Mutter nicht von sich aus aktiv, sondern fordern das Handeln des Kindes heraus..." wodurch es sich als von der Mutter unabhängig erlebt". Die psychischen Wurzeln der religiösen Symbole entstehen hier beim „Übergang des Kindes aus der Ureinheit mit der Mutter in die Getrenntheit der eigenen Existenz" (Funke 1986, 66, 69).

In diesen frühkindlichen Symbolisierungen ist die lebensbegleitende religiöse Frage enthalten, wie der Mensch „trotz aller Brüche und Trennungen, trotz aller verlassenen Paradiese einen Ort des Heil- und Ganzseins finden kann, einen Ort, an dem er sich ohne Angst vor Verschlingung und Untergang zurückfallen lassen kann, um Kraft zu schöpfen für weitere Entwicklungsschritte" oder einfach, um zu überleben (Funke 1986, 69). Da diese Orte meist mit den Schlüsselpositionen identisch sind, in denen das Kleinkind prä- und postnatal, wenn auch noch so eingeschränkt

leben konnte, wird verständlich, warum diese Orte letzter Sicherheit auch vor Gott nur schwer preisgegeben werden.
Die weitere Entfaltung des Gottesbildes in der frühen Kindheit ist ein dynamischer *sozialer Lernprozeß*, an dem neben den Eltern vor allem die Großeltern, Erzieher(innen), Priester, Religionslehrer (innen) beteiligt sind. Hier spielen besonders die Erfahrungen des Kindes im Umgang mit den Bezugspersonen und deren Gottesbeziehung eine entscheidende Rolle. Von Bedeutung ist also die Lebenshaltung der Bezugspersonen, was sie selber sind und leben, ob Vertrauen, Hoffnung, Liebe und Zuversicht in ihnen spürbar wird. M. Leist beschreibt recht anschaulich, wie das Kind im Gebet mit den Eltern erfährt, daß diese sich an einen Anderen, Größeren, eben an Gott mit ihren Anliegen wenden, der für sie nicht sichtbar, aber doch wirklich existent ist. Die Eltern sind also nicht die letzte Instanz, sie werden relativiert in ihrer Gottähnlichkeit, indem sie sich mit ihren Nöten und Bitten zusammen mit dem Kind an Gott wenden. Das Kind erfährt, wie wichtig das Gebet für die Eltern ist. Es erlebt sie friedlich und ruhig, getröstet und zuversichtlich beim Beten. „Bevor das Kind klar denken kann, hat es unersetzliche Erfahrungen über Gott gemacht" (Leist 1979, 12 ff.). Dieses Lernen am Modell Glaubender-Gott ist natürlich besonders effektiv, wenn das Kind diese Menschen mag und schätzt. So gelten für die religiöse Persönlichkeitsentwicklung die allgemeinen Gesetze der Sozialisationstheorie; im Bereich der psychischen Entstehung des Gottesbildes ist das Imitations- und Identifikationslernen vorherrschend. Den Einfluß der Umwelt kann man deutlich in den gemalten Gottesbildern von Kindern erkennen: das nüchterne, farblose, distanzierte und abstrakte Gottesbild des Großstadtkindes und das warme, farbige, in die Alpenlandschaft einbezogene Gottesbild des Landkindes.
Flaschengeist und Superman spielen bei der Gottesvorstellung ebenso eine Rolle wie Verkehrsschilder, Flugzeuge und Raketen (Lang 1978).

2.6.3 Widersprüchliche Gottesbilder und ihre Ursachen

Die Widersprüchlichkeit der Gottesbilder zeigt sich nicht nur in der grundsätzlichen Unmöglichkeit, Gott in seinem Dasein und Sosein zu erfassen. Sie offenbart sich besonders in dem *Unterschied zwischen den bewußten und unbewußten Gottesbildern*, die sich oft gegensätzlich darstellen. So kommt es nicht selten vor, daß z. B. ein Priester den guten Hirten und barmherzigen Vater predigt, während er von Ängsten und Skrupeln geplagt, kaum die Wandlungsworte auszusprechen wagt.

Ein weiterer Widerspruch wird deutlich in der *Diskrepanz* zwischen dem vermittelten und dem persönlich erfahrenen Gottesbild; begrifflich wurde durch Unterricht und Umgebung ein christliches Gottesbild übernommen, ohne daß es innerlich verwurzelt ist. In der Seelentiefe herrscht ein magisches, heidnisches oder säkularisiertes Gottesbild. Solche Menschen tragen oft christliche Kreuze, die mit heidnischen Symbolen (im hohlen Innern) gefüllt sind; wenn das eine nicht hilft, dann vielleicht das andere.

Rudin weist auf einen weiteren Widerspruch hin: daß die Kinder oft nicht das bewußt vermittelte, sondern das unbewußte, „verdrängte" Gottesbild ihrer Eltern und Erzieher leben. Alle verdrängten Angstmotive und Schuldgefühle wirken sich dann aus und bauen an einem negativen Gottesbild der Kinder mit, das unkontrolliert die emotionale Einstellung Gott gegenüber prägt. Von dieser Einsicht her kann man leichter verstehen, „warum nicht selten Kinder vor Gott Angst empfinden und Jugendliche sich vom Religiösen abwenden, obgleich oder gerade weil die Eltern nach außen eine sehr starke religiöse Aktivität entfaltet hatten, während umgekehrt auch Jugendliche den Weg zu Gott suchen, deren Eltern alles Religiöse aus dem privaten und familiären Leben verbannt hatten" (Rudin 1964, 173). Widersprüchlich erleben Kinder auch ihre Eltern, wenn sie Gottes Autorität in der Erziehung in Anspruch nehmen, Gott aber im eigenen Leben nicht beachten und seine Gebote übertreten. Andere Widersprüche in bezug auf das Gottesbild sind in der Diskrepanz zwischen Glauben und Leben begründet (vgl. Kapitel 4).

Nach meinen Erfahrungen gehen die Verfälschungen und Entstellungen des christlichen Gottesbildes vor allem darauf zurück, daß *ein* Attribut, *eine* Erscheinungsweise Gottes *verabsolutiert* und überbetont wird. Auf diese Weise wird Gott z. B. einseitig moralisch als Gott der Gebote gesehen, dem die Einhaltung seiner Gesetze über alles geht und der jede Sünde unbarmherzig bestraft. Dieser *Gesetzesgott* sieht jede Verfehlung und überwacht unbestechlich die Befolgung seiner Vorschriften. Er hält die Menschen mit seinen Drohungen und Strafen in Furcht und Zittern. So positiv Gebote und Gesetze als Schutz und Wegweiser in unserem Leben auch sind, der einseitige Gesetzesgott engt damit das Leben ein. Von vielen wird er als *Buchhaltergott* beschrieben, der kleinlich Soll und Haben in die Lebensbücher der Menschen einträgt, um am Ende ohne Mitleid und Erbarmen die Bilanz zu ziehen.
Diese Bilder vom Gesetzesgott und Buchhaltergott werden in verhängnisvoller Weise gekrönt vom *sadistischen Richtergott*, der Ankläger und Henker zugleich ist. Wer nicht entsprechend den sittlichen Normen und Gesetzen lebt, muß zurecht bestraft werden, damit die Ordnung wiederhergestellt wird.
Im Kapitel über die Schuldgefühle wurde bereits deutlich, daß Menschen, die in der Kindheit abgelehnt und nicht um ihrer selbst willen geliebt wurden, sich oft ihre Daseinsberechtigung durch moralisch gutes und lobenswertes Verhalten verdienen wollen. Der verinnerlichte Richtergott mit den Schuldscheinen hat den Sünder in der Hand, weil dieser im Tiefsten spürt, daß er sich sein Leben durch Wohlverhalten nicht erkaufen kann; schon gar nicht bei diesem grausamen und dämonischen Gott. Da man immer wieder sündigt, nimmt die Schuld kein Ende, und so stellt sich allmählich Verzweiflung ein, weil das Scheitern endgültig zu sein scheint. Selbst Gott ist diesen Gesetzen gegenüber ohnmächtig: Er muß mich verdammen, wenn ich schuldig bin, entsprechend der verinnerlichten Vorstellung von Ihm. *Dieses Bild vom unerbittlichen Richtergott* ist in den mir bekannten Lebensgeschichten am meisten vertreten, wenn es auch oft im Unbewußten sehr verborgen liegt und von den vordergründigen positiven Gottesvorstellungen verdeckt ist. In ihren aktuellen Ängsten, Schuldgefühlen,

Depressionen oder psychosomatischen Störungen erleben es viele als „befreiende Offenbarung", diesen grausamen Dämon, der meist die Person des Vaters oder der Mutter verkörpert, als eine Ursache des kranken Lebens zu entdecken. Interessant ist die Tatsache, daß dieses Zerrbild von Gott in den meisten Fällen *mit der Schlüsselposition korrespondiert* und die Betroffenen ihm die negativen Schlüsselworte und Elternbotschaften in den Mund legen. Die *negative Schlüsselposition* bleibt nicht nur psychologisch, sondern auch religiös gesehen eine Schwachstelle des Lebens. Der Versucher hat durch Berühren der Lebenswunde meist leichtes Spiel, das tiefe Urmißtrauen des Kindes auch auf Gott zu übertragen und die kindlichen Überlebensstrategien auch beim unerbittlichen Richtergott anzuwenden: Ich muß mir mein Leben verdienen und durch sittliches Wohlverhalten erkaufen. Damit verbindet sich oft ein *magisches Gottesbild*: Wenn ich vor Gott etwas leiste, verdiene ich mir eine Belohnung, die immer größer ausfällt, je mehr ich mich bemühe. Gnade und Erlösung müssen dann letztlich genauso wie das Leben selbst verdient werden, ein Teufelskreis aus Überforderung und Versagen, der zum Scheitern, zur Verdammung führen muß. Selbst Gott wird zum Sklaven des inneren Richters gemacht, wenn Skrupulanten nicht einmal im Bußsakrament Erlösung und Vergebung finden; denn man kann in den einzelnen Vorschriften soviel falsch machen, daß die Sicherheit der Vergebung nie ganz gewährleistet ist. Ein solcher Lebensweg endet oft in selbstzerstörerischer Aktivität und führt bis an den Abgrund der Selbstvernichtung, wo die Schlüsselbotschaft „du bist nicht lebenswert" endgültig wiederholt würde.
Aus diesem Teufelskreis kann man nur befreit werden, wenn das einseitige Pseudo-Gottesbild des unbarmherzigen und kalten Richters als dämonisch *entlarvt und bewußt der dreieinige Gott der Offenbarung gesucht wird*, der auch mich und mein von Schuld beladenes Leben erlöst hat. Jesus verkündet uns den barmherzigen und liebenden Vater, der sich um jeden sorgt. Er hat sich gerade den Mißachteten, den Lebensunwerten, den Ausgestoßenen und Verlassenen liebend und heilend zugewandt. Voraussetzung der Heilung war und ist der Glaube, daß Gott mein Leben

mit all seinen Verwundungen und Verneinungen heil machen und meine Schwächen und Schulden vergeben kann. Erst wenn ich mich ihm mit allen Wunden und Defiziten überlasse und ihm auch die miese Vergangenheit übergebe, kann und wird er mich vom Überleben zum wahren Leben befreien und mir die Gnade schenken, meinen Schuldigern (Eltern) und vor allem mir selbst zu vergeben.

Ein häufiges, im Unbewußten wirkendes Gottesbild ist der *Willkürgott*, der als absoluter Herrscher erlebt wird, dem der Mensch ohnmächtig ausgeliefert ist. Dieser tyrannische Gott ist unberechenbar und verdammt die einen ebenso grundlos, wie er die anderen zum ewigen Leben beruft. In diesem Gottesbild spiegelt sich meist das *frühkindliche Ausgeliefertsein* und die negativ erfahrene Abhängigkeit von „Lust und Laune“ der Eltern wider. Die vor- und nachgeburtliche Beziehung zu Mutter und Vater war bei den Betroffenen ambivalent und nicht zuverlässig. Die Lebenszusage für das Kind war meist ein zwiespältiges Ja–Nein, verbunden mit einem unausgeglichenen Nähe-Distanz-Verhalten. Meist tauchen in solchen Lebensgeschichten jähzornige oder in ihren Gefühlen unberechenbare Mütter und Väter auf, die das Kleinkind abwechselnd mit viel Wärme und Nähe und dann plötzlich mit Ärger und Ablehnung überschütteten. Aus dieser emotionalen Unausgeglichenheit der Eltern, entstehen durch Übertragung Zweifel an der Treue und Zuverlässigkeit Gottes. Solche Menschen fühlen sich oft wie ein Spielball in der Hand des Schicksals und neigen dazu, sich – bei allen Minderwertigkeitsgefühlen – doch lieber auf sich selbst zu verlassen, wie in der Kindheit. Um weitere Enttäuschungen zu vermeiden, trauen sie nur mehr – wie Thomas – den eigenen Augen. Auch bei den Lebenszusagen Gottes tun sie sich schwer zu vertrauen und *glauben meist nur mit Vorbehalt.* Sie haben immer etwas in Reserve und leben nach dem Motto: „Verlasse dich letztlich lieber auf dich selbst, dann wirst du nicht verlassen“ oder „Hilf dir selber, dann hilft dir Gott“. Solche Menschen brauchen viele Absicherungen und versuchen auch, den Willkürgott zu manipulieren (Gebete, magische Riten, Leistungen, Klagen etc.) und so für ihr Leben nutzbar zu machen.

In diesem Zusammenhang sind noch die säkularisierten Gottesbilder zu nennen. Hier werden die absoluten Eigenschaften Gottes wie z. B. seine Allmacht und Allwissenheit auf die Wissenschaft, den Fortschrittsprozeß, eine Partei oder auch auf einzelne Menschen wie Ärzte, Techniker und Therapeuten übertragen, die diese überfordernden Erwartungen enttäuschen müssen. Hier spielt auch der Aberglaube wieder eine immer bedeutsamere Rolle bei den sogenannten gläubigen Christen.

Eine Entmythologisierung und Aufarbeitung dieser unbewußten und einseitigen Gottesbilder ist möglich, wenn *sie bewußt gemacht, wahrgenommen und von ihren psychologischen Ursprüngen her gedeutet und korrigiert werden.* Kann man Gott auch letztlich nicht begreifen und adäquat ausdrücken und bleibt all unsere Erkenntnis über ihn Stückwerk (1 Kor 13; 9,14), so lassen sich doch allzu große Verzerrungen des Gottesbildes vermeiden, wenn wir uns an der göttlichen Offenbarung des AT und NT orientieren. In Jesus Christus ist Gott menschlich greifbar und sichtbar geworden. Wer Jesus sieht und hört, sieht und hört den Vater (Joh 14,9). Christus „ist das Ebenbild des unsichtbaren Gottes“ (Kol 1,15). Jesus Christus hat uns in seinem Leben und in seiner Frohbotschaft vom Reich Gottes die Gedanken, die Absichten und das Innere Gottes kundgetan. In der gläubigen Begegnung mit dem Gottmenschen Jesus können sich unsere Vorstellungen und Bilder von Gott im Rahmen des uns Menschen Möglichen gnadenhaft entfalten. Die Beziehung zu Jesus als Meister, Herr, Lehrer, Messias, Freund, Erlöser, Gefährte, Geliebter, Wegbegleiter etc. gibt uns die Möglichkeit, unser Verhältnis zu Gott differenzierter zu benennen und mit Geist, Leib und Seele ganzheitlicher auszudrücken.

Es ist der von Jesus geoffenbarte Gott, der die Welt so sehr geliebt hat, daß er seinen einzigen Sohn hingab, damit jeder, der an ihn glaubt, nicht zugrunde geht, sondern das ewige Leben hat (Joh 3,16). In der Osterliturgie wird dieser Gott des Lebens und der Liebe besungen und gefeiert, und in jeder Eucharistie empfangen wir als Unterpfand das Brot zum ewigen Leben.

V. MEIN LEBEN IST DAS BESTE!

1. Einführung

„Mein Leben ist das beste!" Klingt diese Überschrift des Schlußkapitels nicht wie eine Provokation angesichts der furchtbaren Lebensgeschichten, die wir kennengelernt haben, und vielleicht auch im Blick auf unsere eigene Vergangenheit? Können wir uns kein besseres Leben für uns und andere vorstellen: z. B. ein Wunschkind gewesen zu sein, geliebt und bejaht von guten Eltern, die keine Lebensbedingungen gestellt hätten? Wäre nicht eine freiere und an den jeweiligen Möglichkeiten und Grenzen des Kindes orientierte Erziehung möglich gewesen, die nicht über-, aber auch nicht unterfordert? Was hätte aus uns bei günstigeren oder gar optimalen Lebensbedingungen alles werden können?
So sehr wir geneigt sind, uns immer wieder in diese Phantasiewelt des „wäre" und „hätte" zu flüchten und unser reales Leben an einem idealen „Traumleben" zu messen: Diese Wünsche und Idealvorstellungen sind irreal und unproduktiv. Sie führen letztendlich zu Unzufriedenheit und Ärger und nicht selten in die negative Schlüsselposition. Denn etwas steht unabänderlich fest: Unsere Vergangenheit bis zum jetzigen Augenblick können wir mit keinem uns verfügbaren Mittel ändern oder gar ungeschehen machen. Sie gehört unwiderruflich zu unserem Leben, wie immer sie auch verlaufen ist.
Mein Leben ist das beste! Dieser Satz bleibt trotz der oft negativen Vergangenheit ein Zielsatz, der vom Überleben zum Leben führen soll. Die Voraussetzung dafür ist, daß wir unser vergangenes Leben, so wie es ist, gläubig aus der Hand Gottes annehmen und aus diesem Erbe unser eigenes Leben gestalten. Dann wird es vielleicht eines Tages möglich sein, daß wir mit Eugen Roth sagen können: „Ein Mensch schaut in die Zeit zurück, und sieht: sein Unglück war sein Glück."
Mein Leben ist das beste! Dieser Satz wird mir immer wieder

indirekt bestätigt, wenn ich am Ende von Kursen oder Beratungen frage: Wer möchte sein Leben gegen das eines anderen tauschen? Und siehe da: gerade diejenigen, die vorher ihr Leben noch beklagten, die es loswerden wollten und ihre Vergangenheit bejammerten, sie halten plötzlich daran fest und wollen es um keinen Preis hergeben. Daraus ziehe ich dann den logischen Schluß: „Also ist dein Leben doch das beste unter allen!"
Eugen Roth drückt diese Weisheit auf seine Weise aus:

„Oft führ man gern aus seiner Haut.
Doch wie man forschend um sich schaut,
erblickt man ringsum lauter Häute,
in die zu fahren auch nicht freute."

(zit. nach Feige 1984, 121).

Während ich früher überzeugt war, daß es bessere und schlechtere Ausgangspositionen für das Leben gibt, bin ich heute nicht mehr so sicher. Ich stelle mir seit einiger Zeit die Frage, ob nicht jede Disposition für das Leben genau die richtige ist, wenn wir daran glauben, daß Gott sie uns zufallen läßt. Entscheidend bleibt, daß der Mensch sich mit seinem Erbe bewußt auseinandersetzt und auf diese Weise vom kindlichen Überleben zu seinem persönlichen Leben findet.
Die Tatsache, daß nichts Psychisches vergeht und jede frühkindliche Erfahrung sich einprägt, läßt uns erst zu Menschen mit einer Lebensgeschichte werden. „Die Fortdauer der einmal gebildeten psychischen Strukturen und deren Abkömmlinge legt uns zwar innerhalb bestimmter Grenzen fest, gibt uns aber auch die Möglichkeit, sie unserer eigenen Entwicklung nutzbar zu machen..." (Funke 1986, 56f.).
Das Bewußtmachen und Erkennen der verborgenen Vergangenheit ist ein wichtiger erster Schritt auf dem Weg der Vergangenheits- und Lebensbewältigung, der aber weitergeführt werden muß. Um die Vor-gabe der Vergangenheit als Aufgabe für das gegenwärtige und zukünftige Leben fruchtbar zu machen, bedarf es eines dynamischen Prozesses, in dessen Verlauf aus der ange-

nommenen Vergangenheit das persönliche Leben bewußt neugestaltet wird.

2. Die fünf Phasen der Vergangenheitsbewältigung

Für die Auseinandersetzung mit der Vergangenheit und für die Heilung der Lebenswunden eignen sich die fünf Phasen, die meine Mitbrüder D. und M. Linn in ihrem Buch „Beschädigtes Leben heilen“ für die Heilung von schmerzlichen Erinnerungen empfehlen. Dabei beziehen sie sich auf E. Kübler-Ross, die erkannt hat, „daß Sterbende in der Auseinandersetzung mit den seelischen Wunden des Todeskampfes gewöhnlich fünf Stufen durchschreiten: die Phase des Nicht-wahr-haben-Wollens, des Zorns, des Verhandelns, der Depression und der Zustimmung“ (Linn 1984, 15).

Sie begründen die Wahl dieses Modells u. a. damit, daß seit jeher der Heilungsverlauf von Lebenswunden auf diese Weise geschieht. So z. B. auch in der Geschichte vom verlorenen Sohn, wo Vater und Sohn diese fünf Phasen der Heilung durchlaufen (Lk 15,11–32).

Nach meiner Erfahrung kann das Phasenmodell helfen, sich besonders emotional in diesem oft langwierigen Prozeß der Vergangenheitsbewältigung besser zurechtzufinden und auf die Zukunft hin zu orientieren.

Wenn die einzelnen Phasen auch nicht streng linear verlaufen, und der Zorn z. B. auch in der Depressionsphase wieder aufflammen kann, so sind die fünf Phasen doch wie Meilensteine auf diesem Weg zur Heilung der Vergangenheit. Wer diese Phasen der Vergangenheitsbewältigung bis zur Annahme und Versöhnung nicht durchmacht, läuft Gefahr, daß ihn diese Vergangenheit unbewußt immer wieder einholt wie eine nicht ausgeheilte Krankheit, die zu einer chronischen Lebensbehinderung führen kann. Mit den wohlbekannten Rezepten zum Unglücklichsein aus den ersten Kindheitsjahren besorgt man sich immer wieder die negativen Grundgefühle wie Trauer, Enttäuschung, Schuld, Minderwertigkeit, Ver-

lassenheit, Mißtrauen, Angst etc., die letztlich in der lebensbedrohlichen Schlüsselposition verwurzelt sind und dort enden (de Roeck 1984). Meist bleibt man dann in der Phase der Depression und Trauer stecken, die dann häufig als Alibi dienen, das Leben selbst nicht in die Hand nehmen zu müssen.
Deshalb ist es unser ausdrückliches Ziel, uns bewußt von dieser vergangenen Welt der kindlichen Alp- und Wunschträume mit ihren emotionalen Verstrickungen zu trennen, um jenseits der symbiotischen Verhaftung ein selbständiges und eigenverantwortliches Leben zu führen. Erst wenn wir diesen Prozeß der Vergangenheitsbewältigung durchgemacht haben, werden die frühkindlichen Lebenswunden verheilen. Die Narben können, je nach „Lebens-Witterung", immer wieder schmerzen, ohne daß dadurch das eigentliche Leben sehr gestört würde.

2.1 Einige Vorbedingungen

In diesem Prozeß sind einige Vorbedingungen zu beachten, die wir zum Teil schon früher erwähnt haben.

1. Die Einsicht, daß mein Leben letztlich nur von Gott her und auf ihn hin einen Sinn erhält.
2. Die Erkenntnis, daß die Urwünsche des Menschen nach Namen, Macht und Heimat in dieser Welt nie ganz erfüllt werden und in die Sehnsucht münden.
3. Das bewußte Erkennen, daß Gott mir (in der Taufe) das Leben ausdrücklich zugesagt hat: Von Anfang an, zur gleichen Zeit, als mein Leben eventuell von den Eltern abgelehnt wurde.
4. Die feste Absicht und die bewußte Entscheidung, mich auf diesen schmerzlichen Prozeß einzulassen und die einzelnen Phasen durchzugehen und durchzuleiden, um letztlich die Wunden der Vergangenheit anzunehmen und sie Gott zur Heilung zu überlassen.
5. Die Wahl eines Menschen meines Vertrauens, der diesen schwierigen Prozeß ermutigend und unterstützend begleitet und der mir hilft, die Geister zu unterscheiden. Denn die Versuchung, diesen leidvollen Prozeß der Vergangenheitsbewältigung

zu unterbrechen und zu vermeiden, ist ebenso groß wie die Gefahr, sich darin zu verlieren und festzubeißen.

6. M. und D. Linn nennen zwei weitere Vorbedingungen: a. Ich muß glauben, daß Gott mich bedingungslos liebt, auch in den Tragödien und in den schwachen Stunden meines Lebens. Diese Liebe kann zunächst über einen wertvollen Menschen, dem ich mich anvertraue, „vorerfahren" werden (Linn 1984, 69ff.). b. Ich muß diesem liebenden und geliebten Gott alles mitteilen können.

   Ausdrücklich betonen die Autoren, daß es notwendig ist, sich ganz von Gottes Liebe durchdringen zu lassen und im Gebet eine Antwort zu suchen.

Hier ist zu fragen, ob diese Vorbedingungen von jedem, der sich auf den Weg der Vergangenheitsbewältigung begibt, erfüllt werden können und müssen? So sehr ich einer Grundhaltung des Glaubens im Sinne eines christlichen Lebensverständnisses als Vorbedingung zustimme, habe ich doch häufig erlebt, daß Menschen durch die zu schnell herbeigeführte religiöse Dimension harmonisiert und sich damit unbewußt der Auseinandersetzung mit Gott entzogen haben.

Hier wäre der erste Schritt die bewußte Auseinandersetzung mit den „bösen Eltern" und der lebensverneinenden, schlimmen Kindheit. Danach könnten sich der Zorn und die Vorwürfe gegen Gott z. B. in einem Streitgespräch oder einem Brief entladen; „denn Gott hat mir doch dieses verpfuschte Leben samt den bösen Eltern letztlich eingebrockt". Ein vorschneller und zu einseitiger Lösungsversuch auf der „geistlichen Ebene" könnte die Aufarbeitung der Vergangenheit auf der „natürlichen Ebene" und damit eine ganzheitliche Heilung des Lebens behindern.

Das Fazit: Wenn man sich also auch nicht auf alle empfohlenen Vorbedingungen und Gebetsübungen des Buches von M. und D. Linn einlassen kann, so ist es dennoch hilfreich und nützlich, die Vergangenheitsbewältigung in den angegebenen fünf Stufen zu versuchen.

2.2 *Die fünf Phasen*

Im folgenden beschränken wir uns auf eine kurze Beschreibung der Phasen und bringen einige Hinweise auf ihre jeweilige Bedeutung für die Vergangenheitsbewältigung. Ansonsten darf ich die Leserinnen und Leser, die sich mehr informieren wollen, auf das Buch von M. und D. Linn verweisen, in dem „die Stufen des Sterbens und Vergebens" ausführlicher beschrieben werden (Linn 1984, 95–207).
Die beiden Autoren machen – von einer ganzheitlichen Sicht des Heilens ausgehend – besonders auf die psychosomatischen Erkrankungen aufmerksam, die sich als Folge einer mangelnden Auseinandersetzung mit Zorn und Schuld einstellen.

1. Phase: Nicht-wahr-haben-Wollen

Wenn wir uns die eigene Vergangenheit bewußt machen und die Verletzungen und negativen Schlüsselerfahrungen wahr-nehmen, dann liegt ja meist eine jahrelange Phase des Verdrängens und Verleugnens dieser schmerzlichen Erinnerungen hinter uns. In den ersten Jahren haben wir als Kind gelernt, trotz der Lebensverneinungen weiter zu leben und entsprechende Überlebensstrategien durch Anpassung und Leistung zu finden. Auf Kosten der persönlichen Entwicklung und Ich-werdung überstanden wir zwar die lebensbedrohenden Situationen, doch der dafür bezahlte Preis war hoch: ein bleibendes Urmißtrauen und ein verkümmertes bzw. eingemauertes Herz voller Angst vor neuen Verwundungen. Mit zunehmendem Kindesalter waren es zunächst Phantasien von guten Eltern, von Feen, vom „lieben Gott", und später die Projektion der innersten Wünsche, die uns an der Aufarbeitung der Vergangenheit hinderten. Ein vielfach bewährter Verteidigungsmechanismus war z. B. die Rationalisierung, d. h. wir machten uns vor und redeten uns ein, daß wohl alles nicht so schlimm gewesen sei; daß wir eine normale Kindheit verbracht haben; daß es uns im Vergleich doch recht gut ging; daß andere viel Schlimmeres erlebt haben; daß wir eigentlich Gott dankbar sein sollten und schließlich alles in Ordnung sei.

Und doch zeigt sich im gegenwärtigen Leben viel Unordnung. Manche greifen auf die bewährten Verhaltensweisen der Kindheit zurück und verschaffen sich die notwendige Anerkennung und Zuwendung durch ein „Mehr“ an Leistung, Erfolg, Anpassung, Liebsein, Kuschen, Sich-nützlich-Machen, Fromm-Sein etc.
Andere kompensieren und spülen die verletzten Gefühle und die Wut mit Alkohol, Drogen oder öfters mit feineren „Ausflüchten“ wie ein „Mehr“ an Arbeit, Essen, Schlafen, Fernsehen, Karriere, Macht etc. herunter. All diese verleugnenden Mechanismen führen je länger je mehr zu einer intensiveren Verdrängung bis hin zu der Einbildung, daß dieser Zustand des Überlebens bereits das *endgültige Leben* ist.
Aber selbst dann, wenn wir in den Prozeß der Auseinandersetzung mit unserem vergangenen Leben eingetreten sind, müssen wir damit rechnen, daß uns bei aufkommenden Ängsten und schmerzhaften Erinnerungen die Versuchung des Nicht-wahr-haben-Wollens überfällt und wir wie Vogel Strauß den Kopf lieber in den Sand stecken; nicht zuletzt, um den Schritt in die nächste Phase zu vermeiden, die eine der schwierigsten ist: die Stufe des Zorns und der Aggression gegen die Eltern und Gott.

2. Phase: Zorn und Aggression

M. und D. Linn nennen verschiedene „Ausdrucksformen des Zornes“: „Zornige Kinder nässen das Bett oder vergessen zu tun, was sie gerade versprochen haben. Ehemänner ziehen sich hinter die Zeitung zurück. Ehefrauen schwatzen am Telefon. Mönche und Nonnen setzen ein gezwungenes Lächeln auf und üben Selbstbeherrschung. Arbeiter melden sich krank und werden zu Hause wieder gesund, indem sie ihren Zorn austoben, im Alkohol ertränken oder mit Essen und Medikamenten hinunterschlucken“ (Linn 1984, 117f.).
Die Gefahr ist gerade in dieser Zornphase groß, daß man entweder in die *Phase der Verleugnung zurückfällt* oder den Zorn *gegen sich selbst richtet* und damit oft die lebensverneinende Schlüsselposition verstärkt, ohne es zu ahnen. Der verdrängte Zorn wird sich, wenn er lange genug angestaut ist, seinen zerstörerischen und un-

heilvollen Weg bahnen, sei es über psychosomatische Krankheiten, Selbsthaß, Suizid, Depressionen oder über destruktive Kritik und Wut auf die anderen, die an allem eigenen Elend schuld sind, bis hin zur allgemeinen Lebenswut.

Wenn einer niemals zornig oder aggressiv war, dann ist dies ein auffälliges Signal, um nach verdrängten Aggressionen Ausschau zu halten.

Zorn zu empfinden und auszudrücken, ist eine „ebenso heilsame Reaktion bei seelischer Verletzung wie Schmerzempfindung und -ausdruck bei körperlicher Verwundung. Viele Depressionen verschwinden mit der Antwort auf die Frage: Wer oder was macht mich zornig?“ (Linn 1984, 122).

Die aggressive Auseinandersetzung mit den Eltern und Gott ist deshalb ein unabdingbarer Schritt auf dem Weg der Vergangenheitsbewältigung. Ohne Aggression gibt es letztlich keine Progression, d. h. keinen Fortschritt in der Ich-werdung und auch in der Gottesbeziehung. Eine vorzeitige Annahme oder Versöhnung mit der Vergangenheit führt nur zu einem „faulen Frieden“, wenn die geballten Fäuste gegen das Leben und Gott in der Tasche versteckt bleiben. Die zornigen Fäuste können sich erst öffnen und in annehmende Hände verwandeln, wenn ich sie offen ausstrecke und den Eltern sowie Gott einfach zumute.

3. Phase: Verhandeln und Aufstellen von Bedingungen

Wenn der Zorn sich langsam erschöpft hat, und wir spüren, daß die Wut uns eigentlich nicht weiterbringt auf der Suche nach dem Leben; wenn wir die Vergangenheit objektiver und indifferenter anschauen können, dann beginnt meist die Phase des Verhandelns, in der wir die Bedingungen aufstellen, unter denen wir bereit sind, unsere Vergangenheit mit ihren Defiziten anzunehmen. „Verhandeln ist ursprünglich eine Mischung aus Zorn (Anklage des anderen) und Depression (Selbstanklage)“ (Linn 1984, 136).

Der Verhandlungspartner ist für den gläubigen Menschen direkt oder indirekt Gott, „der mir diese lebensbehindernde Vergangenheit beschert hat“: „Ich will mein vergangenes Leben akzeptieren, *wenn* du mir... gibst.“ Und jetzt werden die Bedingungen ge-

nannt, die meist eine positive Veränderung der Kindheit beinhalten: mehr Zuwendung, mehr Wärme und Heimat, mehr Urvertrauen und Liebe; d. h. aber letztlich einen besseren Vater und eine liebevollere Mutter als es die realen Eltern in der Kindheit waren: meine Traumeltern, die mich ohne Vorbehalte gern haben.
Wie oft bin ich 50- und 60jährigen Frauen und Männern begegnet, die immer wieder vergeblich versuchten, die in der Kindheit vorenthaltene Liebe von ihrer Mutter und ihrem Vater bei Besuchen, in gemeinsamen Ferien oder im Zusammenleben doch noch nachzuholen. In diesem regressiven Verhalten ist kein Fortschritt möglich, weil sich nun einmal aus einer in der Kindheit erlebten „Hexenmutter" nicht plötzlich eine „gute Fee" machen läßt.
Vor allem fehlt aber in diesen Fällen die Bereitschaft zur *Vergebung ohne jede Vorbedingung*. Denn der Schlüssel zur Bewältigung der eigenen Vergangenheit liegt wesentlich darin, daß wir Mutter und Vater, die uns das Leben schwer gemacht oder gar abgesprochen haben, bedingungslos vergeben, wie uns Gott unsere Schuld ganz vergibt (vgl. das Gleichnis vom verlorenen Sohn Lk 15).
Das vollkommene Vergeben ist allerdings nicht leicht für Menschen, die sich selbst in der Kindheit ihr Leben und die Zuwendung von denselben Eltern verdienen mußten, denen sie jetzt bedingungslos vergeben sollen. Wir neigen dazu, nach demselben Gesetz und denselben Maßstäben zu handeln: Die anderen und auch Gott müssen uns einerseits Liebe und Anerkennung schenken, wenn wir sie uns verdient haben; andererseits sind wir ebenfalls nur bei einer entsprechenden Gegenleistung zur Liebe und Vergebung bereit. Erst wenn wir die Wiederholungen der kindlichen Lebensweisen bewußt durchkreuzen und die Formen des Verdienen- und Leistenmüssens ablegen, werden wir in der Phase des Verhandelns einen wichtigen Schritt zur Vergangenheitsbewältigung tun können: Die negativen Schlüsselpositionen werden auch in ihren positiven und lebendigen Aspekten erkannt und neu ins Leben eingeordnet. Doch wie schwer fällt es, die „Schwarzweiß-Welt des Zorns hinter sich zu lassen, wo man auf jeden Fall recht hatte und der Schuldner unrecht" (Linn 1984, 139).

Die bedingungslose Vergebung als Vorstufe der Versöhnung können wir bei Jesus lernen, wenn wir z. B. vergebend zu den Eltern und den anderen, die uns die Lebenswunden zugefügt haben, sagen: „Ich will alles Verletzende von dir annehmen und es mit Liebe zu vergelten suchen, bis deine Feindseligkeit verschwindet und meine Freundlichkeit dich heilt" (Linn 1984, 148).
Obwohl wir einsehen, daß eine solche Grundhaltung der Vergebung allein befreien und weiterführen kann, sind doch die nötigen Schritte oft mühselig und erfordern viel Kraft und Mut. Wir müssen deshalb immer wieder mit Rückschritten in dieser Phase des Verhandelns rechnen. Besonders in den Zeiten der Trockenheit und Wüste, die wir leicht mit unseren negativen Schlüsselerfahrungen in Verbindung bringen, halten viele Betroffene Gott ihre schlimme Kindheit vor und fordern von Ihm gleichsam mit Recht eine Wiedergutmachung durch eine besondere, spürbare Nähe und Zuwendung in der Gegenwart. „Wüste, Schmerzen und Verlassenheit habe ich vom Mutterschoß an erlitten; jetzt habe ich mir ein Anrecht auf eine Oase zum Verkosten und Genießen des Lebens verdient."

4. Phase: Depression und Trauer

Das Verhandeln kann schließlich zur Einsicht führen, daß es letztlich nicht möglich ist, die Defizite der Vergangenheit durch ein „mehr" an Leistung, an Wohlverhalten, an Perfektionismus oder durch magische Handlungen ungeschehen zu machen oder nachzuholen. In solchen Augenblicken flammt entweder die Wut gegen uns selbst in der „Hätte-ich-doch-Anklage" auf oder die dunkle Wolke der Depression läßt uns resignieren, „weil in meinem Leben im Zweifelsfalle doch alles schief läuft".
Häufig erfolgt in dieser Phase eine Regression in die negative Schlüsselposition der Kindheit: „Ich bin nicht lebens- und liebenswert." Oder wir geraten in den Teufelskreis des Überlebens: wenn wir einerseits unsere Kräfte ständig überfordern, um Zuwendung z. B. über Leistung zu erhalten und uns andererseits anklagen, weil wir nicht nein sagen können, zuviel tun und keine Zeit haben, irgend etwas richtig zu machen. Da wir im Tiefsten spüren, daß

die durch Leistung und Wohlverhalten erkauften Komplimente nicht uns selbst gelten, können wir kein Lob mehr hören, vertragen wir aber auch keine Kritik, die alte Wunden aufreißen würde.

Wenn ich „Depression“ körperlich als Skulptur gestalten lasse, dann entsteht meist eine am Boden kauernde, in sich verschlossene Figur, den Kopf zwischen den Knien eingeklemmt, den eigenen Nabel anschauend, sich an sich selbst festhaltend, ohne Öffnung und Aussicht, nur auf sich fixiert und in sich gefangen. In der depressiven Phase dreht sich eben mein ganzes Denken und Fühlen nur um mich und meine Probleme: Ich bin ganz in dieser Ich-Haftigkeit, in mir selbst verstrickt. Die vorhandene Wut richtet sich destruktiv gegen mich selbst und doch umarme ich meine Depressionen und halte sie fest.

Dieser scheinbare Widerspruch wird verständlich, wenn wir bedenken, welche Streicheleinheiten wir mit unseren Depressionen in der Rolle des Märtyrers, des unschuldig Leidenden, des Dulders, des Bemitleidenswerten, des Nachgebenden, des Friedfertigen, des Toleranten, des Verzichtenden, des Opfers, des Großmütigen etc. gewinnen. Hinzu kommt, daß uns diese Rolle meist als Überlebensposition aus der Kindheit vertraut ist.

Unheilvoll wird dieser Prozeß, wenn ich mich weigere, meine Lebenswunden heilen zu lassen, wenn ich mich der depressiven Stimmung und damit der Vergangenheit ausliefere und mich dadurch einer bewußten Auseinandersetzung entziehe: „Ich bin halt von meiner Vergangenheit geprägt und mache es lieber so, wie ich es immer gemacht habe.“ Aus der Sackgasse der Depressionen und des Selbstmitleids führt nur die bewußte Auseinandersetzung und die bedingungslose Annahme des vergangenen Lebens heraus.

Die Zustimmung und Annahme des eigenen Lebens erfolgt nicht so sehr durch die Erkenntnis der bisher unbekannten Fakten, als durch eine innere Einstellung der Demut: Indem ich mich selbst als einen Menschen mit Defiziten, Schwächen und Sünden sehen kann, der gerade in diesen Schwächen und Schuldgefühlen von Gott Vergebung und Liebe erfährt (vgl. die 1. Woche der ignatianischen Exerzitien – I. v. Loyola 1962, 15-30). „Depression führt entweder zu Verzweiflung oder zu neuer Hoffnung, je nachdem, ob wir uns auf unsere Probleme oder auf die Liebe Christi zum Sünder konzentrieren" (Linn 1984, 158). Judas war auf sein Problem fixiert und meinte, seine Sünden seien zu groß, um Gottes Vergebung finden zu können. So mußte er schließlich verzweifeln. Petrus glaubte an die Vergebung seiner Schuld und an die Liebe Jesu gerade zu den Sündern und Schwachen. Die Voraussetzung für die Überwindung der depressiven Phase ist die Vergebung und das Erbarmen für uns selbst, das im Glauben an die Barmherzigkeit Gottes begründet ist.

Ob wir Bereitschaft zum Erbarmen und zum Verzeihen besitzen, können wir letztendlich daran erkennen, inwieweit wir Mutter und Vater verziehen haben, die uns die schmerzlichsten Lebenswunden zufügten. „Nur jene, die verstehen, wie sehr Gott sie als Sünder liebt, können dieselbe Annahme denen zuteil werden lassen, die sie am tiefsten verletzt haben" (Linn 1984, 174). Es besteht die Gefahr, daß sich manche – bei einer entsprechenden Schlüsselposition – in dieser depressiven Phase einrichten und *darin verharren*. Sie trauern und weinen oft jahrelang, ohne die tieferen Gründe zu kennen. Dieses „grundlose" Trauern und Weinen ist destruktiv und lebenshindernd und geschieht häufig dann, wenn die zornige Phase übergangen wurde. Es ist für den persönlichen Fortschritt wichtig, sich *bewußt* auf die Trauer über die schmerzliche Vergangenheit einzulassen, sich aber nicht darin zu verlieren. Nach einer angemessenen Zeit sollte die depressive Phase beendet werden. Halten die Depressionen länger an und stellen sich Selbstmordgedanken und psychosomatische Störungen ein, dann sollte man Fachleute um Rat fragen und ihre Hilfe erbitten.

Es kann in dieser Phase im Hinblick auf Annahme und Versöhnung hilfreich sein, sich in die Situation von Mutter und Vater hineinzuversetzen und ihrer Lebensgeschichte nachzuspüren. Oft entdeckt man dabei, daß die Eltern das Beste wollten, aber bei allem guten Willen von ihrer eigenen Geschichte und Sozialisation her gar nicht anders handeln konnten.

Die letzte Phase der Zustimmung und Versöhnung ist dann nicht mehr fern, wenn wir beginnen, unsere vergangenen Defizite und

Wunden in ihren *positiven* Auswirkungen zu sehen: Aus den schmerzlichen Schlüsselerfahrungen können fruchtbare Lebensgaben werden. Kann nicht ein angstvoller und leidender Mensch einen ängstlichen und verletzten Mitmenschen besser verstehen? Kann einer, der Ablehnung und Lebensverneinung erfahren hat, sich nicht sehr kompetent der am Leben verzweifelnden Mitmenschen annehmen und ihnen Lebensmut zusprechen? Haben Leistung, Anpassung, Verlassenwerden, Tod, Entbehrung, Behinderung, Anforderungen, Leid, Krankheit, Schwäche etc. nicht auch positive und heilsame Seiten? So kann „jeder Trieb, der zur Sünde führt..., durch eine andere Ausrichtung zur Gabe werden. Das Bedürfnis des Petrus, immer der erste zu sein, wandelt Christus um zur Gabe der Leitung. Der fanatische Eifer des Paulus bei der Christenverfolgung läßt ihn schließlich die gute Nachricht bis nach Rom tragen" (Linn 1984, 172).
Die depressive Phase wird dann fruchtbar, wenn daraus der Glaube erwächst: Es gibt keine noch so schwere Schuld, die Gott nicht vergeben, keine Lebenswunde, die Er nicht heilen könnte. Es wird niemals eine Situation geben, die Gott nicht erlösen, keine Krankheit und keinen Tod, die Er nicht in Leben verwandeln würde, wenn wir uns ihm überlassen und Ihn um Heilung bitten.

5. Phase: Zustimmung und Annahme

In dem manchmal langwierigen Prozeß der Vergangenheitsbewältigung habe ich es nicht selten erlebt, daß sich die Betroffenen ungeduldig in die Phase der Zustimmung hineinwünschten, diese aber in Wirklichkeit noch nicht erreicht hatten.

Ich erinnere mich an eine 60jährige Ordensschwester, eine kluge, liebenswürdige und religiöse Frau. Sie war unehelich geboren, nicht gewollt, gleich nach der Geburt zu Pflegeeltern weggegeben worden. „Weggeworfen" war ihr Schlüsselwort. Sie hatte sich vor einigen Jahren mit ihrer Mutter, kurz vor deren Tod, ausgesprochen und versöhnt. Sie betete auch regelmäßig für ihre verstorbenen Eltern.
Auf meine Frage, wieweit sie in der Bewältigung ihrer Vergangenheit sei, antwortete sie spontan: „Ich bin mit Mutter und Vater, Gott sei Dank, versöhnt, ich kann meine schmerzliche Vergangenheit heute von Gott

annehmen!“ Dem widersprachen einige Beobachtungen und Eindrücke. Schwester R. war z. B. sehr empfindlich bei Kritik, war immer aktiv und im Streß und strahlte mehr Unruhe als Gelassenheit aus. Ihren Hunger nach Anerkennung befriedigte sie durch ihre mütterliche Sorge für die anderen und eine auffällige Hilfsbereitschaft. Die geistlichen Übungen fielen ihr im Alltag schwer, sie kam nicht zur Ruhe, obwohl sie Zeiten der Stille hatte, und erlebte sich in einer Phase der Gottferne und Trockenheit. In einer Übung wollten wir ihre Aussage: „Ich kann meine Vergangenheit annehmen, ich bin versöhnt!“ überprüfen.

Schwester R. wählte als Symbol für ihre Vergangenheit ein Bild. Sie nahm es von der Wand in beide Hände und ging damit auf Gott zu, „um ihm ihre Vergangenheit darzubringen“.

Bei der anschließenden Reflexion bemerkte sie selbst den leeren Flecken an der Wand; sie spürte, daß ihre Hände voll von der Vergangenheit waren, die sie festhielt und „Gott eigentlich vor die Füße werfen wollte“.

Schwester R. hatte die Phase der zornigen Auseinandersetzung übersprungen und befand sich in einer unerklärlichen Phase der Traurigkeit und Mutlosigkeit, die sie mit viel Aktivität und Engagement – von vielen bewundert – zu überbrücken suchte. Sie wurde dabei immer depressiver, weil sie die Wut auf die Eltern und auf Gott gegen sich selbst richtete. Nach einiger Zeit konnte sie sich dann wirklich mit den Eltern versöhnen; d. h. ihren Eltern und Gott vergeben, daß sie als Kind weggeworfen wurde, eine Tatsache, die sie bis jetzt am Leben hinderte. Danach war es ihr möglich, die wunderbare Führung Gottes in ihrem Leben zu erkennen, als sie ihre Geschichte mit Gott vom Beginn ihres Lebens an aufschrieb. Schwester R. durfte im Sakrament der Buße und Eucharistie die bedingungslose Annahme und Vergebung durch Gott erfahren. Deshalb konnte sie nicht nur ihren Eltern verzeihen und ihre „Wunde des Weggeworfenseins“ akzeptieren. Durch ihre Zustimmung war es ihr dann auf eine viel tiefere und existentielle Weise möglich, die Schmerzen und das Leid anderer Menschen anzunehmen. Die Zustimmung wirkte sich so befreiend und erlösend auf ihr eigenes Leben und ihre Seelsorge aus, weil beim Anblick der eigenen und fremden Verletzungen der Schmerz nicht mehr allein vorherrschte, sondern immer mehr das aus den Wunden und dem Leid entstandene Reifen und Wachsen als Frucht in den Blick kam.

Der Prüfstein für die wirkliche Versöhnung und Annahme des vergangenen Lebens ist die Offenheit und der positive und liebe-

volle Umgangsstil im alltäglichen Leben: Gott, dem Nächsten und sich selbst gegenüber.
Wie viele Menschen durfte ich kennenlernen, die durch die Annahme ihrer schmerzlichen Vergangenheit die negativen Schlüsselerfahrungen der Kindheit in heilsames und positives Leben und Tun in der Gegenwart umgewandelt haben. So hat sich z. B. Schwester R. als Gruppenmutter im Kinderdorf aus ihrer akzeptierten Schlüsselposition „Weggeworfen" heraus, besonders der weggeworfenen und verstoßenen Kinder angenommen. Ein „Vorzeigekind", Frau Y., die als Kind nur Zuwendung über Leistung bekam, pflegt bewußt alte und todkranke Menschen, die nichts mehr leisten können.
Der zwischen Mutter und Vater hin und her gerissene Herr S. sorgt sich als Scheidungsanwalt um die Kinder aus geschiedenen Ehen und bemüht sich zunächst um eine Versöhnung der Ehepartner. Ein Priester, der auf der Flucht vor den Russen als einziger von der Familie übrig blieb, sorgt sich um Flüchtlinge und Asylanten...
Die Zahl der Menschen, die aus einer leidvollen und negativ verlaufenen Vergangenheit durch Annahme und Zustimmung die Kraft schöpften, das Leid anderer zu lindern, ist gerade in den helfenden Berufen groß. So rühmt auch der heilige Paulus die Liebe Christi nicht deshalb, weil er selbst kein Leid erfahren hätte, sondern gerade weil er durch sein Schuldigwerden, in Schiffbrüchen, Verfolgungen, Verleumdungen, Gefangenschaft und Todesgefahr erlebt hat, daß Gott bei denen, die ihn lieben, alles zum Guten führt (Röm 8,28; 2 Kor 11,23 ff.).
Auch wir können an unserer negativen Vergangenheit wachsen, wenn wir sie mit den Augen Gottes sehen und sie als heilsame Entwicklungschance in unser Leben einordnen. Wenn wir erkannt haben, daß genau diese unsere Vergangenheit die beste für uns war und ist, dann ist die Zeit reif, diesen ersten Lebensabschnitt anzunehmen und für das ganze Leben fruchtbar zu machen:

Gott, schenke uns Gelassenheit,
das hinzunehmen, was wir nicht ändern können.

Gott, schenke uns Mut, das zu ändern,
was wir ändern können.

Gott, schenke uns Weisheit,
das eine vom andern zu unterscheiden.

(Altes Pilgergebet)

M. und D. Linn weisen noch darauf hin, daß wir im Geiste der Annahme und Versöhnung wachsen können, wenn wir uns an der Bergpredigt orientieren. Die aus den Seligpreisungen abgeleiteten Fragen können uns bei diesem Wachstumsprozeß helfen (Linn 1984, 198 ff.).

3. Vom Überleben zum eigenen Leben

Wandeln kann man nur, was man kennt und angenommen hat. Wenn man das vergangene Leben in den fünf Phasen verarbeitet und sich in der Zustimmung mit den Eltern und Gott versöhnt hat: In diesem Moment kann das vorgegebene Leben als Aufgabe angenommen und neugestaltet werden. Für diese Neugestaltung gibt es keine Altersgrenze. Ich habe 60- und 70jährige, ja noch ältere Menschen erlebt, die dankbar die Chance der Lebenserneuerung wahrgenommen haben. Für eine Therapie, als Heilung des Lebens verstanden, ist es eigentlich nie zu spät.

Die Möglichkeiten und Grenzen dieser Neugestaltung werden einerseits von den ererbten Einstellungen und Verhaltensweisen der Eltern mitbestimmt; andererseits können nach einer kritischen Überprüfung bewußt neue Ziele und Schwerpunkte gesetzt werden, die dann das individuelle Leben mit dieser konkreten Vergangenheit ausmachen.

Eine große Hilfe bei der Lebenserneuerung ist die beständige, geistliche Begleitung (z. B. alle 4-6 Wochen). Während die therapeutische Beratung eigentlich nur in Krisen und Problemsituationen beansprucht wird, findet die geistliche Beratung nach guter christlicher Tradition kontinuierlich in schlechten aber auch in guten Zeiten des Lebens statt, damit kein Stillstand oder Leerlauf eintritt.

Zusammenfassend möchte ich den Weg vom Überleben zum erfüllten Leben am Beispiel einer behinderten Frau aufzeigen, die mir und vielen anderen mit ihrem Lebensmut wichtige Impulse für eine Lebenserneuerung aus dem Glauben gegeben hat.

Frau C. fiel mir zuerst in einer Gruppensitzung auf, als sie plötzlich ohne ersichtlichen Grund einen markerschütternden Schrei ausstieß, der sich nach Minuten in Schluchzen auflöste. Als wir nach geraumer Zeit das Geschehen reflektieren konnten, deutete sie selbst ihren „Ausbruch" als einen Urschrei nach Leben, das ihr von Anfang an verweigert worden war.

Ausgelöst wurde der Schrei durch das Stichwort „totgeboren". Ein anderes Gruppenmitglied, Frau D., erzählte, daß ihr Bruder im Mutterschoß kurz vor der Geburt gestorben und folglich totgeboren sei. Da diese Teilnehmerin die Todesfrage sehr beschäftigte, vermuteten wir, der Grund dafür könnte vielleicht darin liegen, daß sie in einem Mutterschoß gezeugt wurde, in dem der Bruder drei Monate vorher gestorben war. Sie nannte den Schoß, in dem sie neun Monate lebte, „Todesgruft". Frau D. meinte, sie habe permanente Schuldgefühle, weil „mein Bruder sterben mußte, damit ich leben konnte".

Als dann das Wort „totgeboren" fiel, brach aus Frau C. der Urschrei nach Leben heraus. Es wiederholte sich in ihr die Situation ihrer Frühgeburt, die bei einem handgreiflichen Streit ihrer Eltern durch Tritt des Vaters in den Unterleib der Mutter verursacht worden war. Jetzt wurde Frau C. auch klar, warum sie beim Schluchzen immer wieder „noch nicht" und „nein" gerufen hatte, wobei sie sich wie ein Embryo zusammenzog: Sie klammerte sich als Sieben-Monats-Fetus bei diesen lebensbedrohenden Fußtritten im Schoß der Mutter fest und wollte noch nicht geboren werden. Als wenn sie die Zukunft geahnt hätte: Denn mit der Geburt begann ihr Leidensweg.

Das Leben von Frau C. entstand, als ihre Mutter auf der Flucht von russischen Soldaten mehrmals vergewaltigt wurde. Nach sechs Wochen traf die Mutter sich mit ihrem Mann im Westen, da er frühzeitig aus der Gefangenschaft entlassen wurde. Sie wollten eine neue Existenz gründen. Wie ihre Mutter später Frau C. berichtete, fürchtete sie damals nichts mehr als eine Schwangerschaft. Als sie dann doch schwanger war, betete sie verzweifelt zu Gott, er möge ihr doch dieses Kind der Schande nehmen; selbst abzutreiben wagte und konnte sie nicht. Als ihr Mann die Schwangerschaft bemerkte, glaubte er zuerst, es wäre sein Kind. Die Wahrheit brachte ihn so in Wut, daß er in der Folgezeit seine schwangere Frau öfters mißhandelte und ein solcher Streit löste dann auch die Frühgeburt aus. Trotz aller ärztlichen Mühe blieben Schäden und Behinderungen bei Frau C. zurück, besonders an den Beinen, an einem Arm und beim Hören.

Von Mutter und Stiefvater auf gar keinen Fall gewollt, ja „tot gebetet"; an Leib und Seele geschädigt, überlebte Frau C. zwar die kritische Zeit nach der Frühgeburt, wurde vom Vater aber niemals als Kind angenommen, sondern nur geduldet und öfters verhöhnt. Das versuchte die Mutter, sicherlich auch infolge von Schuldgefühlen, durch ein Übermaß an Zuwendung und Verwöhnen wiedergutzumachen, was die Persönlichkeitsentwicklung eher hemmte und die Ausnahmesituation des Kindes verstärkte.

Frau C. wollte gerade als Behinderte nicht auffallen und setzte schon als Kind alles ein, „um genauso gut und normal zu sein wie die anderen", was sie natürlich ständig überforderte. Innerlich fühlte sie sich weiter als „*Mißgeburt*", das Schlüsselwort, das sie für ihr Leben fand.

Sie überspielte und verdeckte ihre körperlichen Behinderungen genauso wie sie ihre seelischen Verletzungen verdrängte. Eine tiefe, beschämende Verwundung kam hinzu, als sie von Medizinprofessoren nach einer gelungenen Operation im Hörsaal den Studenten vorgeführt wurde. Die Schlüsselbotschaften „du bist als Mißgeburt nicht lebenswert und nicht liebenswert", „du gehörst nicht dazu" erfuhr Frau C. einschneidend beim Abbruch einer Beziehung mit einem jungen Mann, „der sich beim Austausch von Zärtlichkeiten voll Ekel von meinem mißgebildeten Körper abwandte"; und noch einmal bei der Ablehnung durch eine Ordensoberin: „Für Behinderte wie Sie haben wir in unserer Gemeinschaft keinen Platz. Wir sind doch kein Versorgungsinstitut!"

Allmählich brach die kindliche Welt der Illusionen bei Frau C. wie ein Kartenhaus zusammen. Nach einer depressiven Phase mit einem Suizidversuch ermunterte sie ein Seelsorger, ihr Leben und sich selbst bewußt anzusehen und sich nichts mehr vorzumachen. Nur die Wahrheit könne sie weiter bringen und befreien.

In der Phase des Wahr-nehmens stieg zunächst der zurückgehaltene Zorn gegen Gott und die Eltern in Frau C. auf und entlud sich in regelrechten Wutausbrüchen. Sie tobte gegen die Mutter, die ihr die Zuwendung doch nur wegen der Behinderung gegeben und sie durch ihre Überfürsorge unselbständig gemacht habe. Sie schrieb den Psalm 139, der ihr früher Trost gegeben hatte, in einen furchtbaren Fluchpsalm um und fragte Gott ironisch, wo er die dort gemachten Versprechungen von Geborgenheit und Trost denn in ihrem Leben eingehalten habe. Schließlich sei sie ja nicht gerade wohlgeformt und schön gestaltet, sondern eine häßliche Mißgeburt, sich selbst und anderen ein Ekel... Es war ein langwieriger, aber heilsamer Weg durch die Verhandelnsphase zur konstruktiven Trauer über den nie erlebten Vater, die gewalttätige Zeugung, die ablehnende Mutter, den behinderten Körper und die verlorene Zeit der Illusionen mit dem „lieben Gott"... „Aber jetzt wußte ich, warum ich weinte und trauerte."

Gerade im Gedanken an die Not-Taufe nach ihrer Frühgeburt konnte Frau C. dann schließlich die Zusage Gottes für ihr behindertes Leben annehmen. Im Meer (Positano) durfte sie beim Schwimmen erfahren, daß Gott im Wasser auch ihre mißbildeten Glieder trägt und zärtlich berührt. In der beginnenden Phase der Zustimmung und Annahme war für sie besonders wichtig, daß ihr ein anderes behindertes Gruppenmitglied „vorlebte" und zusagte: „Hab Geduld und lege vertrauensvoll deine Lebenswunden in die Wunden Jesu; dann wird er auch deine Mißbildungen heilen, vielleicht anders, als du es dir vorstellst."

Es war ein wunderbarer Augenblick im Leben von Frau C., als sie erfahren durfte: Gerade in meiner Behinderung liebt mich Gott. Weil er mich so annimmt und mag, wie ich bin, kann ich endlich von meinem Idealbild Abschied nehmen und zu mir und meinem Leben Ja sagen. Nach zwei Jahren war aus dem verfluchenden Psalm 139 – anders als früher – ein aufrichtiges Dankgebet an den barmherzigen Gott geworden, der alles so gut gefügt hat in meinem Leben.

In dieser Phase der Versöhnung schickte mir Frau C. ein Gebet von Rabindranath Tagore, das ihren Heilungsprozeß zusammenfaßt:

Auf der staubigen Landstraße des Lebens
verlor ich mein Herz,
aber Du nahmst es auf
und hieltest es in Deiner Hand.

Ich fand Leid, wo ich Freude suchte,
aber das Leid, das Du mir sandtest,
wandelte sich in meinem Leben zur Freude.

Meine Hoffnungen wurden zu Scherben,
Du aber sammeltest sie
und fügtest sie zusammen mit Deiner Liebe.

Und während ich von Tür zu Tür wanderte,
führt mich jeder Schritt
Deinen Toren näher.

Durch die Annahme ihres behinderten Lebens sind die Schäden der Vergangenheit nicht einfach verschwunden, aber Frau C. kann sie in ihr Leben einordnen und besser damit umgehen, wenn sie sich schmerzlich bemerkbar machen. Seit einiger Zeit arbeitet sie mit behinderten Menschen und versucht ihnen täglich durch ihr eigenes Leben zu zeigen, wie man mit der Hilfe Gottes aus den scheinbaren Schwächen seines Lebens Kräfte und Stärken entwickeln kann, die zu einer tieferen Lebensfreude und Heilung führen.

4. Der Glaube als Deutungsmodell für das ganze Leben

4.1 Die Umdeutung der Welt im Glauben

Der Glaube deutet unser Leben ganzheitlich von Gott her und sieht Ihn auch in den Abgründen der Angst und im Dunkel der Verzweiflung am Werk. Die Behinderungen und schmerzlichen Lebenswunden bleiben, aber sie können erlöst werden durch Jesus, der mir gerade in diesen Ängsten und Schmerzen, die er selbst erfahren hat, besonders nahe und verbunden ist. Wenn meine Vergangenheit durchlässig wird für Gott, dann entdecke ich auch auf dem Grund der leidvollen Ereignisse die Vorsehung Gottes, der mir alles zufallen läßt.
Sobald ich aber meine, alles würde von mir abhängen, ich müsse die Veränderung aus eigenen Kräften erreichen, dann bleibt mir nur die ohnmächtige Wut in der Überforderung und schließlich die Resignation und Verzweiflung. So will auch Elija (1 Kön 19) mit Gewalt und aus eigener Kraft blindwütig „im Namen Jahwes" den Götzenkult beseitigen. Als er schon bald an seine Grenzen

stößt und man ihm nach dem Leben trachtet, resigniert er schnell und legt sich hin, um zu sterben. Doch der Engel weckt ihn auf und verweist ihn in der Speise auf die Kraft Gottes, die er außer acht gelassen hat, als er scheinbar im Namen Gottes wirkte. Jahwe allein kann ihm Zuversicht und Kraft zum Leben sein. Erst wenn wir unseren Blick von uns selbst (Ich-haftigkeit) auf Gott richten und unser Leben von Ihm her deuten, ermatten und verzweifeln wir nicht; im Gegenteil, der Glaube verleiht uns einen langen Lebensatem und hilft uns auch durch trockene Wüstenstrecken zum Berg des Lebens zu gelangen.

Glauben heißt also, mein Leben, die anderen und die gesamte Welt mit guten Augen sehen, die Wirklichkeit von Gott her positiv deuten. Das ist mehr als die bloße „Kraft des positiven Denkens".

Der Glaube verdrängt und übersieht die schrecklichen Geschehnisse und das Böse in dieser Welt keineswegs. Er vertröstet nicht billig auf das Jenseits und läßt gleichzeitig den Dingen dieser Welt ihren Lauf. Die apokalyptischen Visionen der Heiligen Schrift zeichnen diese Welt in sehr realistischen Bildern. Sie stärken aber gleichzeitig den Glauben an die Vollendung dieser Welt und unseres eigenen Lebens in Gott. So relativiert der Blick über den Tod hinaus unser Leben und unser Tun. Er befreit uns von dem Druck der Überforderung, alles mit den eigenen Kräften schaffen zu müssen. „Er bewahrt uns vor der ohnmächtigen Wut, in die uns die Enttäuschung über unsere Wirkungslosigkeit unwillkürlich führen würde. Die Umdeutung unserer Welt im Glauben läßt uns realistischere Lösungen für die Probleme unserer Zeit suchen als die utopischen Vorstellungen, von denen sich heute viele Weltverbesserer leiten lassen" (Grün 1986, 37).

Der Glaube rechtfertigt nicht die bestehenden Verhältnisse, aber er erkennt die Fakten an und bildet sich nicht ein, daß Glück und Gerechtigkeit durch menschliches Bemühen allein erreicht werden könnten; die blinde Wachstumsideologie erhält realistische Maßstäbe. Weil der Glaube Gott mit einbezieht, „verausgabt er sich nicht mit dem Aufspüren aller negativen Fakten und mit dem Jammern über unsere schlechte Welt, sondern hat noch Energie frei, um an einer positiven Veränderung unserer Welt mitzuarbeiten, an einer Veränderung, die realistisch und wirklichkeitsgerecht und daher heilbringend ist, während alle utopischen Änderungsversuche immer neue Probleme schaffen und schließlich selbst zum Problem werden“ (Grün 1986, 36 f.).

Bedauerlicherweise sind der Glaube und das Leben in unserer Zeit einander fremd geworden. Und doch bleiben sie für uns zwei Aspekte der einen Wirklichkeit. Im Glauben wird unser Leben in seinen letzten Tiefen und Geheimnissen ausgelotet: „Dabei geschieht ‚Mystagogie‘, also ein Einführen des Menschen in jenes Geheimnis, welches sein Leben immer schon ist: nämlich Gottes Liebesgeschichte mit uns sowie die Geschichte der Annahme oder Verweigerung dieser Liebe durch uns“ (Zulehner 1983, 10).

Daher muß sich die Umdeutung unseres Lebens im Glauben in der dreifachen Liebe bewähren (Mt 22,34-40): Ein ausgewogener Dreiklang von Gottesliebe, Nächstenliebe und Selbstliebe zeigt am besten, ob wir mit unserer Vergangenheit versöhnt sind; ob unser gegenwärtiges Leben in sich und aus sich heraus stimmig ist. Diese dreifache Liebe bietet das Verhaltensmodell für ein gelungenes Leben.

Wenn ich mein Leben als gut erkannt und angenommen habe; wenn es mir ans Herz gewachsen ist, dann werde ich es auch gern haben. Im Glauben erkenne ich, daß Gott mein Leben und die Welt gut geschaffen und das Schlechte darin schon erlöst hat; daß er mein Leben annimmt, wie es ist, daß er mich und die Welt liebt. Aus diesem Grund kann und sollte auch ich gut mit mir selbst und der Welt umgehen. Die Liebe „weckt das Gute, das der Glaube im Umdeuten der Wirklichkeit entdeckt hat, zum Leben. Die Liebe verwandelt die Wirklichkeit, sie formt sie gut, sie gestaltet das Gute in ihr aus. Der Glaube deutet um, die Liebe wandelt um“ (Grün 1986, 41–52; Moser 1986, 129–139).

Es ist richtig, daß die Umdeutung unseres Lebens und unserer Welt im Glauben nicht alle Krankheiten und erst recht nicht den Tod als Ende des Lebens beseitigt. Aber der Glaube wandelt sie um, indem er ihnen einen neuen Sinn gibt. Jesus selbst nimmt den Tod am Kreuz auf sich, um gerade durch sein Sterben unser Leben

radikal umzudeuten. Paulus betont es u. a. im Römerbrief immer wieder: Wenn Jesus Christus, der so verlassen am Kreuz stirbt, von Gott auferweckt wurde, dann gibt es für uns keinen Tod mehr, der nicht auch schon aufgehoben und in der Auferstehung zu ewigem Leben umgewandelt wäre. Deshalb existiert keine Einsamkeit, keine Angst, keine Verzweiflung, kein Scheitern, kein Leid, keine negative und lebensverneinende Schlüsselposition, die Gott nicht durchlitten und erlöst hätte. Dieser österliche Glaube ermöglicht es uns auch, die eigenen Leiden und Verwundungen in ein Mitleiden mit Jesus zum Heil anderer umzudeuten und gerade in unabänderlichen Leidenssituationen nicht zu verzagen.
Diesen heilsamen Prozeß der schmerzlichen Auseinandersetzung und Versöhnung mit der eigenen Vergangenheit faßte eine junge Frau während der pastoraltherapeutischen Wochen in Positano wie folgt zusammen:

Zuletzt bog ich um die Ecke eines der weißgetünchten Häuser, die schon lange meinen weiten Weg gesäumt hatten. Unwillkürlich stockte mein Schritt, denn ich sah das Meer, das endlich weit und gewaltig vor mir lag. Mit meinen Fingern streifte ich langsam über den zarten Bogen des Horizonts. Es war ein Moment großer Sehnsucht. Erst dann ging ich weiter, um zum Wasser zu gelangen.
Es gibt viele Gründe, aus denen Menschen das Meer suchen: um zu fliehen; um sich zu erinnern oder zu vergessen; mit dem Wunsch nach Ruhe und Zerstreuung; mit dem Schmerz einer Wunde, die Wut und Trauer nährt; auf der Suche nach der eigenen Kraft; mit der Vorstellung, es könnte eine Antwort geben, die nur dort, nur am Meer gefunden werden kann...
Auch ich hatte meine Gründe.
Als ich das letzte Stück des Abhangs erreicht hatte, hörte ich immer deutlicher die Brandung. Salz lag in der Luft, in der Ferne ein paar Boote. Wie lange mochte ich am Strand gesessen oder gelegen haben, als ich das Geräusch zum ersten Mal hörte? Gleichmäßig mit den anrollenden Wellen war es da, dieses Klirren, und es setzte sich störend und hartnäckig in meinem Ohr fest. Ein gleichmäßiges Stoßen mit hellem, aber hartem Klang. Ich sah einen kleinen Felsen, der an diesem Tag genau zwischen Land und Wasser lag. Ja, dort war es, dort fand ich die alte, schäbige und fast kaputte Schüssel, die das Meer – wer weiß woher – behutsam hierher

gebracht hatte und die nun beständig gegen den Felsen schlug. Wäre die Brandung stärker gewesen, die Schale wäre endgültig zerschellt und ihre Scherben hätten sich unter die vielen anderen gemischt, die an diesem Strand zu finden waren.
Ich beugte mich und nahm das Gefäß. Sofort entdeckte ich den langen Riß, der sich schwarz und zittrig durch die Mitte der Schale zog. An einer Stelle war ein großes Stück herausgebrochen. Auch an den Innenwänden zahlreiche Sprünge, die Malereien an den Außenseiten waren verblaßt. Wie häßlich, dachte ich bei mir, wertloses Strandgut!
Als ich meine Hände über den angeschlagenen Schüsselrand wandern ließ, war es mir plötzlich, als berühre ich ein Stück von mir selbst. Wie sehr hatte ich mich gemüht, Vollkommenheit zu erreichen, wie sehr mich gegen meine Grenzen gewehrt; wie oft hatte ich gebetet: Ja, ein schönes Gefäß laß mich sein, Herr, ein starkes und strahlendes, ganz so, wie ich es mir erträume...
Und doch – war ich nicht gerade wie diese Schale hier? Ich spürte meine eigenen Risse und Sprünge wie stechenden Schmerz. Wie oft war ich leer ausgegangen, war roh und grausam behandelt worden, gedemütigt, ausgenutzt, ausgestoßen, mißbraucht, am Ende gar ins Meer geworfen wie Unrat? Ich wagte kaum, meine Gedanken weiterzudenken, spürte, wie Schmerz und wütende Kraft in mir wuchsen.
Erst viel später, die Sonne war schon fast hinter den Bergen verschwunden, bemerkte ich die kleine Kruste, die sich genau dort gebildet hatte, wo sich der Riß durch das Herz der Schale zog. Wie eine Narbe schützten Sand und andere Ablagerungen die Schale vor dem Zerbrechen. Nichts in der Welt – kein Meer und kein Mensch – konnten den Schaden ungeschehen machen. Aber das Meer war behutsam und heilend gewesen, langsam war diese Lebenswunde vernarbt. Auch das herausgebrochene Stück konnte das Meer nicht wiederfinden. Doch selbst, wenn diese Scherbe fehlte, der Raum der Schale war noch groß genug für das Geheimnis von Leere und Fülle.
Lange saß ich noch dort. Was hielt ich wirklich in Händen? Diese allzu beschädigte Schale oder mein eigenes Leben? Ganz vorsichtig und mit zittrigen Händen begann ich, das Gefäß liebzugewinnen.

4.2 Das Geheimnis der Leere und Fülle in Tod und Leben

Im Glauben hat also unser Leben auch über den Tod hinaus einen Sinn. Hier liegt das Geheimnis unseres Glaubens verborgen, das im Tod und in der Auferstehung Jesu begründet ist. Einerseits müssen wir im Tod alles lassen, was irdisches Glück und Wohlleben ausmacht: Besitz, Erfolg, Reichtümer verschiedener Art, Ansehen, Zufriedenheit, liebe Menschen etc., alles wird uns genommen, ob wir wollen oder nicht. Und doch ist dieses Loslassen und Leerwerden kein hoffnungsloses Geschehen, das ins Nichts führt. Vielmehr ermöglicht dieses Loslassen und Leerwerden im Tode erst das Empfangen der Lebensfülle von Gott her.

Über diese Paradoxie der Leere und Fülle hat sich schon u. a. Laotse seine Gedanken gemacht:

„Aus nassem Ton formt man Gefäße,
aber die Leere in ihnen
ermöglicht die Fülle der Krüge.

Aus Holz zimmert man Türen und Fenster,
aber das Leere in ihnen
macht das Haus bewohnbar.

So ist das Sichtbare zwar von Nutzen;
doch das Wesentliche bleibt unsichtbar."

Das Geheimnis der Leere und Fülle ist natürlicherweise vorgegeben im Kreislauf der Jahreszeiten: vom Säen, Wachsen und Reifen im Frühling und Sommer bis zur Ernte und zum Absterben im Herbst und Winter. Das Weizenkorn wird in die Erde gelegt, es muß „sterben um zu leben". Die Trauben müssen gekeltert und ausgepreßt werden, damit neuer Wein entstehen kann.
Besonders symbolträchtig sind für mich die auf dem Titelbild abgebildeten leeren Hände eines Brunnens geworden. Das lebendige Wasser des Lebens kommt von oben, von Gott her. Die empfangenden Hände müssen leer sein, damit sie das Wasser aufnehmen können, um es dann überfließend weiterzugeben. Obwohl die Hände die Fülle ständig weitergeben, werden sie nicht leer, son-

dern bleiben immer gefüllt. Und doch ist die Voraussetzung dieser Fülle die Leere. Würden die Hände das Wasser für sich behalten, wäre es bald schal und faul, nicht mehr genießbar. In diesem Sinne sagt wohl Jesus denen, die ihr Leben retten und festhalten wollen, voraus, daß sie es letztlich verlieren. „Wer aber sein Leben um meinetwillen verliert, wird es gewinnen. Was nützt es einem Menschen, wenn er die ganze Welt gewinnt, dabei aber sein Leben einbüßt?" (Mt 16,25 f.).

Je mehr wir unser Leben von eigenem Mühen und Sorgen befreien, je leerer wir von uns selbst werden, je weniger wir in unserer Ichhaftigkeit gefangen sind, desto größer wird die Lebensfülle sein, die wir von Gott empfangen können.

Eine Geschichte erzählt uns dieses Geheimnis auf ihre Weise.

„Er dachte, das Wesentliche sei, arm und enthaltsam zu leben. Es war ihm nie klar geworden, wie entscheidend wichtig es war, sein Ego aufzugeben. Denn das Ego wächst und gedeiht, ob man nun der Heiligkeit dient oder Frau Welt, nährt sich von Armut und Reichtum, von Enthaltsamkeit und Luxus. Es gibt nichts, das das Ego nicht ergreift, um sich aufzublasen.

Schüler: ‚Ich bin zu Euch gekommen mit nichts in den Händen.'

Meister: ‚Dann laß es sofort fallen.'

Schüler: ‚Aber wie kann ich es fallen lassen? Es ist nichts.'

Meister: ‚Dann mußt du es eben mit dir herumtragen!'

Du kannst dein Nichts zum Besitz machen und deinen Verzicht wie eine Trophäe herumzeigen. Deinen Besitz brauchst du nicht aufzugeben. Gib dein Ego auf" (de Mello 1984, 79 f.).

Es geht also letztlich nicht darum, wieviel oder wie wenig wir zum Leben haben, sondern um die rechte, innere Einstellung und Ausrichtung unseres Lebens. Unser ganzes Leben sollte „abschiedlich" gelebt werden; wenn wir selbst innerlich lebendig bleiben wollen, müssen wir lernen, die Vergangenheit und uns selbst zu lassen, fallen zu lassen, um in Gott das Leben zu gewinnen (Joh 12,25).

In einer geistlichen Übung zum Thema „Das menschliche Leben im Lichte des Glaubens" kommt das Geheimnis des Wachsens und Sterbens hinein in die Fülle des Lebens gut zum Ausdruck. In dieser körperlich gestalteten Übung, die ich auch „geistliches

Wachsen" nenne, wird das menschliche Leben von der Zeugung über die pränatale Zeit, die Geburt, die Kindheit, die Jugend, das Erwachsenenalter, die Wechseljahre bis hin zum Alter und Sterben dargestellt. Es beginnt mit einer in sich geschlossenen Gestalt am Boden liegend, die sich langsam embryonal öffnet; nach der Geburt liegt sie auf dem Bauch am Boden, erhebt sich langsam, Glied für Glied, bis sie auf eigenen Füßen steht und einen Standpunkt findet; dann lebt sie ihre Kräfte mit Händen und Füßen aus, indem sie den ganzen Körper bewegt; in den mittleren Jahren hält die Gestalt inne und geht in sich; mit dem zunehmenden Alter nähert sie sich allmählich wieder der Bodenlage, bis sie sich, auf dem Rücken liegend, die Hände ausgestreckt, ganz dem Boden überläßt, d. h. sich sterbend in die Hände Gottes legt.
Derselbe Boden hat von der Zeugung über das Stehen und dynamische Ausleben bis hin zu der überlassenen Rückenlage im Alter den Körper getragen. Das ist auch für die meisten Teilnehmer die wichtigste Erfahrung bei dieser Übung: Gott trägt mein Leben, in welcher Lage ich mich auch immer befinden mag.

4.3 Der Lebensbaum einmal anders

Mit dem wachsenden Lebensbaum haben wir unsere Betrachtungen über das Leben begonnen, mit dem vollendeten Lebensbaum wollen wir unsere Überlegungen beschließen.
Die chinesische Geschichte vom Bambusbaum, die ich an einigen Stellen „christlich ergänzt und erweitert" habe (Bleeser 1986, 18), drückt diese Vollendung des menschlichen Lebens sehr gut aus. Sie wird natürlich besonders eindrücklich erfahren, wenn sie leiblich dargestellt und ganzheitlich nacherlebt wird.

„Es war einmal ein wunderschöner Garten, der lag mitten in einem großen Königreich. Dort pflegte der Herr des Gartens in der Hitze des Tages spazierenzugehen. Ein edler Bambusbaum war ihm der schönste und liebste von allen Pflanzen, Bäumen und Gewächsen im Garten. Jahr um Jahr wuchs dieser Bambusbaum und wurde immer anmutiger und schöner. Er wußte wohl, daß der Herr ihn liebte und seine Freude an ihm hatte.
Eines Tages näherte sich der Herr nachdenklich seinem geliebten Baum,

und in einem großen .Gefühl der Zuneigung und Verehrung neigte der Bambus seine mächtige Krone zur Erde. Der Herr sprach zu ihm: ‚Mein lieber Bambus, ich brauche dich.'

Der Bambus war überglücklich. Jetzt kam die große Stunde seines Lebens, für die er geschaffen war. Er antwortete: ‚Herr, ich bin bereit, gebrauche mich wie du willst.'

Die Stimme des Herrn wurde ernst: ‚Bambus, um dich gebrauchen zu können, muß ich dich beschneiden!'

Der Bambus erzitterte: ‚Mich beschneiden, Herr? Mich, den du zum schönsten Baum in deinem Garten gemacht hast. Nein, bitte, das nicht. Verwende mich doch zu deiner Freude, Herr, aber bitte beschneide mich nicht!'

‚Wenn ich dich nicht beschneide, kann ich dich nicht gebrauchen.'

Im Garten wurde es ganz still. Der Wind hielt den Atem an. Langsam beugte der Bambus seinen herrlichen Kopf. Dann flüsterte er: ‚Herr, wenn du mich nicht gebrauchen kannst, ohne mich zu beschneiden, dann tu mit mir, was du willst, und beschneide mich.' Und der Bambus gab ihm seine herrliche Krone.

Doch der Herr fuhrt fort: ‚Ich muß dir aber auch noch deine Äste abschneiden!' ‚Ach Herr, davor bewahre mich! Zerstöre meine Schönheit, aber laß mir doch bitte meine Äste und Blätter.'

‚Wenn ich sie dir nicht wegnehme, kann ich dich nicht gebrauchen.'

Die Sonne versteckte ihr Gesicht. Ein Schmetterling flog ängstlich davon.

Da sagte der Bambus leise: ‚Herr, schlage sie ab und nimm sie.'

‚Mein Bambus, ich muß dir noch mehr antun. Ich brauche deinen Stamm, um ihn zu teilen; denn nur so kann ich dich wirklich gebrauchen.'

Da neigte der Bambus seinen inzwischen kahlen Stamm bis zur Erde und sagte: ‚Herr, nimm ihn und teile.'

So beschnitt der Herr des Gartens den Bambus, nahm seine Krone, die Äste und die Blätter und schließlich den Stamm und teilte ihn in zwei Teile. Dann trug er den zweigeteilten Stamm liebevoll durch die Wüste an die Quelle des lebendigen Wassers, legte den Stamm vorsichtig auf den Boden, so daß das eine Ende des Stammes mit der Quelle verbunden war. Das andere Ende führte zu den Wasserrinnen in den ausgetrockneten Feldern. Das klare und glitzernde Wasser aus der Quelle des Lebens strömte durch den geteilten Körper des Bambus und floß auf die dürren Felder, die schon lange auf das lebensspendende Wasser gewartet hatten. Jetzt konnte gesät und gepflanzt werden. Und es wuchs eine reiche Ernte heran, die den Hunger vieler Menschen stillte.

So hatte der Bambus, der vorher als schönster Baum des Gartens galt, aber in seinem „eigenen Saft" gestanden hatte, dem Herrn alles hingegeben und ihm selbst den Stamm zum Teilen überlassen. Weil er leer und ausgehöhlt war, konnte er jetzt gerade in dieser Leere die nie versiegende Fülle des lebendigen Wassers aufnehmen und spüren, wie es durch seinen Körper floß und ihn belebte. Und obwohl er dieses Wasser nicht für sich behielt und immer weiter gab, war sein „toter Leib" immer davon erfüllt: voll des lebendigen Wassers."

Schon mancher hat in dieser geistlichen Übung als geteilter Bambus auf dem Rücken liegend, die ausgestreckten Hände mit der Quelle des Lebens verbunden, das lebenspendende Wasser durch seinen Körper strömen fühlen und dabei etwas über das Geheimnis von Tod und Leben erfahren.
Die hier beschriebene ganzheitliche Heilung und Vollendung unseres Lebens können wir letztlich nur an uns geschehen lassen, indem wir unser Leben – wie der Bambusbaum – Gott vertrauensvoll überlassen.
Die Krankenheilungen und Totenerweckungen in der Heiligen Schrift und vor allem der Tod und die Auferstehung Jesu sind uns Zeichen und Verheißung dafür, daß Gott unser ganzes Leben heil machen will; daß die Lebenswunden der Vergangenheit und die daraus entstandenen Lebensbehinderungen keine endgültigen Grenzen sind, an denen wir scheitern müßten. In Christus ist unser Leben, wie immer es auch verlaufen ist, bereits erlöst und geheilt. Er ist ja gekommen, damit wir das Leben in Fülle haben (Joh 10,10).
Aus der Sicht des Glaubens und in der Wirklichkeit ist unser Leben dann das beste, wenn wir mit Gottes Hilfe das beste daraus machen!

LITERATUR

Andriessen, H., Psychologie des Erwachsenenalters, Köln 1972

Backe, L. (Hg.), Sexueller Mißbrauch von Kindern in Familien. Köln 1986
Bartholomäus, W., Glut der Begierde – Sprache der Liebe. München 1987
Baudler, G., Religiöse Erziehung heute. Paderborn 1979
Berne, E., Spiele der Erwachsenen. Reinbek 1967
Ders., Was sagen Sie, wenn Sie „guten Tag" gesagt haben? München 1975
Bernt, D., Konfliktfeld Sexualerziehung in der Schule. Frankfurt 1983
Bleeser, P. (Hg.), Neue Geschichten für Sinndeuter. Düsseldorf 1986
Bleistein, R., Jugendmoral. Würzburg 1979

Capra, Fr., Wendezeit. Bern [7]1984

Drewermann, E., Psychoanalyse und Moraltheologie, Bd. 1–3. Mainz 1984

Erikson, E. H., Wachstum und Krisen der gesunden Persönlichkeit. Stuttgart 1953
Ders., Kindheit und Gesellschaft. Stuttgart 1965
Ders., Jugend und Krise. Stuttgart 1970
Ders., Der junge Mann Luther, Reinbek 1970
Ders., Identität und Lebenszyklus. Frankfurt 1973

Faber, H., Religionspsychologie. Gütersloh 1973
Fabian, U., Das Problem der Identität aus der Sicht der Psychoanalyse, der Soziologie und der Theologie. In: Katech. Blätter 1979, 164 ff.
Feige, J. (Hg.), Ja zu jedem Tag. Stuttgart [6]1984
Frankl, V., Ärztliche Seelsorge. Frankfurt 1983
Fraas, H. J., Religiöse Erziehung und Sozialisation im Kindesalter. Göttingen [3]1978
Ders., Glauben und Lernen. Göttingen 1978
Ders., Glaube und Identität. Göttingen 1983
Freud, S., Gesammelte Werke. Frankfurt 1964–68
Ders., Briefe 1873–1939. Frankfurt 1960
Frielingsdorf, K., Der geistliche Aktivismus, eine Versuchung unserer Zeit. In: Diakonia 3 (1978), 148 ff.
Ders. mit Stöcklin, G., Seelsorge als Sorge um Menschen. Mainz 1978
Ders. mit Stöcklin, G., Befreiende Erfahrungen in Positano. Mainz 1983
Fromm, E., Gesammelte Werke; hrg. von R. Funk. Stuttgart 1980–81
Fromm, E., Haben oder Sein. Stuttgart 1976
Fromm, E., Die Kunst des Liebens. Stuttgart 1980
Funk, R., Mut zum Menschen. Stuttgart 1978
Funke, D., Im Glauben erwachsen werden. München 1986

Görres, A., Kennt die Psychologie den Menschen? München 1978
Ders., Kirchliche Beratung. In: Kirchliche Beratungsdienste; hrg. vom Sekretariat der deutschen Bischofskonferenz. Bonn 1987
Graber, G. H., Pränatale Psychologie. München 1974
Grinten, F. J. van der/Mennekes, F., Menschenbild – Christusbild. Auseinandersetzung mit einem Thema aus der Gegenwartskunst. Stuttgart 1984
Grof, S., Topographie des Unbewußten. Stuttgart 1978
Grom, B., Religionspädagogische Psychologie. Düsseldorf 1981
Ders. u. a., Glück. Frankfurt 1987
Gross, W., Was erlebt ein Kind im Mutterleib? Freiburg [3]1986
Grün, A., Lebensmitte als geistliche Aufgabe. Münsterschwarzach 1980
Ders., Glauben als Umdeuten. Münsterschwarzach 1986

Halbfas, H., Religionsunterricht in der Grundschule, Lehrerhandbuch 1. Düsseldorf 1983
Hark, H., Religiöse Neurosen. Zürich 1984
Häsing, H. (Hg.), Ein neuer Sozialisationstyp. Bensheim [3]1980
Harris, Th. A., Ich bin ok, du bist ok. Reinbek 1973
Ders., Einmal ok, immer ok. Reinbek 1985
Hassenstein, B., Verhaltensbiologie des Kindes. München [4]1987
Hirsch, M., Realer Inzest. Berlin 1987

Jacobi, J., Vom Bilderreich der Seele. Olten 1969
James, M., Jongward, D., Spontan leben. Reinbek 1974
Jaschke, H., Psychotherapie aus dem Neuen Testament. Freiburg 1987

Kasper, W., Wort und Symbol im sakramentalen Leben. In: W. Heinen (Hg.), Bild-Wort-Symbol in der Theologie. Würzburg 1969
Körner, H. (Hg.), Die Farben der Wirklichkeit. Fellbach 1983
Kohut, H., Die Heilung des Selbst. Frankfurt 1979
Kolakowski, L., Die Gegenwärtigkeit des Mythos. München 1973
Koslowski, P., Die postmoderne Kultur. München 1987
Kügler, H., Die Kunst menschlich zu leben. Erich Fromms Sicht von Religion und religiöser Erfahrung als Anfrage an christliche Theologie und Pastoralpsychologie, unveröffentlichte Lizentiatsarbeit. Frankfurt 1984

Laing, R. D., Die Tatsachen des Lebens. Köln 1978
Lang, W., Gottesvorstellungen bei Kindern und Jugendlichen. München 1978
Langenmayr, A., Schubert, U., Lebenslaufanalyse. Göttingen 1987
Leist, M., Erste Erfahrungen mit Gott. Freiburg [13]1979
Linn, M. und D., Beschädigtes Leben heilen. Graz [3]1984
von Loyola, I., Die Exerzitien; übersetzt von H. U. von Balthasar. Einsiedeln 1962

Mahler, M. S., Pine, F., Bergmann, A., Die psychische Geburt des Menschen. Frankfurt 1982
Maslow, A. H., Psychologie des Seins. München 1973
Ders., Motivation und Persönlichkeit. Olten 1977

de Mause, L., Über die Geschichte der Kindheit. Frankfurt 1979
de Mello, A., Warum der Vogel singt. Freiburg 1984
Moser, G., Wie finde ich den Sinn des Lebens. Freiburg [7]1986
Moser, T., Gottesvergiftung, Frankfurt [3]1977
Müller, W., Menschliche Nähe in der Seelsorge. Mainz 1987

Nouwen, H. J. M., Von der geistlichen Kraft der Erinnerung. Freiburg 1984
Ders., Gottes Clown sein. Freiburg 1985
Ders., Die Zeit, die uns geschenkt ist. Freiburg 1987

Oerter, R., Moderne Entwicklungspsychologie. Donauwörth [19]1982

Pesch, O. H., Frei sein aus Gnade. Freiburg 1983

Richter, H. E., Eltern, Kind, Neurose. Stuttgart [3]1972
Ders., Patient Familie. Hamburg 1974
Ders., Der Gotteskomplex. Reinbek 1979
Riedlinger, H., Vom Schmerz Gottes. Freiburg 1983
Riemann, F., Grundformen der Angst. München 1961
de Roeck, B. P., Jeder ist seines Unglücks Schmied. Offenbach 1984
Rottmann, G., Untersuchungen über Einstellungen zur Schwangerschaft und zur fötalen Entwicklung. In: G. H. Graber, Pränatale Psychologie. München 1974
Rudin, J., Psychotherapie und Religion. Olten [2]1964

Schenk-Danzinger, L., Entwicklungspsychologie. Wien 1971
Schladoth, P., Zur Theologie der Sakramente. In: Katech. Blätter, 108 (1983), 754 ff.
Spitz, R., Die Entstehung der ersten Objektbeziehung. Stuttgart 1957
Splett, J., Art.: Symbol, in: Sakramentum mundi, Theologisches Lexikon für die Praxis, hg. von Rahner, K./Darlab, K. Freiburg 1967
Ders., Vom Säugling zum Kleinkind. Stuttgart 1965

Tauler, J., Predigten; hrg. von G. Hofmann. Freiburg 1961
Tillich, P., Gesammelte Werke. Stuttgart 1971

Vester, F., Denken, lernen, vergessen. Stuttgart 1975

Walter, R. (Hg.), Lebenskraft Angst. Freiburg 1987
Watzlawick, P., Anleitung zum Unglücklichsein. München 1983
Ders., Lösungen. Bern 1974

Zink, J., Wie wir beten können. Stuttgart [10]1981
Zulehner, P., Leibhaftig glauben. Freiburg [2]1983